왜 자기 자신을 학대하는가

SADOMASOCHISM

존 먼더 로스 지음
류지호 옮김

왜 자기 자신을 학대하는가

문학사상사

The Sadomasochism of Everyday Life
By John Munder Ross

인간은 과연 불행할 때 행복을 느끼는가

인간은 스스로 의식하든 안 하든, 타인을 자유자재로 조종하고 학대하고 싶어한다. 또한 자신이 누군가에게 복종하고 벌을 받고 고통을 맛보는 것을 무의식중에 상상할 수도 있다. 프로이트가 '일상생활의 정신병리'라고 했던 것은 결국 '일상생활의 새도매저키즘'을 가리키는 것이다.

백 상 창(白尙昌)
(한국사회병리연구소장)

✎남을 괴롭히는 것은 곧 자신을 학대하는 것이다

'새도매저키즘'이란 '새디즘'과 '매저키즘'이 결합된 말로, 원래는 가학·피학의 변태적 성행위를 묘사하는 말이지만, 심리학에서는 이를 남을 괴롭히는 동시에 자신을 괴롭히면서 쾌감을 느끼는 인간 본연의 성격으로 규정하기도 한다.

인간은 스스로 의식하든 안 하든, 타인을 자유자재로 조종하길 원하는 마음이 있다. 또한 자신이 누군가에게 복종하고 벌을 받고 고통을 맛보는 것을 무의식중에 상상할 수도 있다. 프로이트가 '일상생활의 정신병리'라고 했던 것은 결국 '일상생활의 새도매저키즘'을 가리키는 것이다.

새도매저키즘은 우리 주위의 어느 곳에나 존재하며, 특히 가까운 인간관계에서 부딪치게 되는 다양한 형태로 존재하고 있다. 우선 일상생활 속에서 일어나는 새도매저키즘이 어떤 것인지 먼저 이해해야 한다. 상하관계나 가족, 학교나 친구를 생각해 보면, 새도매저키즘적 의식이 어떤 식으로 일상생활 속에 침투하여 애정과 증오의 균형을 유지하고 있는지 쉽게 이해할 수 있을 것이다.

성(性)과 고통은 주도권을 쥐고 싶은 사람이 있으면 그 주도권을 내주고 지배당하고 싶은 사람도 있게 마련이다. 바로 그것이 새디즘과 매저키즘의 결합, 그리고 출발점인 것이다.

물론 본래 타인을 괴롭히는 것을 좋아해서, 타인을 모함하고 지배하면서 더 없는 기쁨을 느끼는 사람도 있다. 하지만 보통 사람들도 잔혹한 행위를 되풀이할 가능성이 있다. 사랑, 섹스, 의존, 친밀함으로 맺어진 부부와 가족 같은 밀접한 사이는 이러한 학대·피학대의 관계가 매우 강하다. 칭찬받고 싶고 인정받고 싶고 승진하고 싶다는 욕망이 강한 곳, 특히 개인간의 경쟁이 두드러진 학교나 직장 같은 장소에서는 더욱 그러하다.

✎ 모든 인간에게 존재하는 새도매저키즘의 심리학

현대 사회에는 자칭 '학대받는 자'가 엄청나게 많다. 철없는 자식의 엉뚱한 반항이나 응석을 모조리 들어주는 부모, 형제자매에게 시샘을 당하지 않으려고 자기도 모르는 새에 스스로 상처를 내는 어린아이, 자녀를 학대하고 무시해 오다가 나이가 든 후에 과잉 간섭을 하는 부모, 얼마든지 직장을 옮길 수 있는데도 저임금을 받으며 독재적인 경영자 밑에서 혹사당하는 노동자, 게으름뱅이 종업원을 해고하지 못하는 사장, 난폭한 아내에게 기죽어 살면서도 내심 아내를 의지하는 남편들이 그렇다.

인간은 갖가지 방법으로 자신을 깎아 내리고, '어차피 운명 같은 건 내게 너무 버겁다'는 식으로 체념하기 위한 구실을 이것저

왜 자기 자신을 학대하는가

것 궁리해 낸다. 하지만 일부러 고생을 사서 하지 않더라도 인생을 살아가는 것은 쉽지 않은 일이다. 프로이트가 '공통의 불행'이라고 불렀던 것, 즉 개인의 상실, 모든 인간을 괴롭히는 질병, 그리고 어느 누구도 피할 수 없는 죽음은 아무리 올바르게 살아간다고 하더라도 인생에 어두운 그림자를 드리우기 때문이다.

타인에게 상처를 입히고 짓밟고 싶어하는 악의를 극복하기 위해 생긴 자제, 자기 조절, 자기 비판, 자기 처벌의 정신은, 어느 틈엔가 탈바꿈하여 자신에게 상처를 입히고 자신을 희생물로 삼아 버린다. 그렇게 되면 평생 동안 자학을 되풀이하게 되는 것이다. 사실은 그럴 필요가 전혀 없는데도 말이다.

저자는 우리가 잘 알고 있는 영화나 소설, 그리고 의사로서 자신이 겪는 환자들의 실례를 통해 이러한 논리를 보다 알기 쉽고 명확하게 제시하고 있다.

이 책을 읽음으로써 모든 인간에게 존재하는 새도매저키즘의 심리를 파악할 수 있게 될 것이다. 특히 타인을 학대하고 고통을 줌으로써 일시적 쾌감을 느끼는 사람과 타인의 학대를 참고 견디며 자기도 모르는 새에 쾌감을 느끼는 사람들에게 많은 도움을 줄 것이다. 그 이유는 비록 일시적인 쾌감과 만족을 얻을지 모르지만, 항상 불안·초조·공포·허탈감이 공존하는 상태에서 벗어나 더욱 밝고 보람 있는 생활을 누릴 수 있다고 확신하기 때문이다.

왜 자기 자신을
학대하는가

제1장

서론 : 광기에 사로잡힌 사람들

✍ 육체의 기쁨과 파괴의 황홀함

나에게도 어느 정도는 새도매저키스트(sadomasochist, 새디즘과 매저키즘이 한 개인 안에 공존하는, 이른바 가학 · 피학성 변태 성욕자 : 역주)의 경향이 있다. 여러분도 마찬가지다. 인정하든 안 하든, 대부분의 인간은 아픔이나 고통에 다소나마 흥미를 갖게 마련이다. 그건 지극히 정상으로 보이는 마음의 표면을 한 꺼풀 살짝 벗겨 보면 알 수 있다.

그 밑에는 조금이나마 에로틱한 새도매저키즘이 잠재해 있을 것이다. 교통 사고가 일어나면 왜 반대 차선에서 달리고 있던 자동차가 속도를 늦추는 것일까? 사고로 박살이 난 자동차를 보고 싶다거나, 피투성이가 된 시체가 굴러다니고 있을지도 모른다고 생각하기 때문이다. 길바닥에 짓이겨져 있는 시체가 눈에 띄지 않으면 가슴을 쓸어 내리면서도, 죽음과 파괴라는 무시무시한 존재에게 자꾸 마음이 끌리게 된다.

또 하나의 예를 들어 보면 부스럼 딱지를 떼어 낼 때 가슴이 두

11

근거리지 않는가? 아니, 적어도 어렸을 땐 가슴이 두근거리는 경험을 했을 것이다. 근질근질한 부스럼 딱지를 손톱으로 시원하게 뜯어 내고 나면 피가 나오는……. 그런 기억이 없다면, 이런 경우는 어떤가? 아무런 잘못도 없는 참새나 다람쥐를 향해 가슴을 죄며 돌을 던졌던 기억은 없는가?

사람들 사이에, 특히 부모 자식간에 많이 하는 소름끼치는 놀이는 어떤가? 실제로 어린아이를 학대하는 아버지는 그리 많지 않다. 그러나 아이를 바보 취급하면서 큰 소리로 웃거나, 손가락으로 쿡쿡 찌르거나, 장난을 치며 간지럼을 태우는 것도 모두 도가 지나치면 학대이다.

부모의 영향이 아니더라도, 어린아이들은 영화나 동화 속에서 괴물을 발견한다. '18세 미만 입장 금지' 제도 덕에 노골적인 섹스나 폭력 장면은 눈에 띄지 않지만, 〈프랑켄슈타인〉에 나오는 괴물이나 늑대인간, 드라큘라 백작이나 드라큘라의 노예들(스스로 원해서 흡혈귀가 된 희생자들)이 영화 속에 자주 등장한다. 이렇듯 사람을 잡아먹는 귀신이나 도깨비가 사방에 우글거리면서 어린아이들에게서 밝은 햇빛을 빼앗고, 숨이 넘어갈 정도로 그들을 겁나게 한다. 다음 괴물이 영화에 등장할 때까지 기다릴 수 없으면, 상상 속에서 스스로 만들 수도 있다. 벽장 속에 귀신이 있을 것이다……, 강도가 창문을 깨뜨리고 들어오려 한다……. 이렇듯 상상은 끝이 없다.

당장 아무거나 박살내 버릴 듯한 폭력은 취미나 나이에 상관 없이 보는 사람들을 매료시킨다. 파괴당하는 쪽이나 파괴하는 쪽이나 모두 감정 이입을 하게 된다. 어쩌면 현대 영화야말로 우리 문화에 새도매저키즘이 얼마나 많이 침투했는가를 극명하게 보여 주

왜 자기 자신을 학대하는가

는 매체라고 할 수도 있을 것이다. 어떤 형태든 간에 새도매저키즘을 끼워 넣지 않고 팔리는 영화는 거의 없다.

영화 외에 다른 상황에서도 비참함이나 잔혹함은 사람들의 눈길을 끈다. 그래서 대중 잡지나 텔레비전 뉴스는 현실 세계에서 매일 일어나고 있는 살인이나 폭력을 수백만 명이나 되는 사람들 앞에 노골적으로 펼쳐 보인다.

보비트 부부(남편에게 성폭력을 당한 아내가 남편의 성기를 절단했다)나 메넨디스 형제(사격총으로 부모를 살해했다), 토냐 하딩, O. J. 심슨……. 생각해 보면 그들에게 우리가 얼마나 매력을 느끼고 있는지 알 수 있다. 사람들은 이런 종류의 사건이 아무리 많이 일어나도 여전히 미흡하다고 생각하는 것 같다.

최근 영화를 보면, 새도매저키즘적인 각본임에도 불구하고 충분히 있을 수 있는 일로 보이기까지 한다. 대부분의 영화에서 이성애자(異性愛者)끼리의 만남이 자주 나오는데, 그것은 차라리 섹시한 꿈을 한번 꾼 것이나 마찬가지다. 예를 들면, 터프하지만 세련된 숀 코네리는 상대편인 푸시 갈로아를 자기 부하로 만들기 전에 먼저 때려눕힌다. 무례하기는 하지만, 힘과 정열, 그리고 거기에서 얻게 되는 쾌락이 있기에, 그에게나 적에게나 '끝이 좋으면 모든 것이 좋다'는 이론이 성립될 수 있다.

〈원초적 본능〉의 샤론 스톤은 남성 대부분이 가진 가장 기본적인 본능, 즉 팜므 파탈(femme fatal, 악녀형 이미지의 여자 : 역주)에 빠져드는 경향을 노린다. 젊은이들이 즐겨 보러 가는 대부분의 액션 영화에서도(13세 미만은 보호자 동반이 필요한 가족용 오락 영화처럼, 노골적인 성적 요소를 찾아볼 수 없는 영화에서조차도) 육체적인 쾌락과 파괴의 황홀함은 빈번하게 등장한다.

✍ 스스로 연출하는 자멸적인 드라마

나는 정신분석의(精神分析醫)로 일하고 있다. 20년이 넘도록 환자를 만나 왔지만, 아직도 사람들이 자기 자신을 얼마나 학대하려고 하는지를 보면서 놀라움을 금치 못할 때가 많다. 어떤 때는 서글퍼지기까지 한다. 내가 만나는 환자, 동료, 학생의 인생은, 실제 상황은 그렇지 않음에도 불구하고 불행으로 가득차 있다는 생각을 하게 한다.

사람들은 갖가지 방법으로 자기 자신에게 상처를 준다. 그들은 조그만 실패에도 과장되게 반응하고, 끙끙 앓는 소리를 내며 고민한 끝에 한층 더 깊은 수렁으로 빠져들어, 내가 도우려 해도 돕기 어려운 경우가 많다. 자신이 비참한 인간관계에 얽매이고, 아무런 이익도 없는 일에 매달려 있다는 비참한 사실을 끊임없이 깨닫는다. 좌절이나 치욕을 참고 견디는 과정에서 때로는 자진해서 절망이나 학대를 원하는 것처럼 보일 때도 있다.

그들은 자기가 외부의 힘에 꽁꽁 묶여 있다고 생각하고, 그러한 현상에 만족할 수밖에 없다고 말한다. 그리고 인생에 적극적으로 맞서 자신을 바꿀 수 있도록 도와 주려고 해도, 그들은 사사건건 저항한다. 고민하고 괴로워한 끝에, 바로 자기 자신이 이런 괴로움을 조장했다는 사실을 깨달으면(그렇다 해도 대개는 불완전하고 어중간한 형태이다), 그때서야 겨우 '남의 지혜를 빌려야지', '나를 바꿔야지' 하고 결심하는 것이다.

이러한 고통은 겪지 않아도 되는 것인데도 자기 스스로가 자신에게 벌을 내리고 있는 것이며, 환자도 차츰 그 사실을 깨닫게 된다. 불완전하기는 하지만, 환자는 자기 자신이 스스로에게 상처를 입히고 있다는 것을 인정하기 시작한다. 그러나 그것도 잠시, 자기가 받은 학대는 바로 자기 자신에게 책임이 있다는 것을 그들은 또 잊어버리려고 한다.

현대 사회에는 자칭 '학대받는 자'가 엄청나게 많다. 철없는 자식의 엉뚱한 반항이나 응석을 모조리 들어주는 부모, 형제자매에게 시샘을 당하지 않으려고 자기도 모르는 새에 스스로에게 상처를 입히는 어린아이, 자녀를 학대하고 무시해 오다가 나이를 먹고 나서 과잉 간섭을 하는 부모, 얼마든지 직장을 옮길 수 있는데도 낮은 급료를 받으며 독재적인 경영자 밑에서 혹사당하는 임금 노예, 게으름뱅이 종업원을 해고하지 못하는 경영자, 난폭한 아내에게 기죽어 살면서도 내심 아내를 의지하는 남편들이 그러하다. 그리고 흔히 있는 일이지만, 자기를 사랑해 주지도 않는 남자를 극진히 모시는 '지나치게 정이 많은 여자'들도 그중 하나이다.

이처럼 귀에 익은 사례들을 아무리 많이 늘어 놓아도 전부 거론할 수 없을 정도다. 비슷비슷한 사례들은 무수히 많다. 인간은 갖가지 방법으로 자신을 깎아 내리고, '어차피 운명 같은 건 내겐 너무 버겁다'는 식으로 체념하기 위한 구실을 이것저것 궁리해 낸다.

일부러 고생을 사서 하지 않더라도 인생을 살아가는 것은 그 나름대로 큰일이다. 지그문트 프로이트가 "공통의 불행"이라고 불렀던 것, 즉 개인의 상실, 모든 인간을 괴롭히는 전세계적인 재앙, 질병(신체적 요인에 의한 우울병도 포함해서), 그리고 어느 누구도 피할 수 없는 죽음은 아무리 올바르게 살아간다 하더라도 인생에 어두운 그림자를 드리우기 때문이다.

문제는 셰익스피어가 말한 "인간이기 때문에 느끼는 마음의 동요"와 프로이트가 말한 "신경증적 고통"을 혼동하는 사람이 늘어나고 있다는 점이다.

프로이트가 말한 고통은 언뜻 보기에 부조리하게 생각된다. 어디에서인가 불현듯 찾아오는 것처럼 보인다. 그렇지만 사실 문제는 내면에서 생겨나는 것이다. 그 논리는 눈에 보이지 않는다. 심리학의 논리, 즉 정신적인 것이기 때문이다.

성장한다는 것은 하나의 도전이며, 고통으로 가득차 있다. 왜냐하면 롤링 스톤스가 노래한 것처럼, "갖고 싶은 것이 항상 손에 들어오는 것은 아니"기 때문이다. 성장에는 정신적 갈등이 항상 따라다니게 마련이다. 어린아이라면 누구든지 이같은 어려움을 극복할 수 있는 길을 찾으려고 한다. 하지만 해결책을 찾더라도 대체로 불완전하다. 얼마 동안은 효과가 있을지 모르지만 평생 거기에 의존할 수는 없는 일이다. 의사가 병을 고치기 위해 약을 처방해도 원치 않는 부작용이 따를 수 있는 것과 마찬가지다.

인간은 어린 시절의 어떤 이미지나 주위 사람들에게 무의식적으로 구애받는 경향이 있다. 부모의 조그만 결점에 대처하기 위해 생각해 낸 전략이 벌써 오래 전에 효과를 상실했는데도, 시대에 뒤떨어지고 역효과를 일으킬 뿐인 그 대책에 계속적으로 의존하려 한다.

어렸을 때는 남에게 의지할 수 있지만, 어른이 되면 스스로가 자신을 조절하지 않으면 안 된다. 자제심은 자신을 지킬 뿐만 아니라, 위험한 충동으로부터 주위 사람들을 보호한다. 충동을 제어할 수 있는 기술을 습득하면 자신을 판단하거나 비판할 수 있고, 위험한 생각을 품거나 그런 행동을 했을 때 스스로를 벌할 수 있게 된다. 적당한 자제와 자기 비판을 포함한 자기 처벌은 어른으로서 사회의 일원이 되기 위한 필수 조건이다.

왜 자기 자신을 학대하는가

그런데 이 스스로를 처벌하려는 충동은 효과가 없어지고 나서도 끈질기게 살아 남아서, 나중에는 처치하기가 곤란해진다. 타인에게 상처를 입히고 짓밟고 싶어하는 악의를 극복하기 위해 생긴 자제, 자기 조절, 자기 비판, 자기 처벌의 정신은, 어느 틈엔가 탈바꿈하여 자신에게 상처를 입히고 자신을 희생물로 삼아 버린다. 그렇게 되면 평생동안 자학(自虐)이 되풀이된다. 사실은 그럴 필요가 전혀 없는데도 말이다.

이처럼 고통에 허덕이는 사람은 자기 자신을 아무리 알려고 애써도 무력감만 맛볼 뿐이다. 어떤 사람은 자신이 연출하고 있는 자멸적 드라마로부터 눈을 돌리지 못하고, 또 어떤 사람은 눈앞에 위험과 재난이 닥쳐오는 것을 깨달아도 그것을 피하기는커녕 포기해 버린다. 이들은 모든 불행이 자기 탓이라는 것을 알고 있으면서도 계속 자신의 정신을 이질적인 존재, 강력한 적이라고 간주한다. 그들은 단지 스스로를 제대로 조절할 수 없을 뿐이라고 주장한다. 자기가 문제를 일으킨 것이 아니라는 점을 자신에게나 타인에게 납득시키기 위해 갖가지 사건을 합리화하려고 애쓴다.

가장 중요한 것은, 다른 선택의 여지가 있다는 것을 그들이 깨닫지 못한다는 사실이다. 그들은 그러한 고통을 꾹 참고 견뎌 내는 것이 자신의 운명이라고 굳게 믿는다. 그들은 다른 출구는 없다고 말한다. 과거도 현재도, 현실적으로도 비현실적으로도, 자신은 불행하도록 운명지워진 희생자라고 믿는다. 괴로움으로 가득찬 어린 시절의 영향으로 잘못된 정신은 도저히 바로잡을 수 없는 운명적인 일이라고 믿는다. 학대당하고 상처받고 패배자가 될 운명을 짊어지고 이 세상에 태어났다고 그들은 투덜거린다.

이와 같이 자신을 패배자라고 믿는 사람들은 타인과의 관계에서 극심한 고통을 찾을 수 있는 이상한 능력을 지니고 있다. 별다른 노력을 하지 않아도 이들은 마치 우연처럼 자기를 괴롭히고 책망해 주는 상대―자기를 이용하고, 학대하고, 깎아 내리고, 지배하려는 상대―를 만난다.

이러한 상대를 만나는 즉시 그들은 자기 쪽에서는 결코 원하지도 요구하지도 않았다는 시늉을 하면서, 고통을 맛보는 길로 첫발을 들여놓는다. 그리고 일단 관계가 시작되면 양쪽 모두 어디로 갈지 전혀 예상할 수 없다.

본래 타인을 괴롭히는 걸 좋아해서, 타인을 모함하고 지배하면서 더 없는 기쁨을 느끼는 사람도 물론 있다. 그러나 정신분석의(精神分析醫) 루돌프 로벤슈타인은, 이런 성향이 없었는데도 장차 학대자가 되도록 '유도되는' 경우가 있다는 견해를 밝혔다. 보통 사람들도 잔혹한 행위를 되풀이할 가능성이 있다. 오토 케른베르크는 학대하는 사람과 학대받는 사람을 '사적인 광기에 사로잡힌 커플'이라고 부르고, 이러한 관계는 두 사람 모두로부터 최악의 성격을 끌어낸다고 한다. 2인극과도 같은 이런 정신병에 걸리면, 시야가 한정되고 미래를 내다보는 힘을 서서히 상실해 간다.

사랑, 섹스, 의존, 친밀함으로 맺어진 부부나 가족 같은 밀접한 사이는 이러한 학대·피학대 관계가 매우 강하며, 빠져 나오기가 굉장히 어렵다. 승진하고 싶고 인정받거나 칭찬받고 싶다는 욕망이 강한 곳, 예를 들어 개인간의 경쟁이 두드러진 학교나 직장 같은 장소에서도 이러한 관계는 눈에 띈다. 공적인 행동으로 고통을 맛보려는 욕구가 있는 곳에서는, 고통을 구하는 자나 그 주위 사람이나 모두 의도하지 않았던 행동을 취하기 쉽다.

프로이트 이후의 정신분석학자의 말을 빌리면, '성공했을 때 파멸하는' 유형의 사람들이 많다고 한다. 그들은 위에서 말한 욕구 때문에 자해 행위에 빠지고, 심지어 자진해서 실패의 길을 선택한다. 그리고 그러한 비이성적 행위나 감정을 어떻게든 제대로 설명하고 납득시키기 위하여 권위를 전면에 내세우기도 한다.

계속하여 고뇌와 실패를 구하려는 이들의 행위는, 말하자면 일종의 의식(儀式)으로서 필요하다. 이러한 사람들은 자신이 무의식적으로 만들어 낸 위기가 닥칠 때에만 힘이 난다. 위기감이 없으면 오히려 실패하고 기력을 잃는다. 그러나 그것이 충족되면 다시 불안해진다. 비참한 인간관계가 없으면 견디지 못한다. 저항하기 힘들어서 자신의 실패 쪽으로 이끌려 간다. 상황이 보다 나아질 가능성을 생각하기만 해도 그들의 기대는 뒤집히고 평안은 위협받는다. 기쁨과 평안을 생각하기만 해도 그들의 마음은 흐트러진다. 순풍에 돛을 단 것 같은 인생을 보내거나 쾌적한 기분이 들면 들수록 그들은 공포에 사로잡힌다.

이들은 상식이나 친구의 충고, 전문가의 카운셀링에도 저항한다. 자기를 학대하는 상대는 받아들여도, 자기를 향상시키려는 상대라면 아무에게나 마구 덤벼든다. 나는 그들의 어리석음을 보고 있기만 해도, 짜증이 나고 분노가 끓어오른다. 그들은 너무나도 태연하게 '좋은 사람'에게 '지겨운 녀석'이라는 딱지를 붙이고, 자학 행위를 도와 줄 것 같은 사람만을 환영한다.

이러한 사람들은 '악순환'에 빠져 있다고 말하는 게 적절할 것이다. 저항하기 어렵고 반강제적인 이러한 상호 작용……. 그것이야말로 일상생활의 새도매저키즘을 형성하고 있다.

🌊 우리의 마음속에 있는 낯익은 것

여러분과 마찬가지로 나도 현대인이다. 그리고 나 역시 이 시대의 문화가 현대인의 의식에 가져다 준 변화를 보며 놀라워하고 있다. '새도매저키즘'이라는 말을 들으면, 기괴하기 짝이 없는 이미지가 몇 개씩이나 뇌리에 떠오른다. 길 모퉁이의 키오스크(신문과 잡지, 토큰 따위를 파는 노점 : 역주)에서 팔리는 잡지나, 케이블 TV에서 한밤중에 방영하는 포르노가 왠지 모르게 기억에 남아 있는 것이다.

우리들이 흔히 보는 이러한 노골적인 도착적(倒錯的) 장면을 '새도매저키즘'이라고 부른다. 차례로 눈에 떠오르는 것은 금단의 세계로 유혹하는 기묘한 이미지들이다. 본데이지 패션(쇠사슬이나 가죽끈을 이용한 패션 : 역주)으로 몸을 감싼 여왕이 치욕과 흥분으로 헐떡이는 사내의 얼굴이나 성기, 푸석푸석한 배에 구두굽을 쑤셔 넣고 있는 그림. 또는 나치스 풍의 제복을 입은 사내가 주먹이나 여러 가지 잡다한 것을 울부짖으며 저항하고 있는 남자의 항문에 쑤셔 넣으려고 하는 그림. 사드 후작을 현대에 부활시켜서 철저하게 상품화하고 있는 것이라고나 할까.

이러한 변태적인 장면을 보게 될 때, 한순간 일상생활의 행복을 위험에 노출시키거나 훼손시킬 수 있는 개인간의 문제, 자멸적인 행동 등을 대수롭지 않은 것으로 여기게 된다. 이와 같은 극단적이고도 도착적인 사례를 통해 보통 사람이 간접적이나마 서로를 억압하는 방법을 볼 수 있을 것이다.

가해자도 피해자도 고통으로부터 비롯된 쾌락을 의식하고 향유하는 것은 아니라고 할지라도, 도착적 행위와 비슷한 공상을 무의식중에 연출하고 있는 경우가 많다. 게다가 짧은 한순간일지라도,

왜 자기 자신을 학대하는가

진실한 감정 —고통으로부터 얻는 기쁨— 이 때때로 표출되기도
한다.

폭력적이고도 관능적인 그림들은, 고통에 굴복하거나 방치되어
진 자가 손쉽게 고통을 맛볼 수 있는 상황에서 터득하는 더 없는
행복을 찬양한다. 이러한 시나리오는 '평범한 섹스'에 익숙해져
있는 우리들에게는 끔찍하게 생각되어도, 새도매저키즘적인 취미
가 있는 자에게는 충동에 따름으로써 새로운 무아 도취의 황홀함
을 얻을 수 있도록 해주는 것이며, 가해자나 피해자 모두에게 아
주 쉬운 일이기도 하다. .

새도매저키스트에게는 주의 사항, 품위, 윤리, 억제 같은 것은
별 의미가 없다. 물론 현실도 큰 의미를 갖지는 못한다. 결국 현
실적으로 상처를 입는 자는 없기 때문이다. ·죄수도 교도관도 마지
막에는 자유를 맛보고, 관중들은 결국 이에 매료된다.

어쩌면 가장 끔찍하게 흥미를 끄는 것은, 피학자는 굴욕을 맛보
고 지배자는 지배하고 고문자는 고문하면 된다는 노골적인 욕구일
것이다. 이런 쇼의 주인공은 대개 피학자다. 회개자나 노예의 역
할을 맡은 자는 기꺼이 벌을 받을 준비가 되어 있을 뿐만 아니라,
그것을 연기해 보이기까지 한다.

따라서 이런 새도매저키즘적 장면들에서는 연기자의 역할이 애
당초 애매하다는 것을 알 수 있다. 다른 장소, 다른 시간이라도
(아니, 그때 그 장소라 하더라도), 쌍방의 연기자가 도착적인 연기
를 펼치면서 서로의 역할을 교환하는 것이 가능하다.

사실 정신분석의나 창녀들은 잘 알고 있겠지만, 현실 생활에서
새도매저키즘적 행위의 역할 교환이 얼마나 빈번하게 이루어지고
있는지를 알면 여러분은 매우 놀랄 것이다. 그때그때 상황에 따라

서로 제안을 하거나, 어쩌면 그게 더 좋을지도 모른다는 이유만으로 새디스트는 매저키스트의 역할을 맡고 매저키스트는 새디스트의 역할을 하기도 한다.

전형적인 새도매저키즘과 도착 행위는, '새디즘'과 '매저키즘'이라는 명칭을 제공한 작가들의 정신에 매우 충실하다. 우선 사드 후작의 경우를 보자. 그는 고결한 프랑스 혁명 시대와 이후 이어지는 공포 정치 시대를 살아가는 귀족의 어두운 면을 묘사해 왔다. 지명도는 약간 떨어지지만 자헤르 마조흐의 경우에도, 《모피를 입은 비너스》에서 빅토리아 왕조 시대의 청렴하고 성실한 신사들이라는 이미지 뒤에 숨겨진 난잡한 성생활을 폭로했다.

두 작가 모두 도덕적 인습과 보편적 인식의 경계를 초월한 인간의 욕망을 그리려고 했다. 동시에 독자의 마음속에 있는, 전혀 파악할 수 없을 것 같으면서도 이상하게 낯익은 어떤 것 — '어딘가 와일드한 것'(이런 제목이 붙은 조나단 데미 감독의 영화 〈썸씽 와일드〉에서, 제프 다니엘스는 와일드한 것에 끌리는 남자의 내면을 연기했다) — 에 호소하여 사람들을 매료시켰다.

그들의 작품은 세월이 흐른 뒤에도 사람들의 마음을 사로잡아, 페타 바이스의 《말러/사드》나 미시마 유키오의 《사드 후작 부인》과 같은 작품에 영향을 미쳤다. 그 매력은 두 작가가 묘사한, 에로틱한 위험을 추구할 때 뒤따르는 쾌락에 있다. 시대는 변해도, 위험한 행위를 즐기고 싶어하는 새도매저키즘적인 주인공들, 연기하는 역할이 뒤바뀔 때의 충격, 대다수(전부라고는 하지 않겠다) 사람들의 내면 저 깊은 어둠 속에 존재하는 경계선을 뛰어넘는 행위는, 은밀한 두려움을 느끼고자 하는 독자들을 여지없이 매료시킨다.

왜 자기 자신을 학대하는가

작가가 묘사하는 모험과 흥분을 고찰하고 이해하며, 어떤 동기로 인해 새도매저키즘이 일어나는지에 대해 더 깊이 통찰하는 것이 이 책의 목적이다.

✍고통이라는 감정에 대한 의문 제기

나는 임상의학자다. 따라서 존재하는 모든 사물에 흥미가 있고, 각각의 사물이 지닌 다양성과 특수성에도 관심이 많다. 인간은 쾌락이나 권력을 추구하는 한편, 고통 역시 추구한다. 하루하루 살아가는 데 필사적이면서도 죽음을 갈망한다.

지그문트 프로이트와 멜라니 클라인이 "죽음의 본능"이라고 말했던 것(이 개념에 대해서는 나중에 설명하겠다)은, 죽어야 할 운명 아래 태어난 영혼이 살고자 하는 정신의 힘과 싸우고 있는 상태를 가리킨 것이다. 그 때문에 새도매저키즘은 대부분의 정신적 질병에 촉매 역할을 한다. 자세히 들여다보면, 금이 간 수정 속에 파묻혀 있는 영원함을 잠깐이나마 볼 수 있을 것이다.

굴복하고 싶다거나, 아픔이나 괴로움을 맛보고 싶다는 충동을 표현한 것은 단지 극단적인 예에 지나지 않는다. 그것은 마치 근친상간처럼 누구든지 내면에 은밀히 가지고 있는 성향을 분명하게 드러내 주는 표현이다. 사회생활에 아무리 잘 적응하고 있는 것 같아도, 인간은 누구나 그런 성향을 속으로 억제하고 있다. 그리고 그 억제된 것들이 다른 행동을 통해 간접적으로 나타난다.

인간은 채찍이나 쇠사슬이 아니더라도 고통을 맛볼 수 있다. 인간은 스스로 의식하든 안 하든 간에, 타인을 자유자재로 조종하길 원하는 마음이 있다. 또한 자신이 누군가에게 복종하고 벌을 받고 고통을 맛보는 것을 무의식중에 상상한다. 일찍이 지그문트 프로이트가, '일상생활의 정신병리(精神病理)'라고 했던 것은 결국 '일상생활의 새도매저키즘'을 가리키는 것이다.

나는 '선(善)'이라는 것, 건강한 것에 대한 실제적인 개념을 나름대로 갖고 있다. 정신분석학을 공부한 내가 임상의로 근무하고 있는 것도 이 개념에 이끌렸기 때문이다. 그것들은 정신 상태를 재는 잣대였으며, 또한 정신 상태를 개선하는 데 필요한 지침이었다.

이 책에서 나는 몇 사람의 인격을 검토할 것이다. 그들은 모두 지배당하고 싶다는 새도매저키즘적 욕망을 은밀히 간직하고 있다. 그러한 욕망은 의식의 표면에 떠오르지 않은 채, 그들의 생활을 지배하고 있다. 이런 사람들은 실제로 도착적인 쾌락은 알지 못하더라도, 그와 유사한 '악순환'과 나태에 빠져 있다. 이런 악순환의 고리를 끊는 것, 즉 자신의 근원을 이해하고 고통을 줄이면서 새로운 생활 양식을 발견하는 건 분명 쉬운 일이 아니다. 그러나 이것이야말로 치료의 주된 목적이다.

새도매저키즘적 관계와 행위의 패턴은 좀처럼 변화하지 않는다. 고통이나 치욕을 향한 욕구가 일정한 데다가, 교묘하고도 지속적으로 자기 방어를 하기 때문에 자신의 욕망, 더 나아가 자신의 인생에 대한 책임을 깨달으려 하지 않는다. 따라서 '셀프-헬프(self-help)' 방법론 같은 것이 효과를 볼 리 없다. 상호작용을 이용한 처방전이 일시적으로 효력을 발휘하는 것처럼 보인다 하더라도, 그것은 결코 오래 지속되지 않는다. 다른 중독 증상이나 강박 관념과 마찬가지로 되풀이될 확률이 매우 높기 때문이다.

그 밖에도 필요한 것이 있다. 나의 인격 형성기였던 1960년대에 정신분석의, 역사심리학자, 윤리학자로 활약한 에릭 에릭슨은 순수한 통찰력과 그에 따르는 책임감이 필수적이라고 주장했다. 자신을 올바르게 인식하고 자발적 의지를 가져야만 성장 과정에서 덕을 쌓고, 갈등을 극복하고, 환경을 스스로 조절할 수 있다. 중요한 것은 희망, 의지, 목적, 능력, 성실함, 사랑, 책임, 청렴함, 그리고 지혜다.

가까운 주변 사람들의 문제라면 우리는 보다 현명해질 수 있다. 그러나 자기 자신에게 문제가 생기면 해결하는 데 어려움을 겪게 된다.

이 책에서 논하고 싶은 것이 바로 그러한 점이다. 독자들의 흥미를 불러일으켜 스스로 응시하고자 하는 대상을 제대로 볼 수 있도록 도와 주고, 인간관계를 폐쇄시키는 고통이라는 감정에 대해 의문을 갖게 하는 것이 바로 이 책의 목적이다.

우선 통상적인—즉 일상생활 속에서 일어나는—새도매저키즘이 어떤 것인지를 먼저 이해해야 한다. 그러기 위해, 상하관계나 가족, 학교나 친구를 예로 들면서, 새도매저키즘적 의식(儀式)이 어떤 식으로 일상생활 속에 침투하여 애정과 증오의 균형을 유지하고 있는지를 개략적으로 설명하려고 한다. 이어지는 장에서는 문화 속의 매저키즘을 검증할 것이다. 그리고 성인영화에 나오는 터프가이나 팜므 파탈 형의 매력, 가족영화 속의 유혈 장면이나 공포 장면, 대중 잡지에 자주 나오는 재해 기사나 폭력 기사 등을 예로 들 것이다.

가족이나 정치, 사회에서는 경향이라는 것이, 기본적인 동기라기보다는 오히려 부수적인 효과를 나타낸다. 우리는 폭력이 불러일으키는 쾌락이 우리의 상상력을 지배한다는 것을 인정하지 않으려 한다.

또한 우리 주위의 어느 곳에나 존재하며, 가까운 인간관계에서 부딪치게 되는 새도매저키즘의 다양한 형태를 설명하고자 한다. 그 다음, 만인에게 어느 정도씩은 내재되어 있는 새도매저키즘이 병리적으로 나타나는 경우, 즉 임상의가 '매저키즘', '자학적 인격 장해', '새도매저키즘적 도착' 등으로 진단하는 증상에 대해 설명할 것이다. 그럼으로써 여러분은 고통에 대한 욕구 역시 살아가는 데 불가결하다는 것을 비로소 이해하게 될 것이다. 성(性) 정체성 및 젠더(gender, 사회적 의미로서의 성 : 역주) 관계에서의 새도매저키즘에 대해서도 고찰할 것이다.

그리고 마지막에는, 이론에서 실천으로 되돌아갈 것이다. 의식적 대결이라는 차원에서 어떻게 치료하는가, 어떤 식으로 검사하는가를 설명하고자 한다. 환자 개개인이 사회적 존재로서 공동체에 대한 책임을 짊어지는 데 조금이라도 도움이 될 수 있기를 바란다.

제2장

일상생활에서 나타나는 새도매저키즘

: 가족, 친구와의 관계

✎ 개인적인 체험

어둠 속으로 여행을 떠나기에 앞서, 다른 사람과 별 다를 게 없는 내 일상생활을 몇 가지 언급하겠다.

나는 건강을 위해 매주 화요일, 근무 중 휴식 시간에 두 시간 반 가량씩 운동을 하고 있다. 이것은 50세가 되기 반 년 전부터 시작했는데, 동맥혈전 치료약까지 복용하면서 운동을 하니 콜레스테롤 수치가 떨어졌을 뿐만 아니라 체형과 호흡 기능이 개선되었고, 꽤나 늘어져 있던 근육도 팽팽해졌다. 옛날에는 역도라면 딱 질색이었는데도, 이때만은 트레이너인 스물세 살의 멜로니가 주의 깊게 지켜보는 가운데 쇠 덩어리를 들어올리는 일에 열중할 수 있었다. 그 동안 나는 그 힘든 운동을 이겨 낼 수 있는 심장을 만들기 위해, 그리고 순환계를 건강하게 유지하고 지난 몇 년 사이에 허리에 붙은 군살을 빼기 위해 정말 필사적으로 운동했다.

그 전까지는 망가져 가는 체형을 무시한 채 하루 종일 책상 앞에만 앉아 있었다. 그러나 한 세기의 절반을 살아 온 지금, 체형을 유지하기 위해 소비하는 시간은 나에게 무엇보다도 소중하게 여겨진다. 20년 전에는 가족을 위해 시간을 보냈지만, 지금은 젊은 아버지였을 때의 체형을 유지하기 위해서 운동이 필수적인 것이다.

어느 날, 운동하기 전에 잠시 은행에 들렀다. 나는 입금 및 단순한 수속을 두세 가지 끝내기 위해 업무용 ATM(자동 예금 인출·예입 장치 : 역주) 앞에 줄을 섰다. 지급 전표를 붙여서 창구에 돈을 넣고 끝낼 수도 있었지만, 이런 일은 내 손으로 직접 정확히 처리하는 것이 낫다고 생각했다. 그런데 이것은 잘못된 선택이었다. 운이란 그런 건지도 모른다. 바로 앞에 서 있던 사람이 봉투네 개에 가득찰 만큼의 지폐와 동전을 인출해 가버린 것이다. 나는 서둘러서 창구용 행렬의 맨뒤에 가서 다시 섰다. 이쪽 줄은 더길었다. 시계 바늘이 움직일 때마다 귀중한 운동 시간이 깎여져나가는 게 눈에 선했다. 하지만 이대로 가버릴 수도 없고 해서 계속 기다렸다. 1초가 지날 때마다 몸무게가 조금씩 늘어나는 듯한느낌이 들었다.

마침내 나는 행원 바로 앞까지 갔다. 아아, 드디어 해방이 되는구나! 그런데 창구 앞에 간 바로 그때, 제인 로빈슨이라는 출납계원이 내 눈앞에서 창을 닫아 버리는 게 아닌가! 제인 로빈슨이 내민, "옆 창구로 가 주세요"라고 쓰여진 직사각형 팻말이 바로 눈앞의 결승점에서 나를 가로막았다. 내 항의는 아랑곳하지 않은채, 제인 로빈슨은 아무 일도 없다는 듯이 그 자리를 떠나 버렸다. 열려 있는 단 한 개의 창구에서는 노부인이 떨리는 손으로, 가방 안에서 지폐니 수표니 전표니 증권이니 하는 것을 끄집어 내

왜 자기 자신을 학대하는가

고 있었다. 그녀가 하나씩 하나씩 끊임없이 꺼내고 있는 것들을 처리하는 것만으로도 오늘 하루가 끝나 버릴 것 같았다. 창구 안쪽에서는 제인 로빈슨이 동료 서너 명과 한창 수다를 떨며 열을 올리고 있었다. 점심 시간의 휴식인 것이다. 나도 마찬가지긴 했지만……

'오늘은 단념하고 내일 다시 올까?' 하고 나는 잠시 생각했다. 더 이상 버티고 있다가는 운동 시간까지 없어져 버린다. 몸이 굳어져 있는 내게 운동은 절대로 빼놓을 수 없는 일과다. 그러나 은행에는 언제 또 온단 말인가? 나는 그냥 기다렸다. 선택의 여지가 없었다. 은행 창구에서 울화가 터지는 것은 흔히 있는 일이다. 나는 체념하고 기다리기로 했다. 은행원 잘못이 아니잖아, 하고 나는 나 자신에게 타일렀다. 그들은 저임금으로 혹사당하고 있는 것이다.

"은행은 급료가 싸니까 언제나 일손이 부족하지." 뒤쪽에 서 있던 남자가 혼자말로 중얼거렸다. 제인 로빈슨이 "노(No)"라고 할 수 있는 권력을 즐기기 위해서 일부러 이런 짓을 하고 있는 거라면……. 생각만 해도 분통이 터졌다.

어느 시점을 넘기고 나면 항의를 해도 의미가 없다. 일을 하고 있는 출납계원의 반감만 사고,˙ 부루퉁한 얼굴로 투덜대는 꼴만 보게 될 것이다.

게다가 잘못한 건 제인 로빈슨이 아니다. 그녀가 손님의 콜레스테롤에 대해서 알고 있을 턱이 없지 않은가? 그녀에게는 남의 일일 뿐이다. 나는 어엿한 어른이고, 믿을 수 있는 정신분석의며, 훌륭한 대학 교수다. 따라서 어린아이 같은 생트집을 부릴 수도 없다. 나이를 생각하자(설사 나이는 생각하고 싶지 않더라도 좀더 점잖게 보이기 위해!).

그런 제인 로빈슨을 바라보고 있는 사이, 나의 젊은 시절에 대한 기억이 문득 떠올랐다. 일개 학생으로서, 돈도 없이 이탈리아와 그리스, 터키, 인도 같은 나라들을 방랑했을 때가 생각났다. 특히 수없이 마주쳤던 관리들의 얼굴들이……. 국경에서 관리들은 히죽이 웃으면서 나의 서류를 들여다보았다. 심술궂은 눈으로 노려보면서, 끝까지 약을 올리기로 작정한 듯이 방해하는 게 대부분이었다. 그들은 한참 만에야 불쌍한 생각이 들었는지, "통과해도 좋소" 하고 스탬프를 찍어 주었다.

그럴 때 그들이 말하는 "문제가 없다"는 말은 말 그대로 문제가 없다는 뜻이 아니었다. 그 말은 애인과 헤어지려는 남자(여자)가, "언제까지나 당신 생각을 할게. 앞으로도 친구로 남자"고 말하는 저주받을 대사와 똑같은 뉘앙스를 갖고 있었다.

'아냐, 그것은 나의 지나친 생각일 거야.' 하지만 이곳에서는 사정이 다르다. 제인 로빈슨은 특별히 권력을 과시하고 있는 것이 아니다. 나는 백인이고 약간 돈 많은 신사 같은 분위기가 나겠지만, 그렇다고 내게 자신의 권력을 과시하고 싶어할 이유는 없지 않은가. 이곳은 제3세계가 아닌 것이다(하긴 해가 저물 때까지 은행의 ATM에 달라붙어서 움직이지 않는 걸인들도 있긴 하지만). 어쨌든 이런 것은 쓸데없는 고민이다. 하루 1440분 중 15분에 불과하지 않은가!

그렇게 나 자신을 납득시키고, 가까스로 전표와 영수증을 안주머니에 쑤셔 넣은 다음 거리로 나왔다. 이상의 일은 모두 진짜로 내게 일어났던 일이다. 이것은 단지 어떤 일이 중요한가의 문제이며, 언제 자신이 결단을 내리느냐는 문제가 되지 않는다. 긴 안목

왜 자기 자신을 학대하는가

으로 보면 차이 같은 건 없는 것이나 마찬가지다. 분명히 지급 전 표로 일을 빨리 끝낼 수도 있었다. 좀더 일찍 은행을 나올 수도 있었다. 하지만 왜 그렇게 하지 않은 것일까?

얼마나 영향을 미치는가 하는 것과는 별도로, 사람들은 이성(理性)으로 감춰진 내면에서 주도권 싸움이나 파워 플레이를 한다. 이것이 우리의 일상생활을 특징짓는다. 출납계원이 우물쭈물하고 있을 때도, 교통 경찰이 하찮은 교통 위반에 딱지를 떼고 있을 때도, 쓰레기 수거차가 괜히 거리를 가로막고 방해를 할 때도, 동사무소, 구청, 노동부, 국세청에 아무리 전화를 걸어도 통화가 안 될 때도, 주도권 싸움이 일어난다. 가정과 직장, 그리고 갖가지 상황에서 그런 사태가 눈에 띈다. 아니, 사실 눈에는 잘 띄지 않는다. 대수롭지 않은 일인 것처럼 보이기 때문이다.

그 은행원은 계급, 인종, 성별 등 여러 가지 문제가 자기의 일상생활에 얼마나 지대한 영향을 미치고 있는지를 생각조차 하지 않는다. 한 개인이 생활 속에서 받는 중압감으로, 주위 사람들의 행동이나 반응에 얼마나 압박을 가하고 있는지를 생각조차 하지 않는 것이다.

인간의 머릿속에서 무슨 일이 일어나고 있는지, 그 일이 일어나는 이유는 무엇인지 등을 정신분석의처럼 다시 한 번 물어 보고 시간을 들여서 귀를 기울이지 않는 한, 알 턱이 없다. 그래도 뭔가가 일어나고 있다는 것만은 느껴진다. 쓸모 없고, 골치 아프고, 게다가 비참하기까지 한 무엇인가가……. 말로 하지 않아도 첫눈에 알 수 있는 무엇인가가…….

나는 이제부터 고통과 쾌락이 한순간에 일체화되기 가장 쉬운 관계인 연애관계를 다룬 심리 드라마를 검증하고, 친밀한 인간관계의 밑바닥에 잠복하여 인간을 몰아대는, 무의식 속의 동기를 탐색함으로써 여러분의 눈과 마음을 열려고 한다.

그 전에 한 가지, 이미 여러분이 알고 있는 것을 상기해 주기 바란다. 여러분의 가족, 동급생, 친구, 동료의 행동을 관찰해 보라. 그들은 매일 서로 충돌하고 있지 않은가? 그렇다. 형제자매의 경쟁 의식을 비롯해서, 그러한 충돌은 사실 태고적부터 인간에게 달라붙어 따라다니고 있는 것 같다.

✍ 모든 것은 가족으로부터 시작된다

유명한 시인인 샤론 올즈의 시에는 이런 구절이 있다.

"언니가 방으로 들어오는 모습, 파리에 입성(入城)하는 히틀러와 같네."

그리고 이 언니가 거의 매일 밤, 장차 시인이 될 불쌍한 동생 몸 위에 쭈그리고 앉아서 오줌을 쌌다는 대목이 이어진다. 키츠나 예이츠의 시와는 거리가 멀지만, 이런 식의 묘사는 추하고 가치가 없는 것을 인정하고, 오히려 정당하다고 평가하기도 하며, 경우에 따라 칭찬까지 하는 지금의 문화에서는 그다지 희귀하지도 않다.

샤론 올즈라는 시인의 언니가 했던 '괴롭힘(학대)'은 형제자매 사이에서 흔히 볼 수 있는 괴롭힘의 극단적인 예이다. 아니, 그다지 극단적이진 않을지도 모른다. 형제자매의 연령차가 어느 정도가 돼야 이런 학대가 나타나지 않을 수 있을까? 일설에 의하면, 지그문트 프로이트의 딸 안나는 이런 물음에, "20년이요!" 하고 대답했다고 한다. 아버지의 관심을 서로 끌려고 끊임없이 언니인

왜 자기 자신을 학대하는가

소피와 경쟁했던 그녀는, 어린아이를 연구하고 어린아이와 함께 지내는 일에 평생을 보냈다. 형제자매간의 라이벌 의식은 피할 수 없는 것이라고 안나는 말한다.

어머니의 애정은 물론이고, 특별히 귀여움을 받는다든지 특권이나 권력, 지배권을 획득하는 것 같은, 보통 가정 생활에서 얻을 수 있는 전리품을 획득하기 위해 형제자매가 다투는 것은 피할 수 없는 일이다. 아이의 나이나 정신적 성숙도와는 관계가 없다. 게다가 가족간의 적의(敵意)란, 무언가를 추구하는 과정에서 서로 충돌하기 때문에 생겨나는 것이며, 타인을 괴롭히고 상처입히고 자신도 상처입고 싶다는 근원적인 욕구에서 비롯되는 것이다. 그리고 특히 형제자매간에는(쌍둥이는 별도로 하고), 저 녀석보다 내가 몸집이 작다든가, 저 녀석이 나와 다르다는 것만으로도 싸움이 벌어질 수 있다.

옛날에 우리 집은 주말이나 여름 휴가를 주로 교외에서 보냈는데, 그 근처에 다섯 살짜리와 일곱 살짜리 자매가 살고 있어서 자주 함께 놀곤 했었다. 두 아이 모두 귀여웠다. 가풍이 엄한 집안에서 자란 소녀들이어서, 장차 선량하고 '정상적인' 어른이 되리라는 것은 의심의 여지가 없었다.

대개 우리는 셋이 함께 놀았다. 그애들은 모두 여자였기 때문에, 여섯 살이었던 내가 항상 가지고 놀았던 더러운 공은 만지기 싫어했고, 장난감 총을 갖고 놀지도 않았으며, 애벌레나 개구리나 도롱뇽 같은 벌레나 내 주머니에서 나온 돌멩이 같은 것은 거들떠보지도 않았지만 말이다. 우리들은 소꿉장난을 하거나 옷 갈아 입히기 놀이나 의사 놀이를 하면서 천진난만하게 지냈다.

그러나 그 가운데 특별한 의식이라고 할 수 있을 만한 놀이가 있었다. 반딧불이 반짝이기 시작하는 황혼 무렵, 언니인 아멜리아는 동생 수지와 이 놀이를 꼭 하고 싶어했다. 수줍은 듯이 앞이마에 늘어뜨린 금발을 만지작거리면서, 콧등에 주름을 잡고 입술을 오므리며 아멜리아는 이렇게 명령하는 것이었다.

"자아, 조니, 수지를 나무에 묶어."

나무는 케네스 그레엄의 《강가에 산들바람》에 등장하는 두꺼비의 자랑거리와 같은 수양버들이었다.

"나무에 묶고 채찍형에 처해."

수지는 무척이나 귀여운 아이였고, 완전히 무방비 상태였다. 위로 치켜 올라간 코, 장미꽃잎과 꼭 닮은 입술, 귀여운 원피스(아멜리아는 언제나 바지만 입었다), 엷은 핑크색 플라스틱테 안경. 보통 때 같으면 나는 결단코 이의를 제기했을 것이다. 그런데 수지는 희생물이 되고 싶어했다. 도망치거나 싫어하기는커녕 사드 후작의 소설에 나오는 여주인공처럼, 서둘러 자신의 몸을 내밀고 미소를 지으면서 쭈뼛거리며 채찍을 받았다.

나는 아멜리아와 둘이서 굿맷 가(家)의 뒤뜰에 있는 멋진 수양버들에 수지를 묶었다. 우선 개가 물어뜯은 자국이 있는 로프로 수지를 묶었다. 그러고 나서 하늘하늘 흔들리는 버드나무 가지로 부드럽게(라고 지금은 생각하고 싶다) 때렸다. 버드나무 가지 채찍이 수지의 부드러운 얼굴에 닿지 않도록 신경 쓰면서, 나는 언니가 아니고서는 용납될 수 없는 아멜리아의 잔혹함이 도를 지나치지 않도록 망을 보고 있었다. 분명히 그 정도라면 견딜 수 없을 정도는 아니었을 것이다.

5분도 채 안 되는 사이에 의식이 끝나고, 우리들은 저녁 식사가 기다리고 있는 집(우리 집이든지, 아니면 아멜리아의 집이든지)으로

왜 자기 자신을 학대하는가

돌아갔다.

그날 저녁 우리 집에서 저녁 식사를 했다면, 나의 두 누나 역시 그와 비슷한 짓을 하고 있었던 걸 나는 증명해 보일 수 있었을 것이다. 두 누나 모두 나보다 몇 살인가 연상(슬슬 무관심해져 가는 아버지의 눈길을 끌기보다는 사내아이의 눈길을 끌고 싶어하는 나이가 되어 가고 있었다)이었다. 언니인 주디는 머리는 좋지만 애교가 없었다. 주디는 세 살 아래인 엘렌에게 채찍이 아닌 말로 집중 공격을 가했다("멍청이 금발", "돌대가리" 등등).

상황에 따라서는 나도 함께 가세해서 여섯 살짜리 어린아이의 미숙한 어휘("뚱보! 돼지!")와 임기응변의 재능(가령 엘렌이 입을 닦지 못하도록 냅킨을 숨긴다든가)을 구사해서, 주디 누나와 공동 전선을 폈다. 우리들이 어머니한테 그만두라는 꾸지람을 듣고 있는 동안, 놀러 와 있던 아멜리아와 수지는 계면쩍은 듯이 킬킬거리며 웃고 있었다.

사내아이는 남성 호르몬이 넘쳐서 공격적이 되는 탓인지(이 주제는 후에 젠더와 새도매저키즘의 관계를 좀더 체계적으로 검토할 때 다시 거론할 생각이다), 자매끼리의 괴롭힘에 비해 훨씬 무자비하다. 이번에는 모범적인 한 가족의 하루를 들여다보기로 하자.

나에게는 피를 나눈 형제는 없지만 친척 동생이 있어서, 어렸을 때는 그 친척 동생이, 그후에는 동급생이나 친구가 형제를 대신해 주었다. 그러한 관계에 대해서는 곧 상세하게 다루겠지만, 여기서는 내가 두세 번 놀러 갔던 친구 부부의 집에서 있었던 일을 이야기하겠다.

이 부부에게는 아들이 세 명 있었는데, 그 아이들의 무모한 장난과 끊임없는 폭력적 행동에 나는 정말로 깜짝 놀랐다. 맏아들이 스티브이고, 한 살 아래가 이안, 그리고 세 살 아래가 빌리였는데, 이 삼형제는 새벽부터 해가 질 때까지 항상 붙어 다녔다. 이들이 늘상 하는 놀이는 '괴롭히기'였다. 주로 큰애가 작은애를 괴롭혔다. 이따금 이안과 빌리가 공동전선을 펴서, 가혹한 폭력으로 '닭장'을 제압하고 있는 큰형 스티브에게 대항하기도 했다(문제는 자신들의 반격이 어떠한 결과를 낳을지 생각하지 않았다는 데 있다).

어쨌든 간에, 보통때는 큰형 스티브가 이안을 부하로 거느리고, 막내 빌리나 사촌형제들을 공격했다. 시트에 뭘 묻히고, 배에 핑크색 물감을 묻혀 놓고, 뺨을 때리고, 접시에 얼굴을 박게 하고, 팔 안쪽을 꼬집고, 그러는 내내 온갖 욕지거리를 마음껏 퍼부어대는 처참한 공격이었다.

어느 날, 겨우 아장아장 걷는 우리 아들이 겁도 없이 그 늑대 소굴에 들어가는 일이 벌어졌다. 나는 아래층으로 내려가서 아이들이 놀고 있는 거실 안을 들여다보았다.

다섯 살인 빌리가 주방의 싱크대 위에서 꽥꽥 소리를 지르면서 뛰어 돌아다니고 있었다. 스티브는 이안의 몸 위에 올라타 주먹으로 얼굴을 내려치고 있었다. 겁먹은 올리버 트위스트 같은 빌리는 예의라고는 털끝만큼도 느낄 수 없는 태도로, "더 때려, 더 때려!" 하고 응원하고 있었다. 그 순간, 스티브가 일어나 뒤를 돌아보면서 그대로 빌리를 밀어 떨어뜨렸다. 빌리는 1미터 남짓의 싱크대 아래의 콘크리트 바닥에 머리를 박고 떨어졌다. 그런데 눈 깜짝할 사이에 빌리는 다시 호마이카 제(製)로 만든 식탁의 '진지(陣地)'로 기어올라가, 턱을 쑥 내밀고 괴성을 지르면서 스티브에게 반항하기 시작했다. "다시 해봐! 다시 해보라니까!" 그

왜 자기 자신을 학대하는가

리고 같은 일이 끝도 없이 되풀이되었다.

형제들은 이러한 난폭함이나 괴롭힘, 때로는 성적인 잔혹한 행위도 서슴지 않고 행한다. 이러한 '형제끼리의 장난'이라면 누구나 싫증이 날 정도로 많이 알고 있을 것이다. 내 진료소를 찾는 환자들 중에는 형이 자기를 얼마나 학대했는가를 일일이 얘기하는 사람이 있는가 하면, 어른이 되어 겨우 사랑하게 된 동생에게 폭력을 휘둘렀던 일들을 두고두고 후회하는 사람도 있다.

백문이 불여일견이라곤 하지만, 때로는 스스로 행동하기보다 관찰하는 쪽이 더 확실한 경우도 있다. 소년들이 육체적·정신적으로 채찍을 휘두르며 얼마나 큰 쾌락을 얻는가 하는 것은, 그들을 관찰해 보면 잘 알 수 있을 것이다.

오빠와 여동생, 누나와 남동생 사이에서 볼 수 있는 새도매저키즘은 대단히 복잡하고 미묘하지만, 그래도 형제나 자매 사이보다는 악의가 없다. 물론 폭력의 배경에 성적인 의도가 작용하는 건 피할 수 없다. 누나와 남동생 사이의 새도매저키즘에 대해서는 나도 뼈저리게 느끼는 바가 많지만, 한 사람의 정신분석의로서 여기에 상술하는 것은 좀 꺼려진다. 그러나 내가 부모나 친구들로부터 들은 것과 비슷한 일이라면, 여러분들도 틀림없이 마음에 집히는 게 있을 것이다.

예를 들면, 오빠에게 달라붙어 걷고 있는 꼬마 여동생은 결국에는 속아넘어가 홀로 뒤에 남고 만다. 여동생은 오줌을 꾹 참은 채 해안으로 끌려가서, 양동이를 다리 사이에 끼고 서 있으라는 명령을 받는다. 옆에서는 여동생이 언제까지 오줌을 참을 수 있는지 오빠와 친구들이 내기를 시작한다. 또한 무자비한 두 오빠가 발코니 너머로 여동생을 거꾸로 매다는 벌을 내리기도 한다.

꼬마 남동생의 경우는 이런 식이다. 의자에 앉아 있는 누나의 다리를 떠받치고 있으라는 명령을 받고서, 한 시간이 넘어 팔이 부들부들 떨릴 때까지 손을 놓지 못한다. 남동생은 때때로 숲 속에 홀로 남겨지기도 한다. 또 어떤 때는 누나나 누나 친구들이 자기들 옷을 이것저것 입혀 보는 장난감 인형 취급을 받기도 한다.

또한 장난은 누나가 쳤는데 그 죄를 대신 뒤집어쓰기도 한다. 일러 바쳤다가는 수차례 복수를 당하기 때문이다. 이러한 패턴에는 어렸을 때 시작해서 어른이 된 후에도 계속되는 남녀간의 다툼이라는 문제가 얽혀 있다. 이에 관해서는 나중에 상세하게 언급하기로 하겠다.

✎ 어린아이들은 기회를 노린다 — 어린아이 대 어른

어린아이들 사이에서 나타나는 성적이고 공격적인 학대의 여러 가지 양상에 관해서는 뒤에 다시 언급하겠다. 그것은 지난 10여 년 간 매스컴에서 화제가 되어 온 문제이기도 하다. 자녀 살해와 아동 학대를 계속 연구해 온 이론가로서 몇 마디 한다면, 최근의 현상들이 관심을 불러일으키기에 충분하다는 데는 의심의 여지가 없다.

그러나 아동심리학자 로이드 드 모즈가 말하는 바와 같이, "어린아이의 역사는 그야말로 악몽인데, 우리들은 최근에 가까스로 그 악몽에서 해방되었다"는 것은 확실하다.

아동 학대 그 자체는 결코 새로운 것이 아니다. 아동 학대와 이를 둘러싼 인간의 강박 관념이 백일하에 드러났다는 사실이야말로

왜 자기 자신을 학대하는가

새로운 것이다.

어린아이를 착취하고, 무시하고, 때리고, 살해해 온 인간의 역사는 천년에 이른다. 이러한 관점에서 볼 때, 현대에 와서야 겨우 사태가 개선된 것에 불과하다. 현대의 새도매저키즘 문화의 특징에 관해서는 나중에 따로 설명하겠지만, 흔히 있는 일도 정리되어 공식적으로 보도되면(예를 들어, 아동 학대가 몇 건 발생했다고 보고된다면) 그 무게와 의미가 달라진다.

부모가 자기 자식을 학대하는 사건은 확실히 주목받아야 마땅하지만, 그 동안 간과되고 있던 또 하나의 현상이 최근에 이목을 끌고 있다. 구타당하며 성장한 자녀 세대가 이제 부모가 되어 세대의 순위가 한층 더 애매해져 버리고, 부모와 자녀가 서로를 대등한 존재로 다루는 경향이 생겨나고 있는 것이다.

어린아이들은 뒷바라지해 주는 사람을 우습게 보고 마구 덤벼드는 경향이 있다. 뒷바라지하고 교육을 책임지는 부모를 비롯한 어른들에게 계속 충격을 주고 있다. 할아버지, 할머니가 이런 모습을 실제로 본다면 아마 기절초풍할 것이다. 이것은 100년 전 심리학자의 기록에서 찾아볼 수 있을, 이른바 사춘기의 반항과는 완전히 다르다. 이제 어린아이들까지도 이 반란에 가세해서 부모의 권위에 의문을 던지고 있다. 그리고 학교에 들어가 불손한 친구들과 사귀면서 더욱더 우쭐해져 간다.

최근에 내 환자나 친구들로부터 듣는 이야기라고는, 불만투성이인 청소년의 반(反)사회적 행위에 관한 이야기나, "안 돼!" 하고 말해도 전혀 들어먹지 않는 오만한 여섯 살짜리 아이의 이야기뿐이다. 부모라는 존재의 특권과 지혜를 존중하는 태도는 이미 과거의 유물이 되어 가고 있다. 오히려 '까다로운 아이'를 키우는 어머니와 아버지를 원조해 주는 조직이나 지원 단체가 급증하고 있는 형편이다.

한 가지 예로, 내 환자 중에는 헌신적이고 사려깊은 아버지가 있다. 그에게는 에이미라는 일곱 살짜리 딸이 있는데, 최근 이 아이가 다정하고 고상하고 교양이 풍부한 부모에게 갑자기 반항을 한다고 한다. 부모가 "옷을 입으렴" 하거나 "옷을 벗으렴" 하고 말해도 절대로 "네" 하지 않고, "이것 좀 먹어 보렴" 또는 "이제 그만 먹으렴" 하고 말하거나, "영화 구경 갈까?"라든가 "집 좀 보거라" 하고 말해도 언제나 마찬가지다.

히스테리가 폭발해서 가족 전체를 매우 혼란스럽게 하는 등의, 종종 오랫동안 지속되는 '주도권 싸움'이 지금까지 전혀 없었던 것은 아니다. 미국 정신의학회에서 펴낸 《정신 장해의 분류와 진단의 첫걸음》에서 "소아기의 반항성 장해"라고 정의하는 에이미의 이 고약한 성질은, 부모의 그릇된 행동이 원인이라고 할 수도 있을 것이다.

그러나 레바인 부부가 같은 2학년 학생의 부모로부터 얻은 정보에 의하면, 에이미와 비슷한 반항적 태도는 6세부터 10세의 아동 사이에서 빠르게 퍼져 나가고 있는 것 같다.

일찍이 정신분석의는 그 나이 또래의 어린아이들을 '잠재기의 아동'이라고 규정하고, 소아기(小兒期)의 한창 때에 아동에게 일어나는 유연성과 변화가 그 원인이라고 설명했다. 그러나 이 설명은 이미 과거의 유물로만 여겨질 뿐이다. 어린아이들은 매일 일상 속에서 영화나 음악이나 텔레비전에 노출되고, 이러한 매체를 통해 성적이며 과격하고 새도매저키즘적인 자극을 받고 있으며, 거기서 이러한 영향을 받는 것이다.

왜 자기 자신을 학대하는가

잘 알려져 있는 것처럼, 사춘기라는 '질풍노도' 시기에 갖가지 형태로 심한 반항을 보이는 것은 오히려 일반적이긴 하지만, 이 시기에도 사태는 계속 악화되어 간다. 적어도 지난 20여 년 동안에는 '기성세대의 안일함'이라는 식의 형이상학적이고 정치적인 문제에 관해, 고결하고 독선적인 어린아이가 부모를 비난하는 모습을 볼 수 있었다.

　그런데 최근에는 부모의 존엄이나 성실함과 같은 인간의 근원적인 부분에 대해서조차 차마 듣기 거북한 욕설을 퍼붓는 경향이 있다. 어떤 이혼한 어머니는(전문직에 종사하고 있으나 자녀에게는 헌신적이었다) 2년 전 결혼 생활을 끝낸 이래 두 번인가 세 번 데이트를 하고 집에 돌아오자, 열여섯 살짜리 아들이 "창녀!"라는 모멸적인 말을 하더라는 것이다. 이 대사는 영화 〈투씨〉에서 빌 머레이가 더스틴 호프만에게 던진 말과 완전히 똑같다.

　이 어머니는 역시 이혼한 친구인 아비에게, 자녀들의 이런 모멸적인 언사를 털어놓으며 이렇게 말했다.

　"리크와 드리슈가 내게 그런 말을 다 하더라니까. 쉴새 없이 말야. 나를 괴롭히고 기뻐하더라니까!"

　나이에 관계없이 대부분의 아이들은, 부모에게 계속 반항하고 혹독하게 굴수록 같은 또래 친구들에게 지지받는다는 사실을 깨닫게 된다. 더 문제가 되는 것은 부모 스스로가 자신을 자녀의 형제자매로 간주하는 경향이 있다는 사실이다. 젊은이를 사회 생활에 적응시키고, 도덕 관념을 심어 주고 인도하는 것이야말로 부모의 본래 역할인데도, 현대의 부모(특히 남성)는 역할 모델을 빼앗기고 한탄만 하면서 젊은 세대의 새디스틱한 태도에 쉽게 굴복해 버린다.

일상생활에서 나타나는 새도매저키즘

그러한 부모는 권위를 잃어버렸다고 울부짖을 뿐, 스스로 권위를 내던져 버린 채로 팔짱만 끼고 있다. 일찍이 전통적인 가족의 역할이라고 믿어져 왔던 것을 그가 다시 일으켜 세우려 해도, 이미 절망에 깊이 빠져 있기 때문에 하지 못한다. 반항하는 어린아이는 신념을 상실한 부모를 비추는 거울인 것이다.

이에 관해서는 한층 더 고찰할 필요가 있지만, 뒤에서 현대인에게 새도매저키즘이 더욱더 두드러지게 된 이유를 역사적으로 검증할 때 이야기하도록 하겠다. 여기서는 미국에서 서서히 진행되고 있는 아버지의 무력화에 관해 좀더 생각해 보자.

이 문제에 관해서는 역사가 로버트 그리즈월드의 저서 《미국의 부성(父性)》이 도움이 될 것이다. 식민지 시대에는 아버지에게 '가부장(家父長)'으로서의 권위가 주어졌지만, 그 이후 두 세기가 넘는 세월이 흐르면서 가부장의 권위는 실추되고 있다고 그리즈월드는 말한다. 그 원인은 산업화, 이민, 간섭주의의 대두 등으로, 사회 문화가 비약적인 변화를 이룬 데 있다.

개인에 대한 사회적·경제적 압력이 증대된 사회에서는 사회의 획일성이나 계급성이 남성에게 가족 생활을 영위하는 방법을 강요하고, 사회의 기대에 부응하지 못하는 남성은 자기결정권을 박탈당한다. 이와 같은 환경에서 남성만의 성(城)은 법정으로 변한다. 아니면 성과 같은 가정의 굴레는 잠재적인 감옥으로 변해, 그의 의지는 물론이고 권력의 행사까지 저지시킨다.

특히 이러한 위험에 노출되는 대상은, 전통적인 것을 상실하고 직장에서 짓밟히고 빈곤에 허덕이며 문화의 변화를 이룩한 자녀와 소원해져 버린, 이민 온 아버지들이다(이런 아버지는 상당히 많을 것이다).

왜 자기 자신을 학대하는가

현대에는 경제 위기, 페미니즘과 같은 사회 운동, 그리고 (나와 같은) 사회심리학 전문가 탓에, 이전과는 다른 행동 규범이 요구된다. 따라서 가족 생활이 해체되고, 지혜가 있다거나 권위를 자유롭게 행사하는 권리를 가진 아버지로서의 자신감은 점점 사라지게 된다.

결과적으로 핵가족은 쇠퇴하고, 가정의 기능이 제대로 돌아가지 못해, 중심을 상실한 가족이 급증하게 되었다. 예를 들어, 1950년대 미국에서는 한 가구당 구성원이 평균 다섯 명 이상이었으나, 현재는 두 명이 채 되지 않는 형편이다. 이혼율이 50퍼센트대로 껑충 뛰어오르고, 남녀의 합의로만 성립된 혼인이 일반화된 상황에서, 한쪽 부모만(더구나 그 대다수는 직장을 갖거나 생활 보호를 받고 있는 어머니) 있는 가정이 25퍼센트를 차지하기에 이르렀다.

가족이라는 형태가 그대로 남아 있긴 하지만, 이와 같은 변화가 일어나면서, '가족'의 개념이나 이상(理想)은 과거 세대와는 전혀 다른 의미를 지니게 되었다. 지금은 형제자매뿐만 아니라 부자(父子) 사이에서도 역할 분담이 희미해지고, 투쟁이 끊임없이 계속되는 불안정한 모습을 볼 수 있다. 이와 같은 악순환은 연애중인 커플에게서 한층 더 현저하지만, 오늘날에는 모든 것이, 우리 입장에서 보면 그다지 바람직하지 않은 방식으로, 세대의 경계를 태연히 뛰어넘어 가는 것 같다.

∞ 친구야말로 최고

서로 위로하며 덕을 쌓기 위해 노력하고, 서로 도와 주고 서로 베푸는 상대……, 그것이 바로 친구다. 그리고 노골적인 성적 친밀감이 끼여들지 않는 동성(同性)에 한정된다. 친구관계에서는 욕망, 라이벌 의식, 질투, 선망, 경쟁 의식 같은 걸로 유대관계가 위협받지 않도록 항상 신경을 써야 한다. 그러나 자신에게 없어서는 안 되는 타인(친형제)을 대신하고, 교실, 사교 모임 같은 장소에서 우선 순위를 주입당하는 동안 친구 사이에는 모순된 감정이 자라나게 된다. 이러한 감정은 친구 사이가 오랫동안 유지되면서 계속 변화한다.

그냥 알고 지내는 사이라고 하기에는 너무 친밀하고, 감정이 한 층 더 깊어지면 마치 오랜 결혼 생활이라도 한 것처럼 친구관계에서도 우여곡절을 겪게 된다. 즉, 배신하거나 배신을 당하고, 사이가 나빠지며, 따돌리거나 따돌림을 당하는 것 등⋯⋯.

친구관계를 유지하려면 화해를 하고, 해서는 안 되는 일을 한 죄(대개는 당연히 해야 할 일을 하지 않은 죄지만)를 서로 용서함으로써 노여움이나 실망의 감정을 적절하게 처리해야 한다. 서로에게 욕설을 퍼부으며 헐뜯거나, 지배하거나 지배당하는 등의 상황은 친구 사이에서 일종의 의식(儀式)처럼 당연히 일어나는 일들이다. 만나거나 헤어질 때 서로 하는 인사말 하나를 들어 봐도 항상 상대의 기선을 제압하려고 놀려대는 경향이 있다.

고등학교나 대학, 군대 시절에 우정이 시작되어 어른이 된 후 한층 더 깊은 우정을 나누는 경우, 앞서 말한 형제자매의 관계와 비슷한 사랑과 미움의 상관관계를 갖게 된다. 본질적인 차이는 단 하나, 형제자매는 주어지는 것이지만 친구는 선택할 수 있다는 것이다. 그리고 친구는 일종의 정열에 의해 서로에게 이끌린다. 친구관계에는 선택이라는 자유와 어른 특유의 염세주의, 양쪽이 다 존재한다.

왜 자기 자신을 학대하는가

형제자매라 하더라도 성장하고 서로 다른 인생을 살게 되면서 그 유대가 느슨해진다. 따라서 싸움을 하더라도 곧 원만하게 해결하려고 한다. 그런데 친구 사이는 끝까지 밀고 나가는 경우가 많다. 그렇게 함으로써 적의(敵意)를 극복하고, 자유롭게 선택한 우정이 존재하는 관계로 나아가게 된다.

친구끼리는 감정을 노출시켜서 직접 맞부딪칠 수가 있다. 형제자매끼리는 같은 부모를 뒀다는 이유로 갖가지 문제에 얽혀 있기 때문에 서로의 관계에 거의 변화가 없다. 그에 비하면, 친구 사이는 오래 지속되면서 시간의 흐름에 따라 관계의 양상이 계속 변한다. 더구나 친구끼리는(직장 동료는 예외로 하고) 연인이나 가족관계처럼 경제적인 사정에 의해 직접적으로 속박당하는 일도 없다. 그 밖의 다른 요소가 친구 사이를 단단히 결합시키기 때문이다.

대부분의 사람들은 다음과 같은 전형적인 관계를 잘 알고 있을 것이다. 예를 들어, 뚱보 여자아이와 예쁜 여자아이가 자란 후 두 사람 중 한쪽은 눈부신 출세를, 다른 쪽은 남자의 사랑을 추구한다. 그리고 서로가 상대의 인생에 결여된 것이 무엇인지를 의식하면서 서로 헐뜯게 된다.

고등학교 미식 축구 팀에서 스타였던 쿼터 백과 런닝 백 가운데, 한 사람은 고등학교 축구부 코치가 되고 다른 사람은 학자가 되었다고 한다면, 고등학교 축구부 코치는 그 친구와 라켓볼을 하면서도 계속 이기려고 할 것이다.

혹은 게이인 독신 남성과 가족을 가진 남성이 친구 사이라고 하자. 두 사람은 많은 부분에서 닮았지만 사는 방식은 다르다. 따라서 일단 상대방의 사는 방식에 깊숙이 들어가게 되면, 이 차이점은 웃음거리가 되고 비열한 중상(中傷)의 대상이 될 것이다.

이처럼 친구 사이에는 차마 드러내 놓고 말할 수 없는 직업적·성적 라이벌 의식이 존재한다. 친구 사이의 권력관계는 처음의 관계가 지속되는 경우도 있고, 성인이 된 후 여러 가지 요소가 끼여들면서 다양하게 변하는 경우도 있다. 또 친구끼리 서로 사랑하면서도, 내 특기 분야에서 저 녀석에게 졌다든가, 나는 이것이 없는데 저 녀석은 갖고 있다든가, 저 녀석은 나하고 다른 방법을 쓴다든가 하는 갖가지 이유로 상대방에게 노여움과 질투심을 느낀다. 그 결과, 그들은 간접적으로 상대를 비난하거나 좀더 모질게 헐뜯고 놀리게 된다.

　한 가지 예로, 내 환자 중 사라는 오랫동안 엘레인이라는 여성과 친하게 지냈는데, 그 우정이 언제부터인가 흔들리기 시작했다고 한다. 두 사람은 22년 전 대학원 시절에 만나 친해졌다. 그러나 서로 다른 인생을 살게 되면서 한동안 만나지 못하다가, 6년 후에 엘리자베스 빙의 '어머니 교실'에서 다시 만나게 되었다. 그 후 두 사람은 자녀를 함께 키우고 같이 운동하며 점심도 같이 먹고 늘 마주앉아서 많은 대화를 나누게 되었다. 두 번이나 별거와 이혼을 하는 동안 그들은 계속 만났다. '둘도 없는 친구'(이런 말을 쓰면 두 사람에게 경멸당할지도 모르지만)까지는 아니더라도, 그들은 한때 서로에게 모든 걸 털어놓고 잠시도 떨어져 있지 않는 친구 사이였다.

　그런데 지금 와서는 이렇다 할 불화의 원인이 없는데도, 만나는 것을 피하고 상대를 무시하며 코방귀를 뀌게 되었다. 조그만 오해나 무신경한 말이 쌓이고 쌓여서 불만이 증폭되었을 것이다. 이따금 화해를 하려고 해보지만, 불화의 이유는커녕 불화가 있다는 것조차 입에 담으려고 하지 않았다. 엘레인과 마지막으로 만났을 때

왜 자기 자신을 학대하는가

를 사라 자신은 이렇게 말하고 있다.

어느 날 엘레인이 돌아간 뒤, 딸 앨리슨이 "저 아줌마는 에세르와 꼭 닮았어" 하고 사라에게 말했다. 커다란 입과 요란하게 물들인 머리카락이 텔레비전 프로 〈아이 러브 루시〉에서 봤던, 루시의 친구인 에세르가 뚱뚱해진 모습과 똑같다는 것이다. 그날 엘레인은 사라의 집에서 커피를 마시면서 쿠키를 먹었다.

"그 친구는 내가 만든 것은 잘 먹으면서 나 먹으라고 뭔가를 만들어 준 적은 한 번도 없어요. 애당초 누구에게 무엇인가를 먹여 보려는 생각은 하지도 않는다니까요. 심지어 자기 자식에게까지도 말예요."

엘레인은 타란테라(이탈리아의 템포가 빠른 춤 : 역주)를 배우러 가는 도중이어서 탬버린과 무용 의상 일체가 가방에 들어 있었다. 사라와 그녀의 딸은 엘레인에게 탬버린을 쳐달라고 졸랐다. 엘레인은 목에 두른 스카프 때문에 한층 더 에세르와 닮아 보였다. 앨리슨이 "아줌마는 에세르와 닮았어요" 하고 말했다. 사라도 고개를 크게 끄덕이면서, "시내를 돌아다닐 때는 잔뜩 차려입어도 집에서 손님을 맞을 때는 될 대로 되라는 타입이란다" 하고 덧붙였다고 한다.

그리고 사라의 말은 계속되었다. "엘레인이 무용 의상을 입고 있으면, 위에서 아래까지 일직선이라는 것을 한눈에 알 수 있지. 말하자면 뚱뚱하다는 얘기야. 나와 비교하면 말야. 그래서 내 커다란 가슴과 가느다란 허리를 무척 부러워하지. 나는 최근에 에드라는 멋진 남자를 만났지. 물론 에드는 무일푼이지만……. 하지만 엘레인에게는 남자 같은 건 근처에도 오지 않는다니까. 저 친구가 갖고 있는 건 커다란 쿠페(보통 세단보다 작은 자동차의 일종 : 역

일상생활에서 나타나는 새도매저키즘

주)뿐이란다."

사라의 딸 엘레인의 전남편을 알고 있었다. 엘레인의 아들인 래리의 야구 시합을 보러 학교에 왔을 때 봤었다. 앨리슨의 말을 빌리면, 이 데이비드라는 인간 또한 턱밑에 축 늘어진 살과 검푸른 수염 자국하며 네안데르탈인을 연상시키는 머리 모양하며 마치 만화에 나오는 원시인 알리 우프를 꼭 닮았다고 한다.

"헤어진 건 이해할 수 있다 하더라도 애당초 엘레인은 왜 그런 사람과 결혼했는지 몰라. 좀더 변변한 남자는 없었을까? 엘레인의 집안은 비록 별 볼일 없지만 매우 총명하고 교양이 있는 애라구. 정열적이거나 섹시하진 않더라도……. 어쨌든 나하고 비교하면 말이야. 게다가 대수롭지 않은 일에도 금방 열중하는 타입이라서, 내가 쓴 '브론테의 전기'의 두 번째 원고를 읽으면서 '이건 도대체 《안나 카레리나》하고는 비교할 수가 없군 그래' 하고 말하는 거야. '카레리나' 발음을 못해서 '카레냐나'라고 하면서 말야."

요컨대 앨리슨이 사라와 오빠 마이크에게, "저 아줌마는 에세르와 꼭 닮았어" 하고 말했을 때가 모든 일의 발단이었다. 그 말을 들은 사라는 과연 그 말이 맞다고 생각했다. 그후 사라는 엘레인을 만날 때마다 에세르와 닮았다고 생각하지 않을 수가 없었다. 그래서 자기 부모(즉 앨리슨의 외할아버지와 외할머니)에게 그 얘기를 했다. 그러자 두 사람 모두 "맞아, 엘레인은 에세르와 꼭 닮았어" 하고 말했다. 그후부터 외할아버지와 외할머니도 엘레인을 볼 때마다 에세르와 닮았다고 생각했다.

그 뿐만이 아니다. 사실 에드는 사라와 결혼하기 전부터 사업상 엘레인과 잘 알고 있었다. 그도 그 말을 듣고 "엘레인을 나도 모르게 피하는 바람에 그녀에 대해 잘 모르지만, 그녀는 정말로 에

왜 자기 자신을 학대하는가

세르를 꼭 닮았어" 하고 말했다.

여자친구는 이처럼 서로의 가장 싫은 면을 서로에게 보여 주는 경향이 있다. 중상하고 험담하며 심술궂은 말을 한다. 이러한 성질은 오랜 시간에 걸쳐 키워지는 것이다. 유치원에서 소꿉장난이나 인형놀이를 하고 있을 무렵부터 이미 여자아이는 자기가 소속된 단체나 계속하여 만나게 되는 구성원들에게 능숙하게 대처하면서, 자기나 친구들에게 존재하는 경쟁심과 모순된 감정을 깨달아간다.

여러 가지 이유에서(나중에 상세히 고찰하겠지만, 그 이유는 성별 차이와 사회적 요인에 의해 좌우된다) 여자아이는 남자아이와 다르기 때문에, 행동으로 나타내지 않는 대신 생각하고 있는 것을 서슴지 않고 말한다. 더구나 종종 본인을 눈앞에 두고서도 태연스럽게 말한다.

대개의 여성은 말을 동성이나 이성에 대한 무기로 사용한다(그것도 노골적인 욕설이 아니라 재치 있는 표현이어야 한다). 입으로는 "눈알을 도려내 버리고 싶다"는 식으로 말해도, 실제 행동으로 옮기는 일은 거의 없다. 친구에게도 마음의 배려를 하는 동시에 가혹한 비판도 할 수 있다.

그와는 대조적으로 남자아이는 성인이 되어서도 행동이 호전적이며, 그렇게 행동하는 것 자체를 즐긴다. 폭력을 휘두르거나 해를 가하는 데서 쾌락을 느끼는 것이다. 물론 개인차와 보편적 특징을 모두 고려하지 않으면 안 된다(이것에 대해서는, 새도매저키즘적인 성적(性的) 관계에서 현저하게 나타나고 있는 남성의 '여성다움'과 여성의 '남성다움'을 언급하면서 후에 새롭게 생각해 보기로 하겠다).

어쨌든 일단 정리해 보면, 어른이든 어린아이든 남자는 '정면으로 맞서 싸우는 것'(그게 조용한 싸움이라 하더라도)을 찬미한다. 남자친구들은 서로 때리거나 쿡쿡 찌르거나 하는 것을 가장 좋아한다. 상대를 화나게 만들고 싶다거나 단순히 주먹질을 하고 싶다는 이유만으로, 말이 아닌 행동으로 놀려대거나 괴롭힌다. 대립되는 감정은 행동으로는 직접적으로 표현되지만, 말로는 간접적으로밖에 표현되지 않기 때문에 남성은 언제까지나 친구와 어중간한 관계를 지속한다.

여기서 내 환자인 행크 카린코비츠의 경우를 예로 들면, 행크는 MIT(매사추세츠 공과 대학)의 동창생이고 절친한 친구이기도 한 산세이 신에게 라이벌 의식을 갖고 있다. 행크의 말로는, 두 사람 모두 좋은 경력을 갖고 있지만, 친구인 산세이는 자기와는 달리 인도를 비롯한 전세계의 싱크 탱크(think tank, 두뇌 집단 : 역주)라고 한다.

그런데 행크는 연구와 바이올린을 둘 다 추구하고 있다는 것이 큰 문제였다. 젊었을 때 그는 모교 MIT에서 근무하면서 줄리어드 음악학교에 다니는 길을 선택했다. 그러나 학과 주임으로서 학교 업무를 처리하고 연구하는 데 바빠서, 바이올린을 연습할 시간이 없었다. 마침내 연습 부족으로 연주 실력이 딸려, 대중 앞에서 연주하는 것을 포기하고 지금은 주로 작곡만 하고 있다고 한다.

한편, 산세이는 옛날부터 외곬이어서 두 마리 토끼는 쫓지 못하는 타입이었다. 게다가 인도에서는 경쟁이 있긴 해도 미국의 일류 대학에 비하면 훨씬 여유롭고 느긋한 모양이었다. 또 아시아인이 모두 우수한 건 아니지만, 산세이의 모국인 인도는 제3세계로서는 압도적인 두뇌 유출량을 자랑하고 있으므로, 산세이는 그러한 민족적 배경도 이용할 수 있었다. 따라서 산세이는 47세라는 젊은 나이에 노벨상을 수상할 수 있었다.

더군다나 여자 경험도 산세이가 훨씬 풍부했다. 그러나 행크가 산세이보다 여자 경험이 부족한 것은 그 완고한 도덕 관념에 사로잡혀 있기 때문이다. 즉, 친구인 산세이보다 유대인적이고, 기독교적이고, '서양적'이기 때문이다.

전 부인 트루디 문제도 있었다. 행크가 아내에게 평생 충성할 것을 서약한 것은 그가 일생 동안 저지른 큰 실수 중 하나였다. 하필이면 트루디는 산세이와도 잤던 것이다. 게다가 행크는 하룻밤에 세 번 할 수 있지만 산세이는 한 번뿐이에요, 하고 보고까지 하는 형편이었다. 그것은 거짓이 아니었다. 어느 날 밤 산세이는 술에 완전히 취해 행크에게 고백을 했고, 그 뒤 용서와 화해를 구해 왔기 때문이다.

테니스 솜씨도 산세이가 행크보다 위였다. 산세이는 브룩클린 태생 친구와는 달리, 어렸을 때 정식으로 테니스를 배울 기회가 있었다. 둘이 테니스 게임을 하면, 비록 말랐지만 운동 신경이 뛰어난 동양 친구는 행크의 서투른 스트로크를 비웃듯, 적당히 데리고 논 다음 결국 러브(영점) 게임으로 압도적인 승리를 거두는 게 정해진 순서였다. 이 둘의 관계는 그야말로 진짜 '러브 게임'이었다. 만사가 그런 식이었고, 지금도 마찬가지라고 행크는 계속 이야기했다.

실제로 산세이는 베를린 회의 때 트루디와 관계를 맺은 다음부터, 만 일 년 동안 행크와는 얘기도 하지 않고 지냈다. 행크의 쓰라린 이혼에 동정해서라기보다는 트루디와의 관계 때문이었다. 더군다나 회의석상에서 산세이를 소개할 때, 행크가 최고의 애정을

일상생활에서 나타나는 새도매저키즘

나타낸답시고 "속을 헤아릴 수 없는 동양인"이라고 말한 것도 하나의 원인이 된 것 같았다.

그러나 이러한 알력이 있고 나서 두 사람의 관계는 다시 회복되었다. 행크는 두 번째 이혼 후에 맞이한 비참한 여름을 산세이의 '힐 스테이션' 별장에서 보내기로 했다. 서로가 상대에게 아무리 심한 짓을 해도, '무슨 말이든지 할 수 있는 사이'라고 행크는 생각했다. 행크는 산세이에게 뭐든지 털어놓을 수 있었다. 산세이가 어떤 판단을 내릴까 두려워할 필요 없이 말이다.

나는 엉겁결에 한 마디 했다.

"당신이 얼마나 산세이 씨를 질투하는지, 얼마나 산세이 씨가 되고 싶어하는지는 빼놓고 말이지요. 그리고 산세이 씨와 관계를 끊고 싶지 않은 척하면서, 사실은 될 수 있는 한 관계를 갖지 않으려고 하고 있다는 것도 빼놓고 말하지 않았습니까? 더구나 그 친구에게 상처를 입히고, 그에게서 상처를 받는 데서 얼마나 큰 기쁨을 얻고 있는가 하는 것도 빼놓았지요."

그리고 나는 이런 말까지 덧붙이고 말았다.

"이것은 단순한 라이벌 의식 같은 게 아닙니다. 당신은 그 친구를 사랑하면서 동시에 미워하고 있어요. 두 사람 모두 새도매저키즘적인 게임을 즐기면서, 쓸데없는 트러블을 일으키고 있는 것입니다(이것은 사라와 엘레인도 마찬가지일 것이다). 이런 감정을 말로 드러내지는 않지만 말입니다."

이러한 테마가 미묘하게 변형된 사례는 훨씬 더 많다. 위에서도 약간 언급했지만, 다정한 척하면서 사실은 잔혹한 사람들 말이다. 예를 들면, 남편에게 버림받아 낙담하고 있는 친구에게(그 남편은 좀더 젊고 섹시한 여자에게로 갔다), 위로하는 척하면서 미주알 고

왜 자기 자신을 학대하는가

주알 자세한 사정을 알아 내려는 여성. 또한 뚱뚱하게 살찐 친구를 몸무게와는 상관 없는 가혹한 스포츠에 동참하게 하는 '의지가 되는 좋은 친구'. 이처럼 친구끼리는 지배하고 지배당하는 의식(儀式)을 되풀이하면서, 서로를 모욕하는 데서 만족을 찾고, 그렇게 함으로써 상대에 대한 강한 애정을 강조하는 것이다. 이 경우에도, 다른 사람을 가까이 끌어들여 유대관계를 맺거나 반발하게 하는 행동의 원동력, 또는 연출자로서의 새도매저키즘이 작용하고 있다.

✎ 직장의 평화를 유지하는 시나리오

일상생활에서 새도매저키즘을 더욱더 자주 접할 수 있는 곳은 이른바 직장이라고 불리는 조직이다. 전문직이나 기술직 양성소, 의과대학이나 병원, 증권 거래소, 은행이나 투자신탁회사, 법률 사무소나 경영 컨설팅 회사, 출판사, 광고 회사, 매스컴, 연극계, 그 밖의 무수한 장소에서 새도매저키즘이 문제되고 있다. 더구나 통계에 따르면, 거의 하루 종일 직장에서 시간을 보내는 사람들이 서서히 늘어나고 있다고 한다.

직장에서는, 개인의 힘과 성공이라는 '빨간 실'은 조직의 안정과 존속, 그리고 돈을 벌기 위해 기능하는 경직된 미궁과 같은 관료주의라는 '직물(織物)'에 짜여져 있다. 그곳에서 개인의 정열은 구조적으로 착취당한다. 매일 몇 시간씩 잔업을 하는 생활이 몇 년씩이나 계속되면, 직장에 있기만 해도 신경이 닳아빠지고 마음속에 있는 생생한 활력들이 점차 사라져 간다. 이렇게 나날을 보내는 동안, 가족을 부양해야 하는 가장(家長)의 공급 능력은 정치적 · 문화적인 복잡한 사정에 의해 압박당한다.

이와 같이 분노와 불안, 좌절로 가득찬 상태가 되면, 그간 이데올로기나 관습 때문에 흐지부지되어 왔던 영속적 투쟁 상태 속에서, 사회에 적응하고 싶다는 욕구와 인정받고 싶다는 욕구가 충돌하게 된다. 이런 세계에서는 다정함이나 즐거움 같은 것이 부족한 데다 표현하는 것을 꺼려하는 경향까지 있기 때문에, 일하는 사람에게 잠재해 있던 파괴적 호전성이 개인적 욕구와 뒤섞여 사물과 인간을 결합시키게 된다. 이렇게 해서 또다시 새도매저키즘적인 시나리오가 등장하여, 직장의 평화를 유지하는 데 한몫을 하는 것이다.

지난 몇 년 동안 이같은 직장에서의 새도매저키즘이 차례차례로 나타나고 있다고 말하면 여러분도 흥미를 느낄 것이다. 성에 대한 사고방식이 새로워짐으로써, 성차별이 없어지고, 권력으로 성을 착취하는 상황은 성희롱 문제로서 부상하고 있다.

〈월 스트리트〉나 〈폭로〉 같은 영화(덧붙여 말하면, 후자는 현재 정상적인 것으로 생각되고 있는 남녀관계를 뒤집어 보이고 있다)는, 갖가지 '성희롱'을 즐기는 동료나 이를 유도하는 상사의 모습을 그리고 있다.

직장은 직원 개인의 사생활까지 침해하기도 한다. 예를 들면, 상사에게 꾸지람을 듣고, 그에 대한 화풀이로 집으로 돌아가는 길에 개를 발로 차는 부하도 있을 것이다. 상사에게 협박을 당하고 나서, 엉뚱하게도 애인에게 분풀이를 하는 말단 샐러리맨도 있을 것이다.

왜 자기 자신을 학대하는가

✍ 이미지의 현재화

여기까지 읽어 오면서, '경쟁 의식'이라든가 '서로 지배하려는 투쟁', '일상적인 대인관계에서 있을 수 있는 장난'과 같은 표현을 써도 되는데 왜 굳이 '새도매저키즘'이라는 말을 쓰는지 다소 어리둥절해하는 독자도 있으리라고 생각된다. 그러나 앞으로 계속 읽어 나가면서 내 의도를 분명히 알게 될 것이다.

이제부터는 새도매저키즘(이 말에 잠재해 있는 도착된 유혈〔流血〕 욕망도 포함해서)이 어떻게 해서 일반적인 가정에까지 침투하게 되었는가를 살펴보도록 하겠다. 매일매일 가족 구성원은 우리가 주목하지 않으면 안 되는 광경에 직면한다. 그 속에서 일어나는 노골적인 정복이나 치욕, 고통과 같은 이미지에서 에로틱한 쾌락을 엿볼 수 있다. 새도매저키즘은 일상 생활 속에 존재하며, 정면으로 우리를 응시하고 있다. 우리에게 요구되는 것은 그 시선을 의식하는 일이다.

우리들이 보는 영화나 텔레비전은 인간의 본성을 비추는 거울이라고 해도 좋다. TV 프로그램이나 영화를 보면서, 우리는 자신의 내면의 가장 깊은 곳에 있는 욕망을 직면하게 된다. 그것은 어떤 의미에서는 롤샷하 테스트와 비슷한 투영 검사법(投影檢査法)이고, 스스로 깨닫지 못하고 있는 욕망을 이미지로 보여 주는 통로이기도 하다.

제3장

환상과 현실을 연결하는 공간

✍ 자기 자신과 대면하다

수정을 깨뜨려 보면 그 구조를 잘 알 수 있다. 매끄러운 표면 안은 뾰족하고 복잡한 다각면으로 이루어져 있다. 물론 수정에는 언제나 존재하고 있지만, 압력이 높아져서 수정이 깨져 외부로 노출될 때까지는 뒤덮여 있어서 알 수가 없다.

뒤덮여 있는 수정의 내부를 보고 싶어하고, 이를 보기 위해 도구를 사용하는 것이 인간이다. 현대의 지질학자는 기술이나 과학, 그리고 나름대로의 견해나 예측으로 무장하고 있다. 그러나 원시인이라면 돌을 깨뜨린다는 생각은 하지도 않을 것이고, 또 깨뜨려 봤자 거기서 아무런 의미도 발견하지 못할 것이다. 항상 존재하고 있는 것, 예를 들어 현대의 새도매저키즘 같은 것을 이해하기 위해서는, 햄릿의 말을 빌리면 "준비가 가장 중요한 일"이다.

우선, 누구나 예로부터 지니고 있으면서도 자기와는 관계가 없다고 생각하는 것을 가르쳐 주겠다. 아니, '기억해 내기' 바란다. 일반적인 개인의 일상생활에도, 개인이 사회생활을 영위하는 조직

왜 자기 자신을 학대하는가

내에도, 보이지는 않지만 새도매저키즘은 존재하고 있다. 아니, 빅토리아 왕조 시대의 성적(性的) 취향과 마찬가지로, 우리는 새도매저키즘을 공공연히 인식할 수 있지만 곧바로 의식 속에서 지워 버린다. 불쾌하고 두렵고 불안하기 때문에 보이지 않는 척하는 것이다. 이미 새도매저키즘을 의식의 가장자리로 쫓아 버렸기 때문에, 묘사해 보려고 적당한 어휘를 찾아도 잘되지 않는다.

정상적인 생활 속의 새도매저키즘은 그런 식으로 무시당하기 때문에, 본질을 꿰뚫기보다는 교묘히 피하면서 진행된다. 그래도 현대인은 새도매저키즘과 대면하지 않을 수 없다. 이것은 빅토리아 왕조 시대의 사람들이 엄연한 자신의 성적 욕구를 부정했던 것과 마찬가지다.

이제 충분히 기억해 냈으리라 믿으며 다음 단계로 넘어가도록 하겠다. 이번에는 현대 미국문화에서 볼 수 있는 새도매저키즘적인 위기와, 알고 있으면서도 현실생활과는 분리시켜 생각하기 쉬운, 그러나 사실은 매우 일반적인 이미지를 살펴보겠다.

사물의 구조에 관해 놀랄 만한 새로운 학설이 등장해도 역사가 그것을 따라잡지 못하는 경우가 있다. 자연과학보다는 사회과학 쪽이 더 그러하다. 혁명적인 프로이트 학설(이 책에서 빈번히 거론하는 견해나 주장의 기반이기도 하다)이 가장 좋은 예일 것이다.

프로이트의 본거지 빈에서는 섹스란 정적(靜的)인 것이라는 위선적인 사고방식이 횡행했고, 인간 생활의 원동력인 에로티시즘을 하나같이 배격하려는 움직임이 두드러졌다. 19세기 말 유럽의 일반적인 상황이기도 했다.

당시 아버지라는 존재는—도라(프로이트의 분석을 받은 히스테리

환상과 현실을 연결하는 공간

환자, 아버지의 불륜이 발병의 원인이었다)의 아버지처럼 — 사랑을 찾아 헤매고, 여자를 사고, 가정이라는 유전자 마당에 매독을 갖고 돌아오는 일도 자주 있었다. 한편으로, 하녀나 유모는 불장난에 몰두하고, 경우에 따라 주인집 아들을 꼬시는 일도 있었다(어린아이라, 무슨 짓을 해도 기억하지 못할 것이라고 생각했다).

그러한 행위나 결합이 태연스레 펼쳐지고 있는데도, 어찌된 셈인지, 성년이 될 때까지 성(性)에 눈을 돌리는 일은 거의 없었다. 선량한 성인은 자신의 육욕을 심각하게 생각하지 말고, 좀더 숭고한 사물에 눈을 돌려야 한다는 게 세간의 상식이었던 것이다.

경제적 이유에서 기초과학 연구를 그만둔 지그문트 프로이트는 임상신경학자로서 생계를 꾸려 나갔다. 그는 히스테리 여성을 환자로 삼았다. 히스테리 환자는 변덕이 심하고 신경쇠약이거나, 특별한 외상이 없는데도 손발을 제대로 움직일 수 없거나, 앞이 보이지 않는 증상을 가지고 있다. 당시 고명하다는 의사들은 이러한 증상을 무시하거나 심지어는 꾀병이라는 핀잔까지 서슴지 않았다. 얼마 뒤, 보수적인 임상병원에서는 해결할 수 없는 환자들이 프로이트에게 보내졌고, 그는 그들을 연구하기 시작했다.

그러한 환자의 정신을 분석하는 방법을 개발하면서, 프로이트는 무의식 속에서 일어나는 성적(性的) 갈등, 특히 근친상간적인 갈등이 그때까지 불가해한 것이라고 알려진 독특한 증상으로 표출된다는 사실을 해명해 냈다. 모든 인간에게는 반드시 리비도(libido, 인간 행동의 바탕이 되는 근원적인 욕구 : 역자)의 갈등이 존재한다. 프로이트 및 동시대의 지식인들이 이 리비도의 갈등을 발견하기까지는 그다지 많은 시간이 걸리지 않았다.

이른바 '기인(奇人)'에게 특유한 것이라고 여겨지던 노이로제도 사실은 누구나 가지고 있는 정신 상태에 지나지 않았다. 이것이 명백하게 밝혀짐으로써 프로이트를 비롯한 현대인들은, 오이디푸스 콤플렉스나 소아신경증은 어느 어린아이들에게서나 찾아볼 수 있는 것으로, 아이가 '자연에 의해서 강제적으로 몰아세워져서…… 도덕과는 모순되는 욕망'을 처음으로 대면할 때 반드시 싹튼다는 사실을 이해할 수 있게 되었다.

프로이트 이전 시대의 사람들도 인간의 성적 기호와 그 표현 형태를 인정하긴 했었다. 그러나 당시에는 그런 증상을 다루는 방법을 알지 못했다. 프로이트 시대에 와서, 낭만주의나 다윈주의, 마르크스주의나 실증주의가 등장하여, 엘리자베스 왕조 시대에 셰익스피어가 묘사했던 것과 같은 노골적이고도 음란한 인간의 본질을 새롭게 주목하는 역할을 했다.

이처럼 인간의 본질에 대한 인식과 세계관이 변화된 덕분에, 프로이트 학파는 그때까지 의식되지 않고 눈에 띄지도 않았던 동적(動的)인 갈등의 역사를 간파할 수 있었다. 개인이 어떻게 성장하는가, 그리고 그 개인이 속해 있는 문화가 어떻게 발전해 나가는가 하는 문제는, 동적인 갈등을 어떻게 극복하고 조정하고 통합하는가에 따라서 결정된다. 프로이트는 성(性)이야말로 이 모든 것의 기본이라고 생각했다.

이런 새로운 사고방식에 대한 저항도 있긴 했지만, 그것은 어차피 보고 싶지 않은 사실에서 눈을 돌리기 위한 항의에 지나지 않았다. 무엇보다도 새로운 사고방식은 시대의 요구에 맞아 떨어졌다. 당시 사회는 성적 문제의 위기를 맞고 있었으며, 이전의 사고방식으로는 그 당시 나타나는 다양한 모순이나 알력을 설명할 수 없었다.

환상과 현실을 연결하는 공간

낮에는 사회적 체제 유지에 힘쓰면서 밤에는 포르노 책을 사러 다니고 매춘굴에 몸을 담고 있던 빅토리아 왕조 시대의 신사라면, 무엇이든 성에 결부시키는 프로이트 학설이나 새로운 정신분석에 시비를 걸지도 모른다. 그러나 그런 그들조차도, 프로이트의 주장에 동조하는 수많은 목소리를 막을 수는 없었을 것이다.

한 세대가 지났을 무렵에는 교육자, 정치가, 가정 법원의 판사, 잡지의 기고자 같은, 공적인 발언에 신경을 써야 하는 입장에 있던 사람들도, 정신적·사회적 생활에서 어린아이의 성적 기호가 의미를 가진다는 사실을 당연한 것으로 받아들이게 되었다.

인습에 얽매여 있던 1950년대에서 그렇지 않은 1960년대에 걸쳐, 사회과학자나 정신분석학자는 분열된 자아, 정체성, 역할 확산의 파괴, 자기소외의 전염과 같은 새로운 미스터리에 관해 생각하기 시작했다. 그러나 그것은 또 다른 이야기고 너무나 복잡해서, 여기서 이야기하는 것은 무리라고 생각된다.

그 대신 우리 시대에 관해서, 즉 현대인의 일상생활에서 볼 수 있는 새도매저키즘—어느 누구와도 떼어놓을 수 없는—에 관해서 살펴보기로 하자. 이것은 될 수 있는 한 말하고 싶지 않은, 뒷맛이 좋지 않은 추악한 이야기다. 사람들은 새도매저키즘이 존재한다는 사실뿐만 아니라, 그것이 어떤 강력한 힘을 갖고 있다는 사실을 부정하고 싶어할 것이다. 나 자신도 그랬다. 적어도 이 책을 쓰지 않고는 견딜 수 없게 되기까지는……

✎ 폭력의 공포로 가득찬 충격적인 현실
현실생활에서 찾아볼 수 있는 충격적인 장면은 아주 많이 있다.

이것들은 제2장에서 말한 일상의 힘 겨루기보다 훨씬 극단적이다. 예를 들면, 미국에까지 상륙하고 있는 테러리즘이나 종교 광신, 여기에 반드시 따르게 마련인 불합리한 폭력의 공포가 있다.

세계 무역 센터나 오클라호마 시티 폭파 사건을 보며 우리는 혐오를 느끼면서도 눈을 뗄 수가 없다. 신문의 제1면에는 팔다리를 잃거나 사망한 어린아이의 사진이 실린다. 이 끔찍한 장면은 언제까지나 뇌리에서 떠나질 않는다. 아무리 머리에서 쫓아내려고 해도 헛일이다. 현대인의 생활관이나, 굳건한 유대로 맺어진 가족이라는 가치관과는 양립하지 못하는 이 마귀 같은 잔인한 범인을 무시하려 해도 잘되지 않는다.

텔레비전을 켜면 자녀를 살해한 조엘 스타인버그와 리자 스타인버그의 모습이 나오고, 연간 250만 명에 달하는 아동 학대의 실례가 보도되며, O. J. 심슨과 니콜 심슨의 뉴스가 흘러나온다. 남편의 폭력 때문에 고통받는 아내를 다룬 프로그램이 계속 늘어나고 있다.

데이비드 린치가 〈블루 벨벳〉이나 〈트윈 픽스〉에서 기존의 틀을 깨뜨리며 예술적으로 묘사한 뿌리깊은 폭력(이라고 사회학자는 평하고 있다)도, 현대의 미국 사회나 가정에 잠재된 폭력적 경향을 극단적으로 다룬 것이다.

좀더 익숙한 문제로 말하자면, 상당수의 부모(또는 부모를 대신하는 사람)는 자녀에게 자신을 투영하는 경향이 있다. 이는 분명히 센세이셔널하다고는 할 수 없지만 상당한 위험을 내포하고 있다. 이것은 위에서 제시한 다양한 형태로 나타난다. 《뉴스위크》도 역시 영화 〈KIDS(키즈)〉가 상영된 이후 도시에서 청소년에 의한 살인이나 자살률이 높아졌다는 것을 지적하고 있다.

환상과 현실을 연결하는 공간

부모의 권위는 지속적으로 실추되어 왔다. 현대의 사춘기 자녀는 예로부터 그래왔듯이 부모의 지배에 반항할 뿐만 아니라, 이제는 아예 부모의 존재 자체를 공격한다. 이렇게 감당할 수 없을 만큼 반항적인 젊은이의 수가 계속적으로 증가하자, 여러 단체나 모임에서는 '까다로운 자녀들'에 관한 강연회나 간담회를 개최하게 되었다. 현대의 자녀들은 거리낌없이 부모에게 반항한다. 부모 세대는 자신의 부모를 그런 식으로 대하는 걸 상상도 할 수 없었는데 말이다.

부모를 모멸하고 경시하는 태도가 일반화되고, 젊은이들이 자유분방하게 힘을 과시하거나 폭력을 행하는 데는 몇 가지 이유가 있다(사회적·정치적인 이유에 관해서는 다음 장에서 다시 언급하기로 하겠다). 이러한 경향은 우리들이 일상생활에서 보다 극단적인 새도매저키즘과 맞닥뜨리면서도, 그것을 생활의 일면으로 인정하지 않고 있음을 나타낸다.

독자의 이해를 돕기 위해서 나는 감히 강조하고 싶다. 전통적인 가치관과 이를 뒷받침하고 있던 심리적 방위가 무너지고 있는 상황에서, 피해자와 가해자 쌍방의 역할을 맡는(물론 일시적이긴 하지만) 것에 대해 인간은 은근히 기쁨을 느끼고 있다고 말이다. 우리에게는 그러한 내심을 '토로하는' 마음가짐이 아직 부족하다. 그러면서도, 타인을 괴롭히거나 거꾸로 고통이나 굴욕을 맛봄으로써 얻어지는 기쁨을 당연한 것으로 받아들이는 경향이 있다.

✎ 도리스 데이와 마돈나의 섹시함

아무리 지금의 실상을 부정하려고 해도, 현대인의 우상을 보면 새도매저키즘이 어느 곳에나 존재하고 있다는 것을 알 수 있다. 일찍이 피아니스트인 오스카 레반트는, "처녀로 둔갑하기 전의 도리스 데이를 알고 있다"고 야유섞인 말을 한 적이 있다. 그러나 현재 옛날의 도리스 데이만큼 인기가 있는 마돈나의 경우, 자기가 처녀였던 시기를 알려면 어머니의 자궁 속에 있을 무렵으로 거슬러 올라가지 않으면 안 될 것이다.

두세 가지 예외가 있다고는 하지만, 이전의 매스컴은 고상한 것이 최고라는 굳건한 환상을 유지하기 위해 노력해 왔다. 그러나 지금의 상업적 매스컴은 어떤 추잡함도 모두 다 허용한다. 마돈나의 닛플 링—좀더 정확하게 말한다면, 충격적인 사진집 《섹스(sex)》 속에서 그녀의 상대역이 붙이고 있던 닛플 링(젖꼭지 걸이)—이 도리스 데이의 체리 핑크빛 루즈를 대체했다. '처녀' 대신 '자유분방한 여자'가 칭찬이 되어 버린 것이다.

사드 후작을 신봉하는 '괴상한' 미적 감각의 소유자뿐만 아니라, 그 밖의 많은 사람들이 마돈나의 '파격적인' 사진에 흥미를 나타냈다. 그들이 이 사실을 자각하고, 자신들이 청춘 시절을 보낸 40년대, 50년대, 60년대를 돌이켜 보면, 도리스 데이의 청순하고 밝게 웃는 얼굴은 마돈나의 자유분방하고 에로틱한 유혹적 자태만큼 사람들을 매혹시키지는 못했다는 것을 알게 될 것이다. 사람들은 자기 집에서 은밀하게 마돈나의 사진집을 보고, MTV에 나오는 마돈나를 감상한다. 정상적인 사람들이라도 그때만큼은 흥분을 억누를 수 없을 것이다.

우리들이 젊었을 시절에는 도리스 데이를 비롯해서 '바닐라 퀸'으로 인기를 끌었던 산드라 디, 패티 페이지, 아니면 아네트 파니셀로에게조차도 그런 기분을 느낀 적이 없었다. 마돈나는 사람들의 은밀한 욕망을 자극한다. 더구나 그녀는 신기하게도 이미지 자체가 아니라, 이미지에 내재하는 욕망에 호소해 온다. 어처구니 없어 하든 흥미 없는 척하든, 그 사진집의 은색 표지를 본 사람은 (남자든 여자든 간에) 마돈나의 다리를 꼼꼼히 바라봤음에 틀림없다. 황소와 함께 투우사에게 찔린 그녀의 다리를……

매스컴 세계가 포착해서 보여 주는 것은, 인간의 마음속에 있는 이미지와 욕망이다. 영상을 만드는 사람은 돈을 벌기 위해 시청자의 집단적 상상력 속으로 깊숙이 파고 들어가고, 그 반응을 종합해서 시청자의 마음에 맞는 것을 만들어야 한다. 그 시도가 빗나가면 실패한 것이다.

정신분석학자인 D. W. 위니콧이라면 필경 이러한 상황을 "환상과 현실을 이어주는 과도적 공간"이라고 했을 것이다. 현실의 꿈과 야망이 만들어지는 장소, 즉 대규모적으로 안이하게 만들어지는 포스트모던의 세계에서 그것을 찾아볼 수 있다. 여기서 감정적 진실은 투쟁이라는 안개 너머, 진실이 보이지 않게 하기 위해서 만들어 낸 연막(煙幕) 너머에서 나타난다. 새도매저키즘적 광경이 번성하는 곳은 바로 현대의 음악과 영화의 세계인 것이다.

최근 유행하는 노래들의 선정적인 가사는 여기저기서 문제가 되지만, 공교롭게도 나는 그 방면에는 문외한이다. 따라서 여기서는 영화를 예로 삼아서 이야기를 진행하겠다.

✍영화 속에 나타나는 고통에 대한 매혹

멜 깁슨이 감독·주연한 역사영화 〈브레이브 하트〉를 아는가? 영화의 마지막 장면에 나오는 그 소름끼치는 장면은, 관객의 기억

왜 자기 자신을 학대하는가

에서 영원히 사라지지 않을 것이다. 깁슨이 맡은 스코틀랜드 독립 운동의 영웅, 윌리엄 월레스는 영국군에게 붙잡힌다. 그는 밧줄에 목을 매고 매달린 채로 고문을 당한 후 높은 대에 눕혀진다. 화면에 비치는 것은 그의 일그러진 얼굴뿐이다. 그는 아마도 런던 군중이 지켜보는 가운데 배를 갈기갈기 찢기우고 있는 게 틀림없다.

마지막 장면에 나오는 설명을 통해 우리는 다음과 같은 사실을 알 수 있다. 월레스는 끌려가서 사지가 갈기갈기 찢겼는데, 머리는 잉글랜드 통치에 반란을 기도하는 자를 처벌하는 본보기로 말뚝에 꽂혀 런던교에 효수되고, 몸의 다른 부분은 잉글랜드의 동서남북에 따로따로 버려졌다.

월레스에 대해 잘 알려져 있지 않기 때문에, 영화의 다른 부분은 모두 단편적인 역사적 사실로 재구성되어 있지만, 이 핸섬하고 용감한 인물이 참살을 당했다(그리고 그의 새아내는 단칼에 목이 잘렸다)는 상상만으로도 보고 있는 사람에게는 굉장한 충격이다. 이 영화에는 이 밖에도 상당히 폭력적인 장면이 많은데, 묘사 방법은 그 나름대로 고상하고, 조국과 자유를 위한 폭력이라는 점에서는 다분히 미국적인 것이라고 할 수 있다.

그 잔학한 장면에서 읽어 낼 수 있는 것은, 인간은 태고적부터 음란하고 참혹한 것에 매료되었고 태연히 타인에게 상처를 입혀왔다는 것, 그리고 현대보다는 과거에 그 욕구가 훨씬 더 강했다는 것이다.

그 밖에도 갖가지 형태로 나타나는 인간의 본능적 충동(난폭한 성적 충동, 호전성, 혹은 이 둘이 혼합된 것 등)이 어울려서, 내성적인 자아, 즉 에고(이에 관해서는 나중에 설명하겠다)는 자기도 모르는 새 계속하여 새도매저키즘을 새롭게 재창조하고 있다. 우리는

환상과 현실을 연결하는 공간

현대의 새도매저키즘이 이제까지는 없었던 전혀 새로운 현상이라고 생각하고, 그 잔학함과 추잡함에 경악을 금치 못한다.

오스트레일리아 영화인 〈매드맥스〉 3부작에(이것은 멜 깁슨의 출세작이다), 이 영원한 주제가 잘 표현되어 있다. 〈브레이브 하트〉의 중세 봉건 시대를 연상시키는, 핵전쟁 후 황폐해진 세계에서 살벌한 이야기와 잔학 행위가 전개된다. 깁슨이 맡은 맥스 역은 (아무리 비판이 많더라도) 사리사욕이 아니라 기사도 정신에 투철한 전설적인 영웅이라고 할 수 있다.

이 영화의 장면장면은 견딜 수 없을 정도로 잔혹하고, 영화 속의 사람들은 자신의 길을 엉금엉금 기어가면서 계속 고통을 받는 운명을 타고났다. 더군다나 쓸모없고 나약한 상대를 죽이는 일에 누구나 기쁨을 느끼고 있다. 맥스와 같은 선의(善意)의 인간은 희귀한 존재다.

보통 영화제작자는 새디스틱한 요소에 관해 잘 알고 있으며, 사악한 의도는 타인에게 투영해 버리고 자신은 어느 정도 거리를 두려 한다. 오래된 무성 영화나 세실 B. 데밀 감독의 시대와 마찬가지로, 〈브레이브 하트〉에도 폭군(게다가 동성애 공포증이기도 하다) 에드워드 1세를 비롯하여 극악무도한 짓을 자행하고 거기에서 기쁨을 느끼는 악역들이 등장한다.

이에 반해 월레스가 이끄는 영웅들은 불타는 복수심 때문에 폭력적이긴 하지만, 마음은 더할 나위 없이 순수하다. 월레스와 그의 동지들이 사랑하는 스코틀랜드를 위해 죽는 것은 매저키즘이 아니라 몸과 마음을 다 바친 순국(殉國)이다. 이 고결함이야말로 새디즘과 매저키즘을 강조하는 영화와 〈브레이브 하트〉를 갈라놓는 선이라고 할 수 있다.

왜 자기 자신을 학대하는가

이 영화는 분명히 비극적이고 무섭지만, 80년대 말부터 스크린을 지배해 온 여러 가지 잡다한 갱 영화 중에서 신선한 느낌을 풍긴다. 갱 영화는 정도의 차이는 있지만, 고통에 대한 매혹을 전면으로 밀어내어 관객이 피해자와 가해자 모두에게 공감하도록 만든다.

영화에서 보여 주는 새도매저키즘적 이미지에는 문제를 일으킬 만한 부분들이 많아서, 그 동안 많은 분석이 행해져 왔다. 그 중에서도 눈에 띄는 것은 성(性)의 패러독스인데, 이것은 과거 4반세기에 걸쳐서 지식인을 괴롭히고 있다. 그러한 영화의 대부분은 부도덕하기 짝이 없는 남녀관계를 다루면서 우리들을 상식적인 가치관으로부터 일탈시키는 동시에, 인간이 섹스에 대해 상상할 수 있는 모든 것을 뒤엎고, 젠더에 대한 고정 관념과 거기에서 발생하는 힘의 균형에 의문을 제기한다.

물론 위와 같은 일은 아무렇지도 않게 행해지고 있다. 왜냐하면, 그러한 영화는 시장과, 그 시장을 지배하고 있는 성의 정치학을 항상 의식하지 않으면 안 되기 때문이다. 아무리 겉보기에는 충격적이라 해도, 결과적으로는 젠더에 대한 고정관념과 권력의 역학을 유지하고 한층 더 강화한다.

성차별에서 벗어나 있다고 여겨지는 영화 산업 분야에서 남성의 매저키즘과 여성의 새디즘이 발전하는 것과 그것이 명백히 드러나는 것, 그리고 사회와 문화가 발전하는 과정에서 무의식이 발현되도록 유도하는 상호작용과 엔트로피에 관해서는 나중에 다시 검증하기로 하겠다.

정신분석의로서 연구 자료로 사용해야 할 갖가지 심리적 인상을

환상과 현실을 연결하는 공간

해석하기 전에, 우선 그 심리적 인상들을 수집, 선별, 추출하고, 자유연상(自由連想)과 관련된 것을 적용시키도록 하겠다. 그렇게 함으로써 특정한 유형과 의도적이지 않은 동기를 식별할 수 있게 될 것이다.

그러면 지난 수십 년 간 우리가 보아 온 영화를 예로 들면서, 반도덕적인 잔학성을 갖춘 주인공이 점차 늘어나고, 섹스를 무기로 하는 '팜므 파탈'적 여주인공이 등장하는 현상에 관해 상세히 고찰하겠다.

✍ 정의로운 터프가이에서 잔혹한 사나이까지

〈OK 목장의 결투〉의 버트 랭카스터나 커크 더글라스 같은 저돌적인 터프가이 형의 주인공은, 과거의 유물이라고까지 말할 수는 없어도, 요즘 거의 구경하기가 힘들다. 〈사냥꾼의 밤〉과 〈공포의 곶〉 같은 고상한 영화에서 로버트 미첨이 연기한 다소 변화된 모습의 살인자 같은 예외는 있지만, 1950년대의 대표적인 배우들(존 웨인이나 존 거필드, 또는 리 마빈처럼 그 유형은 다르지만 터프한 사나이들)은 명예나 페어플레이 정신에 입각해서 폭력을 극도로 억제하고 있었다. 이들은 총이나 주먹처럼 비교적 피비린내가 덜한 방법으로 정정당당하게 정의를 위해서 싸웠다. 리처드 위드마크나 잭 팰런스가 맡은 악당만이 살인의 즐거움을 추구하면서도 용서를 받았다(결국 주인공에게 당하게 되어 있지만 말이다).

1960년대에 들어설 무렵, 영화에 나타난 폭력 양상이 변하기 시작한다. 우선 1962년, 〈007-닥터 노〉에서 제임스 본드가 등장한다. 본드는 여왕 폐하와 영국에 충성을 맹세하지만, 페어플레이

따위는 신경도 쓰지 않는다. 적의 부하들을 싹쓸이하고, 겁없이 히죽거리며 미소를 짓고, 죽어 가는 상대의 고통을 보면서 멋진 대사를 읊조린다. 또 당연하다는 듯이 많은 여자들과 사랑을 나누는데, 여자가 상대편의 부하인 경우에는 사정없이 처치하기도 한다. 다만 그러한 묘사에는 아직도 억제된 부분이 있다. 격렬한 싸움이더라도 피는 그다지 많이 흘리지 않고, 잔인하지도 않다. 섹스에 관해서도 노골적으로 그려지지 않는다.

60년대 말에 이르면, 폭력과 섹스 냄새를 물씬 풍기는 영화가 늘어난다. 여기서 가장 잊을 수 없는 것은 최근에 재평가된 샘 페킨퍼 감독의 〈와일드 펀치〉일 것이다(물론 〈우리에게 내일은 없다〉나 〈이지 라이더〉 등도 충격적인 문제작이기는 하지만). 영화의 시작은 멕시코인 미소년이 전갈에 불을 붙여 죽이는 장면이고, 마지막 장면은 주인공인 윌리엄 홀덴, 어니스트 보그나인, 벤 존슨의 가슴에서 피와 살 조각이 흐트러지는 장면이다(이것은 아름다운 몽타주 기법으로 마무리되어 있다). 고상한 영화 〈내일을 향해 쏴라〉와는 엄청난 차이가 있다. 바로 이 영화에서 피비린내나는 묘사가 시작되었는데, 그 이후 관객은 얌전한 영상으로는 만족할 수 없게 되었다.

할리우드에서는 영국의 검열제도가 그대로 적용되고 있어서, 미성년자들이 보기에 바람직하지 않은 영화는 'R등급' 이나 'X등급' 으로 지정되었고, 최근에는 'NG-17등급' 이 새로 추가되었다(NG-17등급은 〈배드 루페넌트/형사(刑事)와 드럭과 그리스도〉나 〈내추럴 본 킬러스〉와 같은 난잡하고 폭력적인 영화에 매겨졌다). 영화제작자들은, 단지 등급으로 규제하고 있다는 이유만으로 공중도덕을 지키고 있다고 주장하게 되었고, 영화 매니아들은 혐오스러운 것부터 자극적인 것까지 다양한 작품을 즐길 수 있게 되었다.

그 결과 새로운 영화에 등장하는 인물은 대부분 폭력적인 사나이들이었다. 그들에게는 잔혹함이야말로 목적을 정당화하는 수단이며, 그 목적이란 격렬한 싸움 속에 묻혀 곧잘 사라지곤 한다. 그러한 액션 히어로들은 폭력 행위가 즐거워서 견딜 수 없을 뿐만 아니라, 패자의 굴욕에서 기쁨을 발견하고 조소하고 노골적으로 상처를 입힌다. 그들은 감당하기 어려운 악당이며, 관중들은 그 새디즘적 장면의 절정의 순간에 환성을 올린다.

그러한 스타로는 마카로니 웨스턴(이탈리아에서 미국 서부극을 본떠 만든 영화로, 잔혹한 장면을 묘사한 것이 특색 : 역주) 붐을 일으킨 세르지오 레오네, 〈더티 해리〉에서 용맹을 떨친 클린트 이스트우드, 〈늑대여 안녕〉의 찰스 브론슨, 〈록키〉와 〈람보〉의 실베스타 스텔론, 〈엔젤 하트〉의 미키 루크 등이 있다. 혹은 자유자재로 변신하는 로버트 드 니로, 살육의 천사 아놀드 슈와제네거, 죽여도 죽지 않는 브루스 윌리스, 〈좋은 친구들〉의 조 페시와 레이 리오타, 터프한 토미 리 존스, 그리고 이소룡, 척 노리스, 스티븐 시걸 같은 무술 스타들이 있다.

등급을 매기는 심의제도에도 불구하고, 힘센 주인공이 폭력적인 적을 가차없이 때려눕히는 모습은, '17세 이하 입장 금지'라는 팻말 따위에 관계없이 어린아이들의 눈을 매혹시킨다. 남자아이란 아직 학교에 다니지 않는 유아든 열 살 먹은 소년이든 생물학적으로 어른과의 경계선상에 있는 청소년이든, 정복이나 폭력이라면 사족을 못쓴다. 아이들은 금단의 영화나 텔레비전 프로그램을 몰래 훔쳐보고(때로는 부주의한 부모의 권유로 보는 경우조차 있지만), 피를 볼 때 느낄 수 있는 쾌락을 배워 나간다.

왜 자기 자신을 학대하는가

뿐만 아니라 영화에서 배우의 연기를 보기 훨씬 이전부터, 야만스럽고 저속한 만화영화(〈로드러너〉나 〈실베스타〉, 〈톰과 제리〉)를 보며 쫓기고, 당하는 모습에 익숙해져 있다. 또 요즘 아이들도 우리들과 마찬가지로 옛날 이야기를 들으면서 자라나지만, 요즘 아이들이 듣게 되는 이야기들마저도 언제까지나 지워지지 않는 끔찍한 영상을 어린아이의 마음에 깊이 새겨 준다(애당초 옛날 이야기라는 게 대개의 경우, 단순한 꿈 이야기는 아니다).

최근에는 표준적인 PG등급(부모와 동반하여 미성년자가 입장할 수 있는 영화 : 역주)에 〈그렘린〉이나 〈스타 워즈〉, 〈인디아나 존스〉 시리즈, 홈 코미디인 〈홈 얼론〉과 같은 영화가 포함되고 있다. 그 어느 영화에나 부모 세대라면 상상도 하지 못할 만큼 잔인하게 인간이 살해되는 장면이 나타난다. 부모 세대는, 어릴 때 〈코끼리 점보〉를 읽거나 〈밤비〉, 〈백설 공주〉를 보기만 해도 잠을 이루지 못했는데…….

〈프랑켄슈타인 박사〉의 괴물이나, 〈드라큐라〉, 〈늑대인간〉, 〈고대 미라〉와 같은 공포영화, 혹은 시리즈물인 〈할로윈〉, 〈13일의 금요일〉, 〈폴터 가이스트〉, 〈엘름 가(街)의 악몽〉처럼, 사람이 수없이 많이 죽는 피투성이 공포 영화에 관해서는 더 말할 필요도 없다. 영화 속에 심각한 폭력이 빈번히 되풀이되어 나온다는 사실을 조금만 주목해 보면, 이런 폭력적인 영화가 얼마나 많은지 알 수 있다.

여러분 중에는, '새도매저키즘이라는 것은 폭력뿐만 아니라 섹스와도 관계가 있다'고 주장하는 사람도 있을 것이다. 그리고 지금까지 언급해 온 '악당' 영화에는 섹스가 없다는 사실도 지적할 것이다. 공포 영화 목록에 섹스의 요소가 있긴 하지만, 그것은 본래 폭력성과는 다른 것이다. 분명히 성적 일탈은 죽음에 의해 벌받지 않으면 안 된다는 듯이 폭력과 섹스를 표리일체로 묘사하는 게 보통이지만, 폭력의 형태를 취하는 사랑이 있다고 해서 인간이 폭력으로 성적 흥분을 일으킨다고 단정하는 건 지나치게 성급하다, 라고 말하는 사람들이 있다.

일반적으로 죽음과 욕망이 에로틱하게 융합된다는 것을 증명하려면 좀더 많은 증거가 필요할 것이다.

✎ 섹스로 유인하는 현대판 세이렌

현대 영화의 난폭한 주인공들에게서는 죽음과 욕망의 에로틱한 결합은 찾아볼 수 없다. 아무리 여성을 학대한다고 해도 남성은 그러한 유형의 결합은 인정하지 않는다. 남성은 자신보다 육체적으로 약한 여성을 상처입히지 않는 게 보통이다.

죽음과 욕망이 결합된 모습은 오히려 현대 영화 속의 새로운 여자, 새로운 유형의 여주인공, 좀더 정확히 말하면 현대의 팜므 파탈에게서 찾아볼 수 있다.

현대의 팜므 파탈들은 무성영화 시대의 요부나, 각선미와 허스키 보이스로 유명한 마를렌 디트리히, 대공황 시대 인기를 한 몸에 받은 신비한 이미지의 진 할로우, 새침떼기 메어리 애스터, 여장부라고 할 수 있는 40년대와 50년대의 바바라 스탄윅과 같은 여배우들의 후계자이다.

그러나 그녀들은 가슴이나 히프는 물론이고 음부까지도 은밀히 보여 주지만, 그것으로 끝내지 않는다. 나체와 성적 매력을 유감

왜 자기 자신을 학대하는가

없이 발휘하여 남자들을 파멸로 몰아넣는다. 그녀들은 세이렌(그리스 신화에 나오는 바다의 요정, 아름다운 목소리로 뱃사람들을 꾀어 죽였다고 함 : 역주)이다. 더구나 먼 곳에서가 아니라 남자의 귓가에서 노래를 부른다. 노골적으로 섹스로 유인하고, 침대 위에서는 악의가 감돈다. 남자들은 미칠 정도로 흥분하여 사랑을 위해 죽어 가는 것도 마다하지 않는다.

1962년에 등장한 것은 제임스 본드뿐만이 아니다. 1962년은 우르슬라 안드레스(우리들은 그녀를 '언드레스[undress, 옷을 벗은]' 라고 불렀다)라는 새로운 요부의 혈통이 생겨난 해이기도 했다. 007 시리즈 제1탄인 〈닥터 노〉에서, 비키니(현대의 기준에서 본다면 얌전한 것이지만)를 입고 물을 뚝뚝 흘리면서 카리브 해의 바다 속에서 등장한 안드레스는 햇볕에 그을린 엉덩이 근처에서 나이프를 꺼내 보였다.

당시 청소년이었던 나는 아버지를 동반하고 친구들과 함께 〈닥터 노〉를 보러 갔다. 목소리가 워낙 컸던 아버지는 낭랑한 바리톤 목소리로 이렇게 한 마디 했다. "아니, 저런……. 저 여자가 입고 있는 건 남자가 착용하는 서포터(운동 선수가 국부에 차는 물건 : 역주)가 아니냐?" 영화관은 순간 웃음바다가 되었다.

그 뒤에도 안드레스의 모습을 계속 볼 수 있었다. 영화 제목도 스토리도 기억나지 않지만, 지금까지도 생생하게 기억에 남아 있는 장면이 하나 있다. 스트립 댄서 역의 안드레스가 마지막 장면에서, 관객 두 사람을 향해 레이스가 달린 브래지어의 앞부분에서 총탄을 발사하는 장면이다. 젖꼭지 근처에서 작열하는 탄약, 피어오르는 연기, 바로 탕! 탕! 하는 느낌이었다. 그것은 멜 브룩스의 패러디 영화에 나오는 베네딕트 피터스와 흡사했다. 거기서는 넋을 잃고 구경하고 있던 악당들이 지옥에 떨어졌다.

그러나 안드레스는 극악무도한 여자는 아니다. 〈닥터 노〉의 여주인공에게는 슬픈 과거가 있다. 그녀는 고아였다. 아버지는 닥터 노에게 살해당했다. 강한 척하고 있어도 어차피 여리고 겁 많은 처녀였고, 따라서 자기보다 훨씬 강한 본드의 협력자에 지나지 않았다. 갈대가 무성한 강에서 본드가 닥터 노의 부하를 죽이는 것을 보고, 안드레스는 소리없는 비명을 지르며 "왜?" 하고 중얼거린다. 혹은 동료가 불에 타 죽는 것을 보고 본드의 우람한 가슴에 얼굴을 파묻는다.

푸시 갤로아나 옥토파시, 그리고 그 뒤 4반세기에 걸쳐 열 명도 채 되지 않는 역대 본드 걸들이 그랬듯이, 안드레스도 어디까지나 본드를 돋보이게 하는 조역에 지나지 않았으며, 그녀 자신이 위협적인 인물이 되지는 않았다.

한편, 현대의 팜므 파탈들은 모든 것을 빼앗아가 버린다. 요즘에는 벌거벗은 여자를 등장시켜서, 영화의 주인공뿐만 아니라 관객의 성적인 감정까지 조종하는 게 상투적인 수단이 되었다. 옛날의 갱 영화에 등장했던 애스터나 스탄윅과는 취향을 달리하는 현대의 마녀들은 태연한 얼굴로 사람을 죽이고, 섹스와 육욕(肉慾)의 화신이 된다. 이 여자 살인마들이 차례로 스크린을 점거해 가고 있는 것이다.

〈캣 피플〉의 나스타샤 킨스키, 〈위험한 정사〉의 글렌 클로스, 〈블랙 위도우〉의 테레사 러셀, 〈요람을 흔드는 손〉의 레베카 데모네, 〈사랑이라는 이름의 의혹〉의 킴 베이싱어, 〈원초적 본능〉의 샤론 스톤, 〈크라잉 게임〉의 미란다 리처드슨, 〈데미지〉의 줄리엣 비노시, 〈룸메이트〉의 제니퍼 제이슨 리, 〈바디 히트〉의 드류 베리모어, 〈BODY〉의 마돈나, 〈거미 여인〉의 레나 올린, 〈달콤한 독〉의 린다 피오렌티노, 〈유혹하는 여자〉의 니콜 키드먼……. 열거하자면 끝이 없다.

악녀라는 주요 테마에는 수많은 변형이 있다. 예를 들면 〈굿바이 게임〉의 수잔 서랜든은 팀 로빈슨을 잘되게 하려고 교묘한 수단으로 그를 조종한다. 자기 손안에 넣은 남자를 파멸시키기 전이나 후에 악녀 자신이 곤경에 빠지는 경우도 있다. 여주인공이 따로 있는 경우에는 섹스가 전면으로 부각되지 않기도 하고, 폭력 장면이 나오지 않기도 한다. 그래도 누드 장면이나 살인의 요소가 전혀 없는 건 아니다.

이른바 '벗는' 장면은 없어도, 〈블루 스틸〉의 제이미 리 커티스, 〈터미네이터 2〉의 린다 해밀턴, 〈암살자〉의 브리짓 폰다, 〈에이리언〉 시리즈의 시고니 위버와 같은 여자들은 임기응변의 계략이 무궁무진하여 결코 얕볼 수 없는 존재라는 사실은 널리 알려져 있다.

그 밖에 〈복싱 헬레나〉에서 볼 수 있는 것처럼, 남녀간의 섹스와 폭력이 역전된 예도 있다. 이것은 갱 영화의 변종이라고 해도 좋을 영화다. 여주인공은 어떤 남자에게 사지를 잘리고(요컨대 몸통만 남아서) 목만 내민 모습으로 상자에 담겨지지만, 똑똑히 말을 하는 것만은 이전과 다를 바가 없다. 여주인공과, 그녀를 그런 꼴로 만든 남자 앞에, 여주인공의 옛날 애인이 모습을 나타낸다. 그러자 도와 줄지도 모르는 옛날 애인을 향해 여자는 이렇게 호소한다.

"나가욧! 우리들(여자와 여자의 사지를 자른 사나이)에게 이곳은 특별한 곳이니까."

나체를 드러내 놓은 여자들은 막상 행동을 시작하면 대담해진다. 육체적으로 여자보다 더 강한 상대를 매료하고, 압도하고, 흐무러지게 만든다. 육체를 무기로 삼아 파멸을 가져다 주는 것이다. 그녀들은 강력한 세이렌의 후예들이다. 문자 그대로 남자의 머리를 잘라 내고, 자비의 마음을 잊게 하고, 사랑하는 모든 것을 배신하게 만드는 요부들의 혈족……

전통 속의 데릴라, 유디트, 살로메, 키르케, 클레오파트라처럼 자신의 육체와 초능력으로 영웅을 농락하고 죽음에 이르게 한 요부들의 혈족이다. 그러나 예전의 마녀가 주문을 외운 것에 비해, 현대의 요녀들은 주문 대신 육체를 사용한다. 남자들이 왜 괴로워하는지를 관객들이 뻔히 알 수 있게 만든다는 얘기다.

가령 〈캣 피플〉을 예로 들어 보자. 이 영화는 1940년대의 작품을 1980년대에 폴 슈레이더가 리메이크한 것이다. 여주인공은 크라우스 킨스키의 딸인 나스타샤 킨스키다. 그녀의 폭력성은 오로지 그녀가 고양이족이라는 데 뿌리박고 있다. 처녀를 고양이에 비유하는 일은 종종 있으나, 그녀는 정말로 거대한 검은 고양이로 변신한다. 그리고 사랑하던 상대를 물어 죽인다.

10년 전쯤에 처음으로 이 영화를 보았을 때, 긴장이 고조되는 장면이 나오면 비명을 지르는 남자 관객이 한 사람 있었다. 그는 공포영화를 보는 어린아이처럼 일어서서 비명을 질렀다. 그 관객은 큰 소리로 울부짖었다. 그러나 나도 그렇게 하고 싶은 마음이 굴뚝 같았다.

나스타샤가 인간과 섹스를 할 때 이복오빠인 맬컴 맥도웰과 마찬가지로 고양이로 변신한다는 걸, 어느 시점부터는 관객도 모두 알고 있다. 섹스를 한 뒤에 상대방 남자를 죽이지 않으면 인간의 모습으로 되돌아올 수 없다는 것, 나스타샤가 현재의 애인도 죽일 생각이라는 것도 알고 있다. 그리고 발가벗은 나스타샤가 몸을 약간 구부리고 달빛이 비치는 늪지대에서 사냥감을 찾아 방황하는 모습이 스크린에 비친다.

우아한 짐승처럼 웅크리고 앉은 모습, 높게 솟아 오른 엉덩이, 비둘기처럼 튀어나온 가슴, 완만한 기복을 그리는 배, 희미하게 보이는 음모, 절반쯤 벌인 도톰한 입술. 한순간 불빛에 비춰진 나스타샤의 상반신은 피투성이다(물론 그녀의 피는 아니다). 눈동자가 피에 굶주린 흉폭한 빛을 띠는가 싶으면, 곧 그녀는 이성을 되찾고 양심의 가책과 수치심으로 어둡게 가라앉아 간다.

관객은 피의 맛을 알고 순결을 잃고 변화하는 그녀를 본다. 그렇다. 그녀는 틀림없는 '캣 피플', 본능이 시키는 대로 사냥을 하는 포식자인 것이다.

그러나 나스타샤는 동물원 원장인 존 허드와 사랑에 빠진다. 모든 걸 알고 있으면서도 허드는 나스타샤에 대한 사랑을 밀고 나갈 생각이다. 그녀는 틀림없이 본능의 지배를 받아 검은 고양이로 변신할 것이다. 운이 나빴던 그녀의 과거 애인들과 마찬가지로, 자신도 짓찢기고, 손발을 잃게 될 것이다. 그 사실을 잘 알고 있으면서도 존 허드는 나스타샤와 사랑을 나눈다. 본인의 입을 통해 이미 사람을 수없이 죽였다는 말을 듣고도 계속 그녀를 원하고 있는 것이다.

장소는 밤의 늪지대에 있는 판잣집이다. 평온해 보이는 늪지대 속에는 악어나 물뱀과 같은 위험한 짐승들이 우글거리고 있다. 암흑 속에서 바람에 흔들리는 갈대숲 여기저기서 굶주린 포효 소리가 들린다. 이 늪지대에서 나스타샤는 다시금 옷을 벗기 시작한다. 노출된 상반신……, 카메라가 창문 너머로 그녀의 얼굴을 잡

환상과 현실을 연결하는 공간

는다. 반쯤 열린 입술……, 청바지의 지퍼가 내려지고 앞이 열린다. 카메라가 창문과 창의 아래쪽 틀 사이로 그녀의 사타구니를 포착한다. 천천히 바지가 벗겨지고 나스타샤는 검은 체모의 덤불을 드러낸다. 그곳에서 카메라는 다시 허드의 얼굴을 비춘다. 욕망에 번뜩이는 사나이의 시선을 받아들이는 여자의 눈동자……, 사나이는 여자의 냄새를 알 수 있다.

"그만둬! 그런 짓을 하면 안 돼!" 그때 그 남성 관객이 쉿소리를 질렀다.

아마도 그 사람은 사람의 얼굴을 알아볼 수 없는 영화관의 어둠 속에서, 욕망과 공포로 온몸이 달아올라 있었을 것이다. 아니, 그것은 그 한 사람만의 일이 아니었다. 그러한 감정의 고양은 일상 생활에서 맛보는 정열과는 전혀 질이 다르다. 현실과 동떨어진 원시적이고도 본질적인 감각……. 그것은 어린아이의 공포와 욕망에 성인 남자의 관능적인 쾌락이 뒤섞인 감각이다. 상상력에 힘입은, 현실 감각보다 훨씬 엄청난 박진감을 지닌 것이다. 영화에서 이러한 순간을 만나게 되면, 관객은 자신만의 환영 속에서 '사랑과 얽힌 죽음'을 발견한다.

"죽여 줘요" 하고 나스타샤가 애원한다. 허드가 거부하자, "나를 해방시켜 줘요……. 참다운 모습으로 살고 싶어요" 하고 졸라 댄다.

허드는 나체인 나스타샤를 철제 침대에 동여맨다. 사지를 벌린 모습으로 남자 앞에 누운 여자. 그녀는 스스로 자진해서 손목과 발목을 허드의 밧줄에 맡긴다. 양손과 양다리를 묶을 때마다 로프가 스치는 소리가 날카롭게 울려 퍼진다. 조용한 얼굴 속에 욕망을 숨긴 채 그녀는 남자를 기다리고 있다.

왜 자기 자신을 학대하는가

허드가 옷을 벗는 장면은 어둠에 가려서 잘 보이지 않는다. 그러나 이미 그에게 감정 이입을 한 관객들은 그가 나체가 되어 무방비해진 데 대해 가슴 아파한다. 갑자기 옷을 벗은 허드의 몽롱한 모습이 어둠 속에 떠오른다. 그는 여자에게 몸을 겹친다. 남자의 벌거벗은 엉덩이가 어둠 속에서 하얗게 보인다. 스크린에는 비치지 않지만 페니스가 여자에게 삽입되어, 덤불의 안쪽에 숨겨진 불타는 듯 뜨거운 살 속에 파묻혀 있다는 것을 알 수 있다.

여기서 영상이 바뀌고 허드의 동물원이 비쳐진다. 영화의 첫부분에서, 거대한 검은 표범으로 변신한 나스타샤의 오빠 맬컴이 잘생긴 에드 베글리 주니어의 팔을 잘라 낸 곳이기도 하다. 관객은 그 장면을 똑똑히 기억해 낼 수 있다.

허드가 우리 가까이로 가고, 〈캣 피플〉의 주제곡이 흐르기 시작한다. 인묘족(人描族)의 변신과 죽음을 상징하는 멜로디다. 이 음악은 동족에게 전해 내려오는 기억의 바다에 뛰어든 나스타샤가 동족과 부모를 기억해 내고, 단 하나뿐인 오빠까지 잃고 운명을 받아들일 결심을 하는 장면에서도 흐른다. 허드가 우리 안으로 손을 뻗는다. 손바닥, 손목, 그리고 팔뚝이 묶여 있는 고양이를 향해 손을 뻗어 간다. 노출된 나스타샤의 모습……. 허드가 이 고양이에게 날고기를 준다. 고양이라고 해도 황금색 눈을 크게 뜨고 으르렁거리는 칠흑의 표범이다.

검은 표범으로 변한 나스타샤는 그야말로 은밀한 악의를 품은 여자 그 자체이다. 피가 뚝뚝 떨어지는 성찬을 먹어치운 검은 표범은 사랑받고 있는 애완동물만이 할 수 있는 동작으로 허드의 얼굴을 쳐다본다. 허드가 목을 긁어 주자 그녀는 우리에 몸을 비비면서 목구멍을 골골거린다. 그 신음소리는 허드의 모습을 꿰뚫고 영화관의 좌석에까지 전해져 온다.

일찍이 할리우드 여배우들은 자기가 맡은 역할이 무미건조하다는 것에 불만이 많았다. 운이 좋더라도 기껏해야 머리가 잘 안 돌아가는 금발 처녀나 정숙한 유부녀 역, 좀더 재미있을 것 같고 자극적인 것이 고작해야 주연 남우를 돋보이게 하는 역할이라고 한탄하고 있었다. 그러나 시대가 변하면서 여배우들은 와일드한 여자 역할을 맡게 되었다.

이른바 '여성'이라는 것은 남자가 머릿속으로 그리는 허상에 지나지 않는다. 영화에서 이렇게 새로운 여성상이 창조된 데에는 페미니스트의 주장이 큰 영향을 미쳤다. 여성들은 그러한 새로운 여성상을 봄으로써 스스로 옛날의 압제자를(적어도 일시적으로는) 조절할 수 있게 되었음을 깨닫는다.

그렇긴 하지만, 남성도 마찬가지로 이렇게 새롭게 출연한 여성의 힘에 대해 예민해지고, 또한 성적으로도 자극을 받는다. 이렇게 해서 남성은 자신의 상반된 감정을 여성에게 털어놓게 된다. 그러나 전통적인 젠더의 역할을 완전히 포기하는 일은 없었다. 여성의 에로티시즘이야말로 남자보다 우위에 서기 위한 최고의 무기인 셈이었다.

죽음을 부르는 세이렌의 매력은 이성(異性) 상대에 대한 흡인력 외에는 아무것도 아니다. 그렇기 때문에 전통적인 젠더의 역할을 완전히 포기할 수는 없다. 여자는 아름답지 않으면 안 된다. 정력적인 남자가 지닌 힘의 전리품 내지 증거물로써, 정복에 대한 남자의 환상을(일시적으로라도) 충족시켜 주지 않으면 안 된다. 남성 내부의 모순된 감정이나 이른바 로맨티시즘이라고 불리는 것(모든

왜 자기 자신을 학대하는가

것을 내던지고 싶다거나, 바보가 되고 싶다거나, 사랑을 위해서 죽고 싶다는)에 호소하지 않으면 안 되는 것이다.

영화에서 팜므 파탈은 남자를 파멸시키기 위해 유혹하고, 남자는 오디세이처럼 가차없이 운명(또는 운명과 비슷한 것)에 끌려 들어가는 경우가 많다. 그러한 남자들은 대부분 그 외의 다른 상황에서는 어떤 어려움도 이겨 나가고, 폭력적이고, 계략이 풍부하다. 바로 전사(戰士), 터프한 형사, 고발자나 다른 난폭한 사내들을 제압하는 조련사들처럼 말이다.

그러나 여자가 나타난 순간, 그 남자들은 여자의 엉덩이 밑에 깔리는 새끼 고양이로 돌변해 버린다. 일단 여자에게 걸려들면, 마이클 더글러스 같은 터프 가이조차도 입고 있는 옷뿐만 아니라, 의지와 상식마저 몽땅 빼앗기고 만다. 머리로는 알고 있지만 도무지 어쩔 도리가 없는 것이다. 쾌락과 정열은 너무나 감미롭고 강렬해서 결과를 뻔히 알고 있어도 벗어날 수가 없다. 또한 팜므 파탈의 성적 속박뿐만 아니라 위험 자체가—죽을지도 모른다는 공포와, 섹스에는 폭력이 따르게 마련이라는 정신 자체—남자들을 거미줄 속으로 돌진하게 만든다.

그렇긴 하지만 역할과 운명이 역전되는 것은 사랑과 미움이라는 두 가지 가치가 공존하기 때문에 오래 지속되지 않는다. '자비심이 없는 미녀'에 대한 남성의 외경(畏敬)의 배경에는 사실 여자를 싫어하는 감정이 계속 잠재되어 있다. 요부는 남자에게 죽음의 운명을 부여하면서도 결국에는 스스로 목숨을 잃는다. 그렇지 않으면 일시적으로라도 남녀간의 서열을 붕괴시킨 죄로 감옥에 투옥되고 벌을 받는다. 〈위험한 정사〉의 글렌 클로스도, 〈거미 여인〉의 레나 올린도 결국에는 죽음을 맞이한다. 사랑과 미움의 공존이 오래 지속된 경우더라도 〈달콤한 독〉의 린다 피오렌티노는 찾아올 운명을 예감하고 있다.

세이렌이 매력을 이용해 불굴의 영웅을 사랑의 노예로 바꾸어 버린다는 건 옛날부터 전해 내려오는 이야기다. 고대 그리스나 로마에서 아프로디테가 지상에 파견한 하녀들 가운데는 인간세계의 여왕도 포함되어 있었다.

키르케나 디도, 클레오파트라와 같은 마녀들은 정치적 야심과 성적 매력을 혼합해서 무서운 특효약을 만들어 냈다. 다른 나라 군대가 개척과 정복을 노리고 쳐들어오지만, 결국은 그녀들의 매력에 무릎을 꿇고 만다. 남자들뿐만 아니라 나라 전체를 조종해서 목숨까지 바치게 한 고대의 반여신(半女神)들은 뛰어난 능력뿐만 아니라 관능적인 기술에도 정통했다.

팜므 파탈이란, 모계 제도에서 어머니가 대지를 다스리고 자비심 많은 풍요의 여신들이 나라를 통치했던 시대의 유물이다. 그녀들은 인류 역사의 여명기부터 그렇게 해왔다.

현대의 영화제작자들은 이 테마에 약간의 변형을 가해, 여성의 에로틱한 매력을 성의 정치학과 절충시켜 성적 권력의 형태를 취하게 했다. 할리우드는 단순히 과거를 부활시키고 있는 데 지나지 않는다. 오늘날의 영화는 태고적부터 자연스럽게 받아들여졌던 외경과 욕망을 추구하고 있다. 옛날과 마찬가지로 현대의 영화는 모두 남성의 공포라는 감정에 호소한다. 즉, 자유와 완벽함에 대한 공포, 남자라는 것(그리고 때로는 생명 자체)에 대한 공포, 여자의 침상에 끌려 들어가고 싶다는 욕망에 대한 공포에 호소한다.

〈원초적 본능〉의 샤론 스톤은 이러한 죽음에 이르게 하는 매력의 상징이라고 해도 과언이 아니다. 그녀 주위에는 섹스와 죽음이

왜 자기 자신을 학대하는가

라는 망령이 붙어 다닌다. 흐트러진 침대에 굴러다니는 얼음 송곳과 처음 희생자의 오므라든 피투성이 페니스가 그러하다.

이 영화에서 뭐니뭐니 해도 가장 인상적인 것은, 걸터앉아 있는 샤론 스톤이 가장 무방비하고 위태로운 각도로 다리를 다시 포개는 장면이다. 그렇다. 용의자로서 경찰에게 심문을 받는 바로 그 장면이다. 밑에서 비쳐지는 조명에 한순간이지만 틀림없이 체모가 엿보였다. 틀림없이? 아니, 아마 망상에 지나지 않을 것이다.

그러나 어쨌든, 그 순간에 힘의 주도권이 변화한다. 형사들은 군침을 삼키고, 동요하고, 얼마간 공포를 느끼면서 자기도 모르게 몸을 추스른다. 그 가운데 한 사람, 마이클 더글러스가 맡은 새디즘적 형사는 얼마 후 여자의 사랑의 포로가 된다. 샤론 스톤의 캐릭터는 바로 파괴의 여신이었다.

✍ 인간은 고통을 원한다

제1장에서도 약간 언급했고, 앞으로도 성도착을 다룬 장에서 상술할 예정이지만, 현재 본래의 새도매저키즘은(받아들일 생각만 있다면) 당연한 것으로 각인되어 가고 있다. 케이블 TV에도 이런 종류의 프로그램이 있고, 슈퍼 록스타의 사진집에도 이런 요소가 있다는 걸 이미 지적했다.

《에스콰이어》지나 《뉴욕》지 같은 잡지에 새도매저키즘 클럽 특집기사가 실리는 세상이다. 일류 호텔에서도 새도매저키즘 관계자의 대규모 패션 전시 즉매회가 개최되고(더군다나 무슨 운명의 장난인지, 바로 옆 회의실에서는 정신분석학회나 정형외과학회를 개최한다), 새도매저키즘의 쇼에 출연하는 여왕님들이 이른 아침 케이블 TV뿐만 아니라 한낮의 텔레비전 토크쇼에 출연해서 갖가지 실화를 소개한다. 청소년들은 펑크, 헤비 메탈, 랩과 같은 공격적인 음악으로 부모들의 귀를 괴롭힌다.

일반 매스컴 밖에서도 새도매저키즘은 일류 인테리어나 아티스트, 학자들을 매료시키고 있다. 그들은 과격한 퍼포먼스 예술가들과 어울려 자신들의 행위에 대한 세간의 이목을 집중시켰다. 이렇게 해서 《뉴요커》지 등의 문예 잡지에도 복면 작가 폴린 레아주(포르노 영화로도 만들어진 컬트적 고전 《O양의 이야기》의 저자)의 가면을 벗기고 인터뷰하는 기사가 게재되었을 정도다.

교도소 생활을 경험한 극작가이자 프랑스의 문화 영웅인 장 주네와 구조주의 철학자 미셸 푸코의 전기(傳記)에 대한 서평이 《뉴욕 타임스 북 리뷰》지의 제1면에 실렸을 때, 이 두 사람이 동성애자였음이 남김없이 밝혀져서 독자들을 경악시켰다.

1995년에 스웨덴에서 브룩클린 음악 아카데미가 이동 공연을 했을 때, 잉그마르 베르히만은 후보였던 두 가지 레퍼토리 가운데 고통과 굴종과 치욕을 찬미하는, 미시마 유키오의 〈사드 후작 부인〉을 선택했다. 옛날 같으면 일류 연출가가 이런 테마를 이렇게까지 직접적으로 다루지는 않았을 것이다.

학문 분야에서도, 특히 젠더와 젠더 문학의 탈구축(脫構築) 비평에 참가하는 연구자들 사이에서 새도매저키즘에 대한 관심이 높아지고 있으며, 그것을 보편적인 테마로 여기고 분석하거나 '탈구축' 함으로써 사회나 상상력의 영역에 새로운 관점을 제공할 수 있다고 여기고 있다.

내 전문 분야인 정신분석학에서는 혁신적인 성 과학자 로버트 스톨라가, 그가 말하는 '증오의 에로틱한 형태'에 초점을 맞추어

면밀한 기반 조사를 했다.

  새도매저키즘은 보통 사람들의 일상생활과는 동떨어져 있는 것 같으면서도, 현재 매우 현실적인 문화의 일부분으로 주목받고 있다.

  매체에 등장하는 '남녀간의 투쟁'에 관해서는 제8장에서 철저하게 검증할 생각이다. 그리고 이어지는 제4장에서는 새도매저키즘이 영화의 길에서 잠시 외도하여 일생생활로 돌아온, 보통은 잘 드러나지 않는 새도매저키즘적 쾌락에 관해 재검토해 보겠다. 인간은 비난의 대상이 영화 여주인공이 아닌 자기 자신이 되면, 알면서도 순순히 인정할 수 없는 경우가 많다. 하지만 다시 강조하건대, 인간은 고통을 원한다. 그것도 무의식중에(더구나 일상적으로 되풀이해서) 불행을 추구하고 있기 때문에, 이러한 악순환 속에서는 간단한 대답도, 단순한 해결법도 찾을 수 없다. 문득 정신을 차려 보면 인간은 악순환에 사로잡혀 있다.

환상과 현실을 연결하는 공간

제4장

악순환에 사로잡힌 연인들

　이 장에서는, 일상생활에서 새도매저키즘이 표출되는 방식 가운데서도 가장 끈질기고 해로운 경우를 살펴볼 생각이다. 성적·감정적으로 가까운 관계는 대개 어느 정도 타협이 이루어져 있기 때문에, 고통을 주는 쪽이나 받는 쪽이나 괴롭히고 괴로워하고 들볶고 들볶이고 지배하고 지배받는 것에 만족해한다. 그러나 이런 관계에서도 상황을 더 이상 조절할 수 없게 되는 경우가 종종 있다. 이런 경우는 보통 우리가 생각하는 것보다 훨씬 많다.

　이런 최악의 상황이 되면 연인들은 악순환에 사로잡혀 희생자와 고문자로 변신해 버린다. 여기서는 여러분에게도 친숙한 악순환 문제의 특징을 알아 보겠다. 그러한 사태에 말려 들어가는 사람의 성격이나 숨겨진 동기를 검증하는 것은 다음 장으로 미루자. 우선 몇 가지 예를 들어 보겠다.

왜 자기 자신을 학대하는가

✍정이 많은 여자, 차가운 남자

우선 우리에게 낯익은 경우부터 시작하자. 연인은 비열하고, 친구는 참견하기를 좋아하는데도 그들과 관계를 끊을 수 없는 한 여성의 이야기다. 주디 굴드, 남자친구인 빌 앤드루스, 그리고 친구인 에이미 잭슨, 이 세 사람을 우리들의 이야기에 출연시켜 보자.

최근 빌은 주디의 집에서 나갔다. 그것은 주디에게 불행하고 추악한 사건이 새로 시작되는 계기에 지나지 않았다. 빌은 이기주의자고 심술궂고 불쾌한, 흔한 유형의 남자였고, 주디는 이른바 '무엇인가를 잃기 위해서 태어난' 여자였다.

지금 주디는 빌을 잃었다. 주디의 인생에는 잃는 것 외엔 다른 선택의 여지가 없었다. 여기에 저항하려고 해도 사태는 악화되기만 할 뿐이었다. 잔혹한 운명은 항상 처음과 같은 얼굴을 하고 덤벼들고, 결과는 역시 뻔하다. 번번히 상처만 입고 절망하게 되는 것이다. 그러한 운명을 예상하면서도 도망칠 수 없는 게 주디의 모습이다.

친구인 에이미 잭슨은 최근까지 주디의 한탄을 들으면서, 주디의 자기 모순적인 태도를 흥미롭게 관찰했다. 주디로부터 또다시 '긴급 점심식사' 호출을 받은 에이미는 친구가 형편없는 기억력을 가지고 있다고 생각했다. 주디는 절망적인 목소리로 전화를 걸어 놓고서는 막상 만나면 상당히 낙관적이었다. 그런 태도는 에이미를 조금 당혹스럽게 했다. 주디는 다른 여자친구로부터 빌에게 걸려 온 수신자 부담의 전화(놀랍게도 새벽 두 시에 빌과 자고 있는 주디의 방으로 걸려 온 모양이다) 요금 지불을, 빌과 동거를 시작한 지 8개월 반이 지나서야, 거부했던 것이다.

전날 밤에 전화로 주디의 하소연을 들어주면서, 에이미는 이번만은 주디도 기어코 결단을 내린 모양이라고 생각했다. 그러나 그녀의 말은 왠지 아직 신뢰할 수 없었다. 그래도 에이미는 가능한 한 낙관적으로 느긋하게 기다려 보기로 했다. 에이미는 조금이나마 희망을 느끼고 있었다. 어쩌면 에이미 덕분에 주디는 자신의 일그러진 모습을 다시 생각해 보고, 자기는 구원받을 가치도 없다는 식의 편견을 뜯어고칠 수 있을지도 모른다고 기대했다. 주디가 자기 자신을 다시 직시하게 된 것도 에이미의 도움이 있었기 때문에 가능한 일이었다. 빌에 대해서도 이성적인 판단력을 갖게 되고, 빌 외에도 남자는 많다는 사실을 깨달은 것이다. 그래도 에이미는 왠지 모르게 주디를 완전히 믿을 수가 없었다.

에이미와 주디는 10년 동안 알고 지낸 사이였다. 그 동안 주디는 빌과 같은 남자를 만나서 속을 태운 적이 수없이 많았다. 에이미를 비롯한 다른 친구들은 그때마다 주디에게 정신치료사를 찾아가 상담을 받아 보라고 권하곤 했다. 주디 굴드는 남자에게 상처받는 길, 즉 이용당하고, 무시당하고, 학대받고, 버림받는 길을 굳이 스스로 선택하는 이유를 깨달아야만 했다.

에이미는 여러 차례 주디를 추궁했다.

"철저하게 명확히 밝혀 내야 한단 말야! 뭣 때문에 참고 견디고 있는 거냐구? 왜 항상 넌 그런 식이야? 애당초 왜 그런 남자와 사귀는지 모르겠어."

주디의 대답은 매번 짜증이 날 정도로 똑같았다.

"모르겠어. 나는 그런 남자들을 끌어들이는 구석이 있는 모양이야."

이대로 가다가는 주디는 평생 '미스터 불량품'에게 상처만 입고 살지도 모를 일이다. 그런 남자일수록 아무리 조심하더라도 잠자

88
왜 자기 자신을 학대하는가

리를 같이하게 된다. 가끔은 좋은 관계를 만들 수 있는 남자도 있었지만, 그런 일은 매우 드물었다. 그리고 어찌된 셈인지 주디에게 결국 걸려드는 남자는 언제나 "내가 옆에 있는 것조차 깨닫지 못하는" 미스터 불량품뿐이었다. 남자들은 언제나 원하는 걸 손에 넣고 나면, 그 다음에는 일주일 간 전화 한 통도 걸어 오지 않았다. 그래서 주디는 전화통 옆에 늘 붙어 살든가, 외출하더라도 15분마다 헛되이 부재 전화 메시지를 확인하는 신세가 되어 버렸다.

오랜만에 그리워하던 남자를 만나더라도 할 일을 마치면 곧 작별이었다. 주디가 사귀던 남자는 거의 모두 딴 여자가 있어서, 온전히 그녀의 손에 들어올 수 없었다. 섹스 파트너가 최소한 한 명은 있어서(그것은 의심할 바 없이 주디보다 더 멋있는 여자다) 언제나 그녀가 주디보다 우선권이 있었던 것이다. 빌의 여자('버피'인지 '머피'인지 모르지만)는 산타페에 살고 있었다. 딴 여자가 있다는 사실을 주디가 알게 되자 빌은, "앞으로도 나를 만나고 싶겠지? 그렇다면 그녀가 언제 연락해 와도 상관없는 것 아냐?" 하고 말했다.

"그런 일을 생각하니까 전혀 잠이 오지 않더라구." 그런 뻔뻔스러운 남자에게 배신당하고 버림받은 기억을 되새기며 주디는 말했다. "하지만 내가 뭘 할 수 있겠니? 빌을 원한다면 꾹 참고 살아야지. 게다가 진심으로 사랑해 주고 뭐든지 원하는 대로 해주면 혹시……." 사실 주디에게 이것은 이미 확신이었다. "그는 달라질지도 몰라. 틀림없이 내 진실을 깨닫고 나를 사랑해 줄 거야."

"얼마 동안은 고문이겠군" 하고 에이미는 마음속으로 중얼거렸다. 주디에게는 물론이지만 에이미에게도 그렇다. 점심식사 때마다 그칠 줄 모르는 장황한 넋두리를 들어야 하는 입장이 되어 보

라. 모처럼 주디를 고통으로부터 구해 내려고 노력했는데, 본인은 귀를 기울이려고도 하지 않는 것이다. 에이미로서는 참으로 안타까웠다.

그래도 한순간, 에이미와 상식이 승리를 거둔 것처럼 보였다. 일단은 주디가 "노" 하도록 만든 것이다. 빌에게, 그리고 자기 자신의 굴종적인 모습에 대한 거부 말이다. 몇 개월씩이나 속아 온 끝에 주디는 간신히 "노"라고 말함으로써 남자의 방자한 행동을 비난했다. 커다란 목소리로 분명히 얘기하지는 못했어도 "노"는 "노"였다.

에이미는 자기도 모르게 소리내어 말했다. "아이고, 힘들어라!"

자신이 엉겁결에 무슨 소리를 했는지 깨닫고, 에이미는 자책감을 느꼈다. 그런 말을 해서는 안 되었다. 주디가 다시 우울한 얼굴을 했다. 이래서는 주디와 관계해 온 남자들과 다를 바가 없지 않은가? 적어도 친구라면 아무리 짜증이 난다 하더라도, 설사 상대가 매저키스트라 해도 심술궂게 대해서는 안 된다.

그러나 에이미의 말은 주디의 귀에 들어가지 않았다. 주디는 언제나와 마찬가지로 딴 생각을 하고 있었다. 그녀는 보다 깊어진 마음의 아픔을 꾹 참고 있었다. 주마등처럼 되살아나는 비참한 기억을 견뎌 내고 있었다. 그러한 기억은 자신을 도와 준 사람보다 비참하게 만든 사람을 더 잊기 힘들게 했다. 너무나도 쓰라린 기억이기 때문에 아무것도 보이지 않았다.

"나는 단지 주유소 대신 이용당하고 있는 것뿐이야." 주디는 다시 이야기하기 시작했다. 에이미가 보인 귀찮다는 듯한 태도는 깨닫지 못한 것 같았다. "나는 바보라구. 온종일 짓밟히고 사는 문 앞의 매트 같은 존재라니까."

왜 자기 자신을 학대하는가

잘될 것 같았는데 또다시 도로아미타불이다.

주디는 언제나처럼 아랫입술을 지그시 깨물었다. 눈에 갖다 댄 꾸깃꾸깃한 크리넥스도 소용없이, 눈물이 볼을 타고 줄줄 흘러내렸다('꼭 초등학생 같군.' 에이미는 자기도 모르게 속으로 중얼거렸다). 그리고 또다시 흐느껴 우는 사이에 넋두리가 시작되었다.

"그 사람이 집을 나가 버렸어. 그 멍청이가 집을 나가 이틀이나 연락도 없다니까……. 그 고집불통! 쓰레기 같은 자식! 내가 뭘 잘못했다는 거야? 아무 잘못도 저지르지 않았는데……."

유감스럽게도 에이미로서는 도와 줄 길이 없었다. 이제 주디는 미소를 짓고 있다. 가까스로 얻은 자기통찰, 마침내 발견한 자신의 진실, 자신이 학대받는 수집품 목록에 하나가 더 더해졌다는 사실에 황홀해하고, 독선적인 미소를 지으며 에이미에게 고개를 끄덕여 보였다. 결국 가장 잘 알고 있는 건 나라니까, 하고 납득시키는 것처럼…….

"남자란 모두 똑같아. 내가 무슨 짓을 하건 관계없다니까."

'나도 관계없는 것 같아.' 에이미는 이번에는 소리를 내지 않은 채 속으로 덧붙였다.

"못 살겠군." 한밤중인 열한 시 반, 아파트에 돌아온 빌 앤드루스를 맞이한 것은 부재중에 전화가 왔다는 걸 나타내는, 전화기의 깜박거리는 빨간색 램프였다. "구제불능이라니까. 그 여자, 아무리 싫다고 말해도 알아듣질 못하니 말야."

알아듣지 못하는 것은 상사인 행크 크라인슈미트도 마찬가지였다. 지금 추진하고 있는 거래의 책임자인 행크 때문에 빌은 만년 조수로 매일 늦은 시간까지 혹사당하고 있었다. 아무리 해도 그 상사를 만족시킬 수 없었다. 'i'의 윗점을 잊어버리거나 't'의 가로막대기를 긋는 걸 잊어버리는 것 같은 하찮은 실수를 계속하여 범하고 말았다. 빌은 나치스 같은 상사에게 확실히 "노!"라고 말할 수 있는 성격도 못 되었고, 그렇다고 일을 실수 없이 해낼 수 있는 것도 아니었다. 회사를 그만둘 결심도 서지 않아서 친구나 스카웃 담당자를 짜증스럽게 만들고 있었다. 그래도 빌은 크라인 슈미트에게 충실했다. 시시콜콜 따지는 태도에는 진절머리가 났지만, 이대로 그만두면 경력에도 엄청난 해를 입을 뿐이었다. 더군다나 주디의 푸념에도 대꾸를 해주지 않으면 안 된다. 빌은 굉장히 우울했다. 상황을 설명하려 해도 그 여자에게는 도무지 말이 통하지 않는다고 생각하고 있었다.

생각해 보면 그 여자도 묘한 인간이다. 내 코트와 넥타이를 잡아 찢듯이 벗겨 내자마자 뭐라 말할 사이도 없이 비난하는 눈으로 다짜고짜 노려본다. 머리는 그다지 나쁜 것 같지 않고, 얼핏 보기에도 꽤나 다정다감한 여자였다. 문제는 그 불평이다. 그렇게 많은 불평을 도대체 어떻게 생각해 내는 것일까? 하여간 좋다. 하고 싶은 말은 다 하게 내버려두자.

그건 그렇다고 쳐도, 또 그녀는 내가 하는 일을 정확히 설명해 달라고 조른다. 그러나 나도 꽤 지쳐 있어서 자상하게 상대해 줄 형편이 아니다. 그러자 그 여자는 최후의 수단으로 호소해 왔다. 문제의 질질 짜기가 시작된 것이다. 자고 있는 나를 쿡쿡 찌르면서 불평을 늘어놓더니 나중에는, "내게 조금이라도 관심이 있어요?" 하고 묻는 것이다. 빌은 정말이지 발가락 하나도 움직일 수 없을 정도로 파김치가 되어 있었다. 그런데도 주디는 "나를 좋아하긴 해요?", "나를 갖고 싶어요?" 하고 계속 귀찮게 구는 것이다.

왜 자기 자신을 학대하는가

"왜 당신은 나를 멋대로 이용하는 거죠?" 주디가 진지하게 추궁하기 시작했을 때는 새벽 네 시 이십 분이었다. 그녀는 더 이상 잠을 자려고도 하지 않았다. 빌은 일곱 시에 회사에 출근해야 하는데도 말이다. 이렇게 되면 차라리 사무실에서 눈을 좀 붙이는 게 더 나았다.

인간 됨됨이는 정반대이면서도, 주디에게는 크라인슈미트와 비슷한 점이 있었다. 말 한 마디, 눈 한 번 깜빡이는데도 네가 나쁘다고 비난을 하고 있는 듯한 느낌이었다. 뼛속까지 도덕적으로 잘못되어 있다고 비난을 받고 있는 것만 같아서 엄청난 죄책감에 시달릴 수밖에 없었다. 숨을 쉴 적마다, 자신이 그녀를 부당하게 다루고 있는 듯한 느낌을 갖게 되는 것이다. 그렇다. 주디는 늘 나를 게으르다고 책망한다. 내 업무를 자기 마음대로 휘저어 놓고는 몰아붙이는 그 시끄러운 상사와 똑같다. 지긋지긋하다. 나는 죄책감을 느끼는 나 자신이 싫다.

다만 주디에게는 나를 지배할 만한 힘이 없다. 그것이 그 멍청한 상사하고 다른 점이다. 주디와 함께 있으면 역할이 완전히 역전된다. 그 여자는(본인의 말에 의하면) 나를 진심으로 원하는 나머지 스스로 재앙을 초래하는 지경에 빠져 버린다. 더구나 그 여자 때문에 나는 나 자신에게 혐오감을 느낀다. 머리가 돌아 버릴 것 같다. 주디의 냄새가 나거나 모습이 눈에 띄거나 목소리가 들리기만 해도 화가 치밀고 피가 거꾸로 솟는 것 같다.

그것과는 달리 크라인슈미트는 빌을 파면시킬 수 있다. 그렇기 때문에 상사에게는 복종할 수밖에 없다. 그러나 주디는 내가 주는 것을 무작정 받아들일 뿐만 아니라 좀더 달라고 끈질기게 따라다닌다. 주디를 보면 분노가 치밀어 아무 생각도 나지 않을 지경이

악순환에 사로잡힌 연인들

다. 부재 전화의 빨간 램프가 깜빡이는 것을 봤을 때처럼…….

솔직히 말해, 주디가 그렇기 때문에 나는 주디와 함께 있는 건지도 모른다. 복수를 하기 위해서 말이다. 남자에게, 그것도 권위있는 상대에게는 반항을 할 수 없어도 주디에게라면 가차없이 분노를 방출해 버릴 수 있다. 혹은 단순히 내 몸 안에 있는 정자를 방출하기 위해서일 수도 있다. 나는 새디스트임에 틀림없다.

그렇긴 하지만 빌은 주디를 때리지는 않는다. 노골적으로 잔혹한 짓을 한 적도 없다. 어쨌든 신사이기 때문에 그런 행동은 할 수 없다. 다만 빌은 자신의 잘못된 행동에 대해서 일일이 설명해야 하는 상황만은 참을 수가 없었다. 어느 날 밤 주디가 그의 베갯머리에 놓아 두었던 책에 나오는 표현을 빌린다면, 내가 바로 '수동적이고 공격적인 남성'에 속하는 것일까? 어쨌든 빌의 사전에는 '변명'이라는 단어는 없다. 그래서 그는 미꾸라지처럼 요리조리 주디를 피하면서 차갑게 대하고, 말도 제대로 하지 않는다. 부재 전화의 재생 버튼을 누르고 머그잔에 커피를 따르고 있는 지금도 그렇다.

메시지 녹음 시간은 오전 일곱 시 반. 처음에는 대단히 온건한 말투다. 기품이 있다고 해도 좋으리라. 다만 빌이 없는 생활에 대해서 넋두리를 늘어놓고, "나의 강렬하고도 깊은 사랑이 무서워서 그러는군요" 하는 식의 엉터리 정신분석을 늘어놓는 것만은 제발 그만뒀으면……. 테이프는 계속 돌아가고 시간이 흘러간다. 오후와 저녁 때 녹음된 부분은 빨리 돌려 버렸다. 회계사의 보고나(근무시간에도 몇 번인가 전화가 걸려 왔다), 전에 부탁했던 것에 대한 더피의 회답 등, 긴급 메시지만은 놓치지 않으려고 주의했다. 주디의 메시지는 차츰 의미를 알아들을 수 없게 되어 갔다. 알아듣

왜 자기 자신을 학대하는가

기 힘든 외마디 말 사이사이에 흐느껴 우는 소리가 들리기 시작하
더니 이윽고 우는 소리밖에 들리지 않는다. '빨리 돌리기'로 들으
면, 도널드 덕보다 더 형편없는 목소리다.

　마지막 메시지는 오후 열 시 사십오 분. 더 이상 우는 소리도,
말도 없고 "흑, 흑" 하는 소리만 들린다. 집을 향해서 차를 몰고
있을 때는, 주디에게 전화를 걸어도 괜찮겠지 하는 기분이었다.
이제 화해해도 괜찮겠지, 때로는 위로해 주는 것도 필요하겠지.
그러나 이렇게 되면 완전히 고문이다. 주디 때문에, 그 매저키스
트 때문에 머리가 돌아버릴 것만 같다. 이제 두 번 다시 얼굴도
보고 싶지 않다. 내 쪽에서 만나고 싶어질 때까지는 그대로 속 좀
끓이게 놔 두자고 빌은 굳게 결심했다.

　전화의 호출음을 꺼 버리고 나서야 빌은 마음이 가라앉았다.

☞ 스스로 진흙탕으로 빠져 드는 악순환

　이와 같은 관계는 한 마디로 불행하다고 말할 수밖에 없다. 더
구나 속박은 단순한 습관도 아니고, 조건에 따라 달라질 수 있는
문제도 아니다. 주디와 빌 사이에서 보여지는 악순환에는 다음과
같은 특징이 있다.

　1. 고착된 행동 패턴이 있다.
　2. 파괴적 행위는 반사적이라기보다는 의식적인 것이다. 외부에
서 일어나는 사건에 대한 반응이 아니라, 타산적 도발과 파워 플
레이의 표현이다.
　3. 학대와 굴욕은 일방적인 것이 아니다. 피해자와 가해자가 공

범관계에 있기 때문에 지속되는 것이다.

4. 학대의 공범관계에서는 피해자와 가해자의 역할이 명확하지 않을 뿐만 아니라, 경우에 따라서는 역할이 바뀔 수도 있다.

5. 서로에게 상처를 입히는 행위의 동기를 은폐하고 이를 지속시키기 위해, 당사자들은 자기방어적인 정당화에 몰두하고 현실을 부인하려 한다.

6. 이러한 행위는 무의식적 갈등의 징후다.

이상의 여섯 가지 중요한 특징을 보면, 문제가 되는 학대 행위가 강박적인 성질을 띠고 있음을 알 수 있다. 그 때문에 이와 같은 행위를 그만두게 하는 것은 매우 어렵다. 좀더 자세히 설명해 보기로 하겠다.

주디와 빌은 고착된 행동 패턴에 빠져 있는 바람에, 반복하여 서로에게 상처를 입힌다. 이와 같은 관계에서 문제가 되는 것은, 어느 한쪽이 화를 잘 낸다든지 이따금 폭력을 휘두른다든지 늘 신경질을 부린다든지 하는 게 아니다. 이들은 양쪽 모두 공격성과 파괴성을 갖추고 있다. 더구나 그것은 폭발적인 것도, 예외적인 것도, 돌발적인 감정의 분출도 아니다. 학대 그 자체는 간단히 예상할 수 있는 진부한 행위의 반복이며, 일종의 의식(儀式)과도 같다. 오래도록 지속되는 이명(耳鳴)처럼, 실망과 불만이 '윙~' 하는 단조로운 잡음으로 존재하고 있는 것이다.

주디는 언제나 누군가에게 상처를 입고, 빌은 언제나 누군가에게 상처를 입힌다. 에이미가 알고 있듯이(주디 자신도 어느 정도 알고 있지만), 주디는 언제나 여자에게 관심없고 지배적인 남자를 선택하고, 상처입고 실망하고 굴욕을 당하면서도 여전히 헤어지지 못한다.

　한편, 빌은 항상 주디와 같은 '패배자'를 찾아내서 학대하고 무시한다. 어느 쪽인가 한쪽이 이 악순환을 파괴하려고 하면, 예를 들어 주디가 자기 변호를 한다든가 빌이 그녀의 주장을 인정하려고 들면, 다른 한쪽(혹은 쌍방)은 긴장과 불안을 느껴 다시 익숙한 패턴을 유지하려고 한다. 이렇게 해서 주디는, 빌이 자신을 무시하지 않을 수 없게 유도한다. 또한 빌은 화해를 원하면서도 결국 주디를 무시하고 얕잡아 보게 된다.

　이처럼 당사자들은 같은 드라마를 여러 차례 재연한다. 즉, 가해자와 피해자는 예측하지 못한 외부 사건에 반응하고 있는 게 아니라, 오히려 피해자 쪽이 의도적으로 가해자를 도발해서 학대하게 만든다고 할 수 있다. 가해자 쪽에서도 이 도발은 예측이 가능하기 때문에 계산된 행동으로 응수한다.

　이와 같은 상황에서 되풀이되는 고통이나 잔학함에는 부자연스럽고 기묘한 점이 있다. 당사자가 자신의 불행을 운명의 장난이나 누군가의 잘못 탓으로 돌리려고 해도, 에이미와 같은 방관자에게는 그러한 패턴이 눈에 똑똑히 보이는 것이다.

　주디는 자신은 결백하다고 주장하며 빌을 책망한다. 잘못은 빌에게만 있다. 반성하기를 회피하는 주디에게 "빌어먹을 새디스트"는 어디까지나 빌이다. 그러나 빌이 멀어지고 화를 내고 혐오하고 성질을 내도록 유도하는 것은 주디 자신이다. 그런데도 주디는 자기의 그런 모습을 직시하려 하지 않고, 빌에게 끈덕지게 달라붙는다. 빌이 자기 생각대로 반응하지 않아도 상관없이 계속한다.

　한편 빌은 자신은 정직하다고 주장하며 주디를 욕보이고, 다른 여자가 있음을 과시하면서 주디를 비웃고, 받아들이기 어려운 관계를 받아들이도록 강요한다. 양쪽 모두 겉과 속이 다른 행동을 취하고 있는 셈인데, 그것은 우연이 아니다.

하지만 이와 같은 조작이 가능한 것은 당사자 양쪽이 공범인 경우뿐이다. 즉, 관계가 진흙탕에 빠지기 위해서는 두 사람의 발걸음이 맞아떨어지지 않으면 안 된다. 이와 같은 경우 가해자와 피해자는 서로를 필요로 한다.

통속적인 심리학자는 언뜻 보기에 순수한 피해자로 보이는 측과 가해자와의 공범관계를 강조하기 위해, 이러한 상호 작용을 '상호 의존'이라고 해석한다. 그러나 이 견해는 피해자와 가해자 양쪽 모두의 동기를 충분히 설명하고 있다고 말하긴 어렵다. 사실 피해자와 가해자 양쪽이 모두 자신의 욕구를 충족시키는 동시에, 자신에게 결여되어 있는 부분을 보충하기 위해 어쩔 수 없이 상대를 구하고 있는 셈이다. 이용당하는 인간의 동기가 이용하고 있는 상대에 대한 애착이라는 통속적인 심리학적 해석으로는 그 점을 완전히 설명할 수 없다. 피해자와 가해자의 결합은 본질적인 것이다.

예를 들어 보자. 보통 여자(예를 들어, '베티'라고 하자)는 남자('잭'이라고 하자)가 데이트 약속을 해놓고 두 번이나 바람을 맞히면, 관계는 끝난 것이라고 생각한다. 이것이 바로 주디와 다른 점이다. 베티는 빌과 같은 비상식적이고 요구하는 것이 많은 상대는 결코 받아들이지 않는다.

또 한 사람, '에이브'라는 남자가 있다고 하자. 그는 빌과는 달리, 파트너에게 굴욕을 주는 건 꿈에도 생각지 못한다. 그러나 주디는 에이브와 같은 유형의 남자에게는 금세 싫증을 느낄 것이다. 불안과 고통에 시달려도 주디는 '못된 녀석'을 찾아 헤매든가 아니면 '좋은 녀석'을 도발해서 학대하도록 유도할 것이다.

남자는 얼마 동안은 주디의 도발을 꾹 참겠지만, 차츰 도발에 응하게 되고 이윽고 무엇에 홀린 듯 학대에 전념하게 될 것이다. 그러나 긴장과 불쾌감이 높아지고 양심의 가책을 견딜 수 없는 상황이 되면 어떻게 될까? 에이브 같은 남자라면 가능한 한 깨끗하고도 신속하게 관계를 끝낼 것이다.

그러나 빌과 주디 같은 유형은 이와는 반대로, 스스로 자진해서 진흙탕 같은 관계로 빠져 들어가 서로에게 분노를 퍼붓고 서로를 헐뜯고, 가장 나쁜 모습을 서로에게 보여 주게 된다.

여기서 자신과 상대에 대한 파괴적 상호작용의 가장 놀라운 특징을 찾아볼 수 있다. 그것은 양쪽이 서로 아주 애매한 역할을 하고 있기 때문에 그 역할의 교환이 가능하다는 점이다. 피해자 자신이 일견 가해자로 보이는 상대만큼이나 파워 플레이를 조절하고 있는 셈이다. 양쪽 모두 고통을 견뎌 내고, 서로를 공격함으로써 상대의 감정을 긁으며, 상대와 자기 자신에 대한 행위에서 만족감을 느끼는 것이다. (왜 그렇게 될 수밖에 없는가? 그것은 어떻게 일어나는가? 왜 일상생활에서 매저키즘과 새디즘은 항상 '새도매저키즘'의 관계가 되는가? 그것을 알기 위해 이와 같은 파괴적인 2인조로부터 볼 수 있는 '스스로를 벌하는〔自罰的〕 성격과 무의식적으로 도착된 동기에 관해 한층 더 깊이 파고 들어가서 고찰하지 않으면 안 된다.)

주디가 빌의 기분을 불쾌하게 만들고 있는 것은 분명하다. 주디가 늘 계기를 만들어서 빌의 반응을 유도하고 있기 때문에, 빌의 나쁜 면이 행동으로 나타나게 된다. 한편, 직장에서는 빌이 주디와 같은 역할을 맡고 있어서, 속 좁고 남의 결점을 찾아내는 것이

특기인 상사에게 아부한다. 권위 있는 남성을 대할 때, 빌은 주디가 당하고 있는 것과 같은 학대를 감수하고 있는 셈이다.

그렇긴 하지만, 주디와 빌의 상호관계에서는 "빌이 주디를 항상 문 앞의 매트처럼 취급하여 흙 묻은 발로 짓밟는다"는 기본적(외적) 역할이 고착되어 있는 것처럼 보인다. 좋아하든 싫어하든 상관없이, 완벽한 관계는 존재하지 않는 것이다.

어쨌든 커플의 관계가 오랫동안 지속되어 서로가 상대와 자신을 동일시하게 되면, 경계선과 역할 분담이 무너져 버린다. 어느 쪽이 더 많이 괴로워하고 어느 쪽이 학대하고 있는가 하는 것은 점점 더 단정하기 어렵게 된다.

또 한 가지, 시간이라는 요소가 있다. 빌과 주디의 경우 동거한 기간이 그리 길지 않기 때문에, 아직 쓸데없는 말다툼으로 시간을 보내는 정도까지는 아니다. 이 말다툼이라는 것은 꽤나 골치 아픈 것이라서, 대다수 커플의 고민거리가 되고 있다. 말다툼이란 서로가 상대를 비난하는 게 목적이기 때문에, 어느 쪽이 더 나쁘다고 판단할 수도 없다.

그럼, 여기서 또 다른 커플을 등장시켜 보자. 주디의 친구인 에이미와 남편 에드다.

시트를 침대에서 벗겨 내면서 에이미 잭슨은 자신을 꾸짖었다.

"잘난 척하고 충고를 하는 건 좋지만, 이러쿵저러쿵 해봤자 주디가 옳은 게 아닐까? 결혼 같은 건 어차피 시시한 거야. 남자란 존재는 모두 새디스트라구."

시각은 새벽 세 시 반, 욕실 거울에 비친 얼굴은 홀쭉하게 야위어 있었다. 움푹 들어간 눈 주위는 얻어맞아서 생긴 상처처럼 검붉게 물들어 있어, 마치 동물원에 있는 팬더곰과 흡사했다(언젠가 우울해 있던 주디가 자신의 얼굴을 보고 한 말이다). 에이미는 에드가 잠자고 있는 거실로 발을 옮겼다. 소파 위에 담요를 뒤집어쓴 덩어리가 보인다. 에드는 언제나처럼 몸을 웅크리고 자고 있다. 아아, 이거야말로 정말 고문이다. 대개 일주일에 한두 번은 대판 싸움을 하고, 모든 것이 엉망진창이 된다. 그러나 오늘만은 다르다. 결혼기념일이었던 것이다. 딸 사라는 친구 집에 놀러 가서 내일 온다. 주말을 부부끼리만 오붓하게 보낼 생각이었는데……. 정말로 최악이다.

이따금 에이미는 정신분석의를 찾아가 볼까 하고도 생각한다. 오늘 에드가 직장에서 돌아온 후 무슨 일이 있었는지를 살펴보자. 직장에서 돌아온 에이미는 남편이 귀가할 때까지 두 시간 동안 기다리고 있었다. 기다리는 동안 자신도 의식하지 못하는 사이에 '엄격한 에이미'가 고개를 쳐든다.

에드는 몸무게를 좀더 빼야 한다. 옛날에는 훨씬 핸섬했다. 그리고 모처럼 비듬방지 샴푸를 사 주었는데도 왜 사용하지 않는 걸까? 아니, 샴푸를 아예 쳐다보지도 않았다. 남자란 어째서 그렇게 무관심할까? 막내딸 제인에게도 그렇다. 제인이 잠들기 전에 하다 못해 10분이라도 좋으니까 같이 놀아 주면 좋을 텐데……. 적어도 아빠 아닌가? 물론 누구에게나 할 일은 있는 거지만, 어째서 에드는 자기 일에만 관심을 갖는 것일까? 내게 얼마나 마음을 써주고 있는지 알 수가 없다. 지금도 얼굴을 신문에 처박고 이쪽은 보려고도 하지 않는다. 오늘밤만은 루버럼 릴리를 기억해도 좋으련만……. 코리아 타운에서 사온 장미꽃 세 송이 정도로 오늘밤을 넘길 수 있다고 정말로 믿고 있는 걸까? 그리고 이것은 분명히 따져 봐야겠다. 왜 프랑스 요리 전문 레스토랑조차도 예약해 놓지 않았을까? 혹 오늘이 무슨 날인지도 모르고 있는 건 아닐까? 나는 도대체 이 사람에게 뭐란 말인가?

이렇게 허무하게 끝나 버린 결혼기념일 다음날, 아직 날도 밝지 않은 새벽에 에이미는 태평스럽게 코를 골고 있는 무신경한 남편을 바라보는 딱한 처지에 빠져 있다. 옛날에 나는 저 사람의 억세고 따뜻한 가슴에 뺨을 대고 비비는 것을 너무나 좋아했는데……. 그런 것을 생각하고 있으려니 에이미는 탁자 위의 놋쇠 램프로 남편을 흠씬 두들겨 패주고 싶어졌다. 아니, 가능하다면 죽여 버리고 싶다.

격정에 사로잡힌 채 에이미는 부엌에 발을 들여놓았다. 아뿔싸! 맨발이었다는 것도, 그리고 네 시간 전에 대판 싸움을 벌였다는 것도 까맣게 잊고 있었다. 지금 그것을 다시 생각하니 기분이 씁쓸해졌다. 발바닥이 아픈가 했더니 이내 뜨거운 피가 줄줄 흐른다. 깨진 유리 조각이 발에 박힌 것이다. 발바닥과 마음에……. 그래, 맞아. 싸움할 때 제 정신이 아니어서 에드의 발치에 술병을 집어던졌었지. 그래서 남편은 내 품에서 도망쳐 나가 홀로 외롭게 잠을 자게 된 것이다.

"누구 탓일까?" 이상해서 견딜 수가 없었다. 유리 조각이 상처 속으로 파고 들어간 것이 아닐까 하고 발바닥을 살피면서, 에이미는 몸을 떨었다. 도대체 누구 탓이란 말인가? 어째서 이런 일이 벌어진 걸까? 누가 나쁜 것일까?

이러한 잔혹한 드라마의 등장인물들은 능동적 가해자로 보이든 수동적 피해자로 보이든 관계없이, 그 참다운 직분과 동기를 숨기고 무대에 나타난다. 대부분의 인간은 추악한 충동이 일거나 끔찍한 행위를 하게 되면, 스스로도 자신의 선량함을 믿을 수 없게 된다. 그렇기 때문에 인간은 서로를 비난하고, 학대하는 관계에 안주하게 된다. 자신에게 편리한 쪽으로 상황을 해석함으로써, 자존심을 지키고 양심을 달래면서 같은 행동을 반복하게 되는 것이다.

이와 같은 자기 방어는 상대 역시 자기 행동의 실체나 이유를 부인함으로써 한층 더 강해진다. 이러한 공범관계에 있는 두 사람은 서로 분담해서 부정하는 법을 키워 나가고, 비참함의 진흙탕에 빠지는 것말고는 어떠한 선택도 없는 것처럼 행동한다. 이러한 방어적 공범관계가 만들어져 있는 덕분에, 매저키스트는 집념이 강할 뿐만 아니라 새디스틱하기까지 한 충동을 보고 죄책감에 사로잡히지 않아도 된다.

한편 자타가 인정하는 새디스트는 조종당하는 채로 악역을 연기하고 있으면서도, 무력감이나 굴욕에 의한 자기 혐오를 느끼지 않는다. 즉, 공범관계에 있는 두 사람은 자신들의 행위나 동기를 묵인함으로써, 자신들만의 세계에 틀어박혀 제3자의 통찰이나 충고를 계속 무시할 수 있는 것이다. 옆에서 보면 기만과 부인과 자기 방어에 사로잡혀 있는 것이 명백한데도, 가해자와 피해자는 그것을 인정하지 않는다.

그날 밤의 일을 혼자 곰곰이 생각해 본 에이미는, 비로소 이 싸움의 양면성에 대해 이해할 수 있었다. 몇 시간 전에 에이미는 단지 에드에게 신경질을 부렸을 뿐이다. 그런데 에드는 그에 대한 반응으로 에이미의 신경질을 돋구었고, 그녀가 분노하자 얼른 도망쳐 버렸다. 그때 에이미는 남편이 자기를 짓밟고 모욕하고 조롱

한다고 생각할 수밖에 없었다.

빌의 경우도 마찬가지다. 자신이 주디를 학대하는 이유는 오로지 자신의 권위를 과시하고, 평소에 자기를 마구 부려먹는 상사에게 복수하고, 종속관계를 역전시키기 위한 것이라는 사실을, 빌도 혼자 냉정하게 생각할 때만은 잘 알고 있었다. 그럴 때는 나약하고 칠칠치 못한 자신을 정당화하기 위해 자기가 얼마나 잔혹한 게임을 펼치고 있는지도 깨닫는다. 그런데 일단 주디와 접촉하기만 하면(직접 만나건, 부재 전화에서 비난섞인 울음소리를 듣건), 그녀가 유도하는 도발에 당장 편승해서 인내심을 잃고 자기 방어를 시작하게 된다.

한편 주디는 애인을 잃는 것을 무엇보다도 두려워하기 때문에 혼자가 되는 걸 견디지 못한다. 따라서 당연히 한 걸음 뒤로 물러나서 자신을 찬찬히 돌아볼 수가 없다. 지금으로서는…….

이렇게 되면, 충고나 달콤한 말, 논리나 심지어 어느 정도의 통찰까지도 대개는 쓸모없게 된다. 그도 그럴 것이, 피해자나 가해자 모두 상습적이 되면 억압된 무의식 속에서 일어나는 갈등을 힘겨워하기 때문이다. 기억의 깊은 곳에 파묻혀 있는 젖먹이였을 때의 관계에서부터 계속되어 온 정신적 패턴과 심리적 긴장이 반응하는 대로 그들은 행동한다.

바꿔 말하면, 결국 어쩔 수 없이 그런 행동을 하지 않을 수 없는 것이다. 성인이 된 인간이 일상생활에서 받는 고문은, 어렸을 때의 체험과 그러한 체험을 하고 싶다는 생각이 재현되는 것일 뿐이다. 잊어버린 과거의 행동을 되풀이하는 데 불과하다.

정신분석학자인 찰스 브레너는 이러한 재연(再演) 행동을 수반하는 증상을 '타협(妥協) 형성'이라고 불렀다. '타협 형성'이라는 심리적 조작을 통해, 가해자는 허용되지 않는 욕망을 일그러진 형태로—예를 들면 매저키즘적 욕망을 현실적 제약과 사회적 타당성이라는 요구라고 잘못 의식하면서—행동에 옮기는 경우도 있다. 자신의 욕망을 깨닫지 못한 채, 아니 자신이 느끼고 있는 것조차 의식하지 못한 채 행동할 수 있는 것이다.

새도매저키즘적 도착을 실행하려고 할 때, 매저키스트는 어느정도 은밀하게 만족감을 구한다. 그러나 그런 경우에도 복잡하고 상징적인 방법을 선택하는 탓에 죄책감, 수치심, 자학 등을 느낄수 있는 매저키즘적 쾌락을 의식적으로는 경험하지 못한다. 때로는 마음속으로, 혹은 실제로 범한 죄나 악행을 속죄하고 스스로를 벌하는 것이 매저키스트의 무의식적인 목적이 될 수도 있다. 이불행한 사람들은 너무나 자신의 몸을 소중히 여기는 나머지 근원적 본능을 해방시키려 하진 않지만, 그렇다고 해서 일상의 인간관계 속에서 스스로 초래한 고통이나 굴욕으로부터 자신의 몸을 지킬 줄도 모른다.

종종 이런 상습적인 피해자는 타인을 도발하여 자기를 학대하게 만듦으로써 도덕적 우월감과 힘을 맛보려고 한다. 또 자신들이 사로잡혀 있는 일종의 일그러진 긴장감을 완화하기 위해서일 경우도 있다. 아마도 일부러 위기상황을 만들어 내면의 공허감을 메꾸고, 자신이 중요한 존재라는 생각을 갖고 싶은 것이리라. 혹은 상처입는 것을 통해서 단지 살아 있다는 걸 실감하고 싶은 것인지도 모른다.

그렇다. "한번 꼬집어 주게. 꿈이라면 깨어날 테니까"인 셈이다 (이런 문제에 관해서는 제6장과 제7장에서 지면을 충분히 할애하여 설명할 생각이다). 가장 가능성이 높은 것은 이러한 동기가 모두 결합되어서, 상처를 입고 싶다거나 비참하게 되고 싶다는 강박관념으로 변하는 경우다.

그것은 운명의 장난 같은 것이 아니라, 어디까지나 강박관념이 부리는 조화다. 알코올 중독자나 마약 중독자가 자기 파괴에 빠져드는 것과 마찬가지로, 괴로워하고 번민하는 자는 고통에 빠져든다. 더구나 진짜 중독자처럼, 강박관념의 피해자는 자신의 감정을 위장하게 된다. 무엇보다도 필사적으로 자신의 억울함을 타인에게 호소할 것이다. 강박관념의 피해자는 마음속으로 곤경을 느끼는 상태에 계속 머물러 있기 위해 자신과 타인의 눈도 속이려고 하는 것이다.

이른바 행동주의 심리학자(단계적 회복주의자라고 부르는 게 더 좋을지도 모른다)는 이와 같은 신경증적 행동을 강화 기능, 즉 습관이라고 해석한다. 그리고 치료하거나 격려하거나 경고함으로써 이를 완화시키려고 한다. 이 점에서 심층심리학자는 이미 이러한 행동주의자를 앞서고 있다고 할 수 있다. 정신역학(精神力學) 전문의에 따르면, 표면에 드러나는 증상과 그에 따르는 상호작용에서 생겨나는 갈등이 꼭 행위 자체에서 발견된다는 법은 없다.

말과 행동은 빙산의 일각에 지나지 않는다. 잘 알고 있다시피 임상의라면 환자가 의식적 행위 밖에서 무의식적으로 무엇을 말하려는지를 '제3의 귀'로 알아들을 수 있어야 한다. 그때 비로소 환자의 과거, 즉 새도매저키스트의 유년기가 되살아난다. 그리고 겨우 성장한 어른은, 자신을 이 세상에 낳아 주고 세계란 어떤 것인가를 가르쳐 준 부모와 얼마나 강하게 맺어져 있는가를 이해하기 시작한다.

왜 자기 자신을 학대하는가

✎ 진실은 망각의 저편에

이와 같이 감정이나 자기 기만에 귀를 기울이면서, 한 가지 예로 빌과 사귀기 전의 주디 굴드의 남자관계에 대해 고찰해 보자. 주디를 농락하고 버린 남자들은 성인이 된 후로만 따져 봐도 열 명 이상이라고 한다.

주디가 성적(性的)으로 조숙해진 계기는 사실 아버지였다. 요즘에서야 주디도 겨우 그것을 이해하게 되었다. 왜냐하면 빌과 헤어진 몇 달 뒤에 심리요법을 시작한 덕분에 자신의 인생을 정면으로 직시할 수 있게 되었기 때문이다.

주디의 아버지는 좀처럼 집에 붙어 있지 않았다. 그리고 특히 어머니는 거들떠보지도 않았다. 어머니는 남편이 밤낮 돌아다니면서 다른 여자들과 노는 데 정신을 빼앗기고 술만 마셨기 때문에 항상 불평을 늘어놓았다. 딸인 주디는 "아버지로부터 많은 걸 얻진 못했"으나 "조금은" 얻었다고 말한다(그러나 그것도 아버지가 죽어서 영원히 가족을 버리기 전의 이야기다). 주디는 분명히 아버지로부터 사랑을 받긴 했지만 충분히 받지 못했기 때문에, 항상 아버지를 잃게 될까 봐 걱정했다.

이런 두려움은 나중에 남성과 교제할 때도 그대로 나타났다. 그러나 주디는 아버지로부터, 어머니가 받은 것보다 많은 사랑을 받았기 때문에 죄책감을 느끼곤 했다. 아버지가 집에 있으면 왠지 불안했다. 물론 기쁘고 행복했지만, 그러면서도 한편으로는 두려웠다.

지금 주디는 침대 속에서 혼자 몸을 뒤척이며 가까스로 자신을 똑바로 보고 과거를 생각해 내고 있다.

때는 저녁 여덟 시, 저녁식사를 끝내고 잠자리에 들 시간이 가까워졌다. 네 살인 주디 굴드에게는 아빠와 노는 시간이기도 하다. 침대의 다리와 벽장 틈새로 기어 들어간 곱슬머리 어린 딸은 긴장감에 몸을 떨었다. 이제 곧 자극적인 체취를 뿌리며 짐 굴드가 약간 비틀거리는 걸음으로 방문을 열고 나올 것이다(아빠가 집에 있을 때는 언제나 이 '깜짝 상자'가 기다리고 있었다). 자아, 아빠가 뛰쳐 들어왔다. 프랑켄슈타인의 괴물과 꼭 닮은 아빠가 양팔을 앞으로 내밀고 있었다. 짐은 어린 딸을 압도하려는 듯이 으르렁거리면서 그녀의 앞을 가로막고 있었다.

주디는 비명을 지르며 '괴물'의 손에서 빠져 나와, 방에서 뛰쳐 나갔다. 얼마나 열심히 뛰었는지 입술이 떨리고 비명소리마저 새어 나왔다. 거실로 뛰어들어간 주디는 소파와 벽 사이로 기어 들어갔다. 무서웠지만 신바람이 났다. 손가락을 빨면서 기다리는 동안 조금 전에 자기가 뛰어 내려온 계단에서 천둥소리와 같은 리드미컬한 발소리가 울렸다. 발소리는 점점 가까워졌다. 아빠가 이번에는 천천히 거실 문을 열었다. 경첩이 삐걱거린다. 그러나 언제나처럼, 주디는 아빠가 찾아내는 것을 기다리지 못하고 숨은 곳에서 뛰쳐나와 버렸다.

깔깔거리면서 붙잡힌 주디는 아빠의 품안으로 뛰어 들어가 털이 많은 가슴에 숨이 막힐 정도로 얼굴을 밀어붙였다. 그리고 나이트가운 아래의 양다리로 아빠의 단단한 허리를 감싸고 계속 킬킬거린다. 몇 분인가 지나 웃음의 발작도 가라앉았다. 겨우 마음을 가라앉힌 주디를 아빠는 침대로 옮겨다 주었다.

그러나 주디는 깊이 잠들 수가 없었다. 혼자서는 절대로 잠을 잘 수 없었다.

왜 자기 자신을 학대하는가

주디와 아버지 짐의 게임은 언뜻 보기에 아무것도 아닌 것처럼 생각된다. 응석받이 딸과 자식을 귀여워하는 아버지 사이에 펼쳐지는 흔하디흔한 장난이다. 물론 우리들이 자칫 상상하기 쉬운 근친상간적인 것도 아니다.

　이 부녀관계는 지금 살펴본 대로다. 문제가 되는 것은 전후 상황과 그 의미다. 짐은 주디에게 아버지가 아니라 다만 장난 상대가 되어 주고 있을 뿐이다. 항상 곁에 있는 것도 아니고, 밤이 되면 이따금 불쑥 모습을 나타낼 뿐이었다. 딸과 진지하게 이야기를 나눈 적도 없고, 함께 놀러 가는 일도 없었다. 자기가 집에 없을 때 딸이 어떻게 보내는지는 알려고도 하지 않았다. 아내인 주디의 어머니에게도 남편으로서의 역할을 하지 못했다.

　아버지가 주드에게 보였던 유일한 행동은 그녀를 흥분시키는 일이었다. 아버지의 자극이야말로 부녀관계를 자기 방식대로 정의하고 한정하는 것이었다. 더군다나 주디는 흥분하면서, 어린 나이에 느껴서는 안 된다고 알고 있는 감각을 한순간에 맛보게 되는 것이었다. 양다리 사이에 퍼져 나가는, 몸이 움찔움찔해지는 감각이었다.

　짐과 어린 주디가 밀착해서 보내는 시간은 조금 지나치게 길었다. 부녀 사이에 함께 나누어서는 안 되는 것, 두 사람끼리만 있을 때 느껴서는 안 되는 몸의 화끈거림을 공유하기에 충분한 시간이었다. 그렇게 되면서, 평소에는 곁에 있어 주지 않는 아버지의 모습이 머릿속에서 떠나질 않았다. 너무 길고, 너무 친밀하고, 게다가 쾌락까지 알아 버린 시간들……. 그리고 쓰라림이 더해 갔다. 쓸쓸히 남겨지기 전에 쾌락과 고통이 찾아오고, 그것이 몇 번이고 되풀이되었다.

악순환에 사로잡힌 연인들

이와 같은 조금 심한 자극을 유아 학대라고 말할 수는 없다. 그렇다고 해서 무시할 수 있는 것도 아니다. 틀림없이 어떤 영향을 미치고 있기 때문이다. 그러한 자극이 강해지면서 지배와 위압, 유혹당하고 버려진다는 도식이 생겨난다. 이것이 이 어린아이의 미래에 이루어질 성생활의 기본 구조를 결정한다고 할 수 있다.

주디의 정신치료사는, 아버지가 그녀에게 준 자극이 도를 넘는 것이었다고 결론내렸다. 특히 아버지한테 사랑을 받지 못한 어머니를 생각한다면, 이것은 주디에게 흥분과 함께 공포와 죄책감을 가져다 주었을 것이다. 짐은 딸을 기쁘게 하면서도, 딸이 죄책감을 갖게 하고, 사랑하는 자를 잃는 공포를 맛보게 했다.

이렇게 해서 주디는 성인이 되고 나서도 어린아이였을 때 처음으로 사랑한 남성인 아버지와의 경험으로 만들어진 관계를 되풀이하지 않을 수 없었다. 그녀와 사귀는 남자를 보면, 반드시 뒤에 다른 여자가 있었다. 교제를 해도 장차 어떻게 될지 전혀 알 수 없는 그런 관계 말이다.

그렇기 때문에 주디는 흥분을 하면서도 버림을 받게 될까 봐 두려워한다. 자신을 어머니의 입장에 놓고 자신의 죄에 대한 보상을 하려고 한 것이다. 그래서 그러한 남자들의 학대를 감수하고, 더 나아가 학대를 유도하기까지 한다.

주디의 정신치료사는 이러한 관계야말로 새도매저키즘적인 것이라고 말한다. 이 상황을 바꾸려면 정신분석적 치료가 필요하다고 생각한 정신치료사는 주디를 전문의에게 소개했다.

새디스틱한 남성의 포로가 된 매저키스틱한 여성의 전형적인 유형, 그것이 바로 주디다. 그런데 정말로 여성은 남성보다 매저키스틱하고, 남성은 여성보다 새디스틱한 것일까? 아니면 단순히 젠더의 역학과 남성우위 사회에 유리한 권력의 배분으로부터 도출되는 성 차별주의의 전형적인 유형인 것일까?

젠더 문제에 관해서는 나중에 다시 언급하기로 하겠다. 이 단계에서 말할 수 있는 것은, 사회적 통념과 반대되는 경향, 즉 대부분의 여성들은 남성에게 종속되고, 남성을 필요로 하고, 상처를 받는 대상이 되는(혹은 그렇게 느끼는) 데서 놀랍게도 마음의 평안을 찾는 경향이 있다는 것이다.

그에 반해 남성은 애당초 잔혹하다고 간주되고 있으며, 타인에게는 태연히 파괴 행위를 자행하면서도 자신이 그러한 파괴 행위의 대상이 되는 걸 참지 못한다. 인간관계를 쌓아 나갈 때도 남성은 자신의 내부에 있는 매저키즘을 필사적으로 숨기려고 한다. 왜냐하면 매저키즘은 여성적인 것이기 때문이다. 그러나 숨기는 게 생각만큼 잘되지 않는다.

서로의 관계가 고정되면 될수록 역할은 변화하게 된다. 시간이 흐르고 애초의 욕구가 충족되지 않았다고 생각될 경우, 여성은 종종 상대 남성을 비난하거나 깎아 내리려고 한다. 한편 남성은 그런 문제에서 도피하여 일에 몰두하거나 불륜에 빠지기도 하지만, 결국 일상생활을 크게 가로막는 여성의 지배, 비난, 권위 앞에 굴복하게 된다.

다시 에드와 에이미 잭슨 부부를 생각해 보자. 이 두 사람의 경우를 보면, 시간이 경과할수록 두 사람의 역할이 애매해져 가는 걸 알 수 있다. 성인이 되기 전, 젊은 시절의 에이미는 소위 말하는 '남성 킬러'였다. 남자들을 데리고 놀고, 싫어도 자기를 찾아오지 않을 수 없도록 상황을 만들어 냈다. 그녀가 좋아하는 타입

악순환에 사로잡힌 연인들

은 대담한 행동을 하는 남자였다. 상대 남자의 정열적인 애정 호소에 굴복했을 때 얻는 해방감이 더할 수 없이 좋았던 것이다. 페미니스트임을 자인하면서도 어쩔 수 없었다. 사실 그녀는 〈캣 피플〉과 같은 영화를 정말로 좋아했다. 자신이 섹스의 대상이라는 생각만 해도 온몸이 짜릿했다.

동부에서 대학을 졸업하고 뉴욕으로 돌아온 후부터 에이미의 사고방식이나 의식, 감성, 입에 담는 의견도 상당히 많이 달라졌다. 오하이오 주에서 고등학교에 다닐 때 치어 리더를 했던 그녀는, 자기의 '끼'를 유감없이 발휘했었다. 가슴이 두드러져 보이는 스웨터, 짧은 플리츠 스커트, 조그만 팬티를 몸에 걸치고는 신바람 난 듯 춤을 추었다. 회전하거나 껑충껑충 뛰고 다리를 높이 쳐들 때마다 스탠드의 남학생들은 물론이고 어엿한 어른들까지도(아버지라고 해도 좋을 나이의 남자들까지) 자신의 사타구니에서 눈을 떼지 못하는 것을 보며 쾌감을 만끽했다. 선수들이 공을 잡듯이 남자들의 시선을 포착하는 것이 무엇보다도 즐거웠다. 관객들이 시합은 보지도 않고 자기만 응시하고 있을 때의 기쁨이란……. 팀이 우승한 날 밤, 집시 로즈의 흉내를 냈던 게 가장 즐거웠다(다만 정도가 너무 지나쳐서 사태가 수습하기 곤란할 지경이 되어 강간당할 뻔하게 되리라고는 예상치도 못했지만).

마운트 홀리옥 대학과 콜롬비아 대학 생활을 하면서 에이미는 변했다. 지금까지의 모든 것을 억누르고 '성별 통합과 평등'을 추구하기로 했던 것이다. 해리슨 하우스 출판사에 취직했을 때도, 치어 리더를 했다는 사실은 될 수 있는 대로 알리지 않으려 했다. 편집자로서 경력을 쌓을 무렵에는 '여성 문제와 젠더 문제에 특히 흥미를 느끼고' 있어서 과거를 더욱 숨기게 되었다. 육체로 남자

왜 자기 자신을 학대하는가

를 유혹하는 건 그만두었다. 대신 '내적인 매력으로 사내의 마음을 사로잡는' 방침으로 바꾸었다.

그리고 세월이 흐르면서 에이미가 옛날의 섹시함을 잃어버리는 것은 당연했다. 더구나 지금은 에드의 마음조차 잃어 가고 있다. 에드는 당시 책을 쓰고 있었는데(담당 편집자는 다른 사람이었지만), 출판 기념회에서 가까스로 그의 관심을 끄는 데 성공하여(적어도 에이미는 그렇게 생각하고 있었다) 그의 몸과 마음을 모두 손에 넣었다. 그러나 결혼 후 생활이 분주해지고 아이가 태어나자 에드를 붙잡아 두는 방법, 그를 열광시키는 방법은 오직 싸움뿐이었다. 이렇게 해서 부부 싸움이 빈번해져 갔다.

이런 우스갯소리가 있다. 신혼부부는 '하우스 섹스기'로, 집안 어디에서나 상관없이 섹스를 한다. 그러나 얼마 안 있으면 '베드룸 섹스기'가 되어 침대에서만 하게 된다. 다시 세월이 흐르면 '현관 섹스기'에 돌입한다. 현관에서 스쳐 지나가면서 서로 욕을 퍼붓는다는 것이다.

에드도 〈캣 피플〉을 좋아했다. 40세의 생일 파티에서 술에 잔뜩 취한 끝에, 나스타샤가 옷을 벗기 시작하는 장면에서 자기도 모르게 벌떡 일어나 비명을 질렀다고 한다. 내가 〈캣 피플〉을 관람한 그날 오후, 객석 뒷줄에서 비명을 지른 사람이 어쩌면 에드였는지도 모른다.

에드가 에이미를 만나기 전에 리사라는 여자가 있었다. 리사가 유혹해 왔을 때도, 에드는 영화에서 그 장면을 볼 때와 같은 흥분이 온몸을 스쳐 지나가는 것을 느꼈다(물론 버림받기 전의 일이다). 리사를 자동차로 버몬트까지 데려다 주러 갔을 때, 지붕에서 겨울의 찬 공기가 스며 들어오는 고물차 MGA 안에서, 리사는 기어를 잡고 있는 에드의 손을 잡고 기어에서 앙골라 스웨터 안쪽으로, 그리고 브래지어 안쪽으로 리드해 갔다. 에드는 사라의 젖꼭지가 서 있는 것을 느꼈다. 듣는 사람도 없는 고속도로를 향해 에드는 "당신을 사랑해……, 영원히!" 하고 외쳤다. 입에 물고 있던 축축한 담배에 한 손으로 불을 붙였다. 자동차는 스토우 마운틴을 향해서 속력을 올렸다. 그곳에서 리사를 정복하기 위해…….

한 달 뒤, 리사는 하버드 대학의 또 다른 학자에게 첫눈에 반해서 에드를 버렸다. 어차피 에드는 리사의 가느다란 허리를 조이고 있던 벨트 구멍 중 하나에 지나지 않았다. "대학에서 가장 가느다란 허리로군." 너무나도 신이 난 에드는 말했었다. 그 가느다란 허리를 손에 넣은 것은 바로 자기라는 기분에 사로잡혀서 말이다. 그러나 리사가 정말로 사랑하고 있었던 사람은, 리사를 버린 그 녀석뿐이었다. 당시 게이라든가 바이 섹슈얼이라고 사람들이 비아냥대던 그 사내, 로저뿐이었다.

재미있는 사실은 에드와 섹스를 했을 때 리사는 절정에 도달하지 않았다는 사실이다. 막상 침대에 들어가자 리사는 겁을 먹었다. 그녀가 자유분방하다고 생각했던 건 엉뚱한 착각이었다는 것을 에드는 알 수 있었다. 그가 리사의 안으로 들어갔을 때도, 리사는 "아무것도 느끼지 못한다"고 말했다. 에드는 그녀가 불감증이라며 자신을 위로했다. 그렇지 않고서야 자기를 떠나 다른 사내의 품에 안기거나 할 리가 없었다. 나보다 더 나약한 사내의 품에 안기다니…….

리사가 에드의 집에 머물렀던 기간은 외도가 탄로난 날까지였다. 그리고 리사는 떠났다. 에드는 '아마 나쁜 건 나일지도 모른다'고 생각했다. 하지만 다른 여자들은 리사가 나쁘다고 말했다.

왜 자기 자신을 학대하는가

아니, 그렇지 않다. 리사는 지나치게 진지한 여자였다. 그런 식으로 얼굴을 붉히고, 지킬 수 없는 약속을 하다니……. 틀림없다. 그녀는 60년대로 길을 잘못 든 50년대 아가씨 같다. 진보적인 여자가 아니라 고전적인 팜므 파탈인 것이다. 예를 들면 엘렌 파킨 같은 여자다. 남자라면 그녀의 사랑의 바다에 빠질 수밖에 없다.

에이미와 만난 것은 그 뒤의 일이었다. 역시 여자 쪽에서 먼저 유혹해 왔다. 그녀의 몸 구석구석에는 눈이 부실 정도의 섹시함이 팽배해 있었다. 그러나 세월이 흐르면서 에드는 에이미로부터 멀어져 갔다. 이유는 자신도 잘 모른다. 지금은 전희(前戱)나 애무 대신 말다툼만 할 뿐이다. 두 사람 사이에는 벽이 가로막혀 있어서, 에이미의 아름다움에 응답하려고 해도 잘되질 않았다. 그녀에게 속박당하고 싶지 않다고 저항한 나머지, 어릴 적 어머니와 아버지처럼 집안의 적이 되고 말았다. 에드도 에이미도 둔감해져서 정열이 아니라 분노에 불타는 부부생활을 하고 있었던 것이다.

✍ 자신의 성(城)에서는 명예가 없는 기사

또 한 가지, 좀더 극단적으로 역할이 역전된 예를 소개하겠다. 낮에는 이사회를 지배하는 실력가지만, 밤에는 아내에게 지배당하는 어떤 기업의 사장 이야기다. 딕 나이트는 집에만 돌아가면, 회사에서 휘두르던 권력은 간 곳 없이 딴 사람으로 변해 버린다. 책임에서 해방되어 '휴우~' 하고 한숨을 돌리는 것은 좋지만, 문득 정신을 차려 보면 고문실로 변한 집에 죄수로 갇혀 있었다.

딕이 현관에서 집안으로 발을 들여놓자마자, 아내인 에세르가 눈앞을 떡 가로막고 선다. 그리고 남편을 향해, "당신은 또 그 일을 해주지 않았어요, 또 그런 실수를 저질렀단 말예요"하고 다그치듯이 잔소리를 해댄다. 아내에게도 결점(겁이 많다는 것, 일자리를 구하지 못한다는 것, 다이어트와 금연에 밤낮 실패한다는 것, 대낮부터 위스키를 마시는 걸 끝내 그만두지 못한다는 것)이 있음은 물론, 항상 자신감 상실에 빠져 있다는 사실을 딕은 잘 알고 있다. 하지만 딕은 집에만 돌아오면 그런 사실을 잊어버린다. 사업의 최전선에서 자기가 성취한 성공과 권력을 잊고, 가정적인 남자로서 얼마나 헌신하고 있는지도 잊어버리고 아내의 권위 앞에서 백기를 든다. 에세르는 한참 올려다봐야 할 정도로 그의 앞을 딱 가로막고 있었다.

딕은 밤이면 밤마다 아내의 거절을 참고 견디지 않으면 안 된다. 아내는 마음이 없는지, 애정이 넘치는 전희도 성적인 접촉도 거부했다. 거기다 "살갗이 꺼슬꺼슬하다"느니 "키스가 서투르다"느니 하는 산더미 같은 비난을 듣고 있지 않으면 안 되었다. 이렇게 해서 집에 있을 때 딕은, 아버지의 기분이 좋아지기를 기다리는 불쌍한 어린아이처럼 초조해하면서 거의 부루퉁하게 침묵을 지키고 있다.

실제로 딕의 어머니는 아내인 에세르와 비교하면 훨씬 감미로운 여자였다. 의논 상대로서, 혹은 일가의 상속자로서 무슨 일만 있으면 "디키, 디키" 하면서 아들에게 의존했다. 딕의 아버지가 귀가할 시간이 가까워지면 얇은 네글리제만 걸친 모습으로 딕을 침실(딕의 아버지는 오랜 동안 침실에는 아예 들어가지도 못하고, 혼자 외롭게 서재에서 잠을 잤다)로 불러들여 침대에 앉히고, 불만을 늘어놓았다. 남편이 우격다짐으로 섹스를 강요하거나, 다른 여자와 부정을 저지른 데 대한 끝없는 넋두리를……. 그리고 자기 친정아

왜 자기 자신을 학대하는가

버지가 얼마나 훌륭하게 사회적으로 성공했는지, 딸이나 가족들로부터 얼마나 사랑을 받았는지, 친정의 사회적 지위가 얼마나 높았는지 등을 귀에 못이 박히도록 말하였다.

"네가 어른이 되면 틀림없이 네 외할아버지처럼 훌륭한 사람이 되어서 이 엄마를 자유롭게 해주겠지. 쓸모없는 남자와 결혼해서 잃어버린 나의 인생을 되찾아다오……."

그 결과, 딕은 어머니에게 의존하는 '마마 보이'가 되고 말았다. 어머니의 행동과 말에서 은밀히 풍기는 에로틱한 냄새를 부정하기는 무리였다. 청소년치고는 얌전하고 예의 있던 딕은 어느 틈엔가 섹스를 피하게 되었다. 자신은 동성애자일지도 모른다는 생각과 불안을 쫓아내기 위해 아마조네스(여전사 : 역주) 같은 모습의 여자에게 발가벗겨져 채찍으로 얻어맞는다는 식의 성적 공상에 빠지면서, 부지런히 마스터베이션을 계속했다. 현실에서도 터프하고 용모가 수려하고 솔직한 여성에게 끌렸다. 원하던 여성과 결혼하고 신혼여행에 가서야 겨우 동정을 잃었다(아내도 그때가 첫경험이었다고 딕은 믿고 있다). 사업은 순조로웠다. 그럼에도 불구하고 어느 틈엔가 딕은 아내의 엉덩이에 깔려 온갖 수모를 당하고 있었다. 아버지와 완전히 똑같이 말이다.

이렇게 해서 딕은 전설적인 외할아버지와 자기를 동일시하는 것을 거기서 끝내게 되었다. 만난 적도 없는 노인의 딸인 어머니의 마음을 점유해 버린 것 때문에 딕은 죄책감을 느꼈다. 에세르와 헤어지려고 하지 않는 것은, 그녀가 어머니의 환생이고 용서받지 못할 욕망의 대상이기 때문이었다. 또한 에세르가 '초자아(즉 양심)'의 역할을 수행하고 있기 때문이기도 했다. 동시에 에세르는 부부관계에서 일어나는 많은 일들에 분노하는 복수의 천사였다.

악순환에 사로잡힌 연인들

딕은, 다른 여자에게서 평안을 구하려고 하는 것은 "판도라의 상자를 여는 것과 같다"고 정신치료사에게 얘기했다.

매일 밤 펼쳐지는 '거세'의 메들리는 마침내 절정에 도달했다. 에세르는 딕이 원하는 대로 태도를 바꾸어 딕을 침대 속으로 끌어들이고, 마음을 여는 대신에(이러한 희망은 대개 좋지 않은 결과로 끝나는 게 보통이었다), 문자 그대로 남편의 급소에 강렬한 펀치를 먹였다. 그러고 나서 킬킬거리고 웃으면서 그냥 장난을 쳤을 뿐이었다고 변명했다. "불만을 털어놓으려다가 그런 바보 같은 짓을 해버린 거예요. 약간 술에 취해 있었기도 했고…… 하지만 악의는 전혀 없었다구요."

그런데 이 일을 열여섯 살이 된 딸 수 앤이 목격했다. 아버지의 회색 플란넬 바지의 사타구니 부분에 파고 들어간 어머니의 주먹…… 드디어 딕은 화를 냈다(에세르는 평소 이것을 '남자의 신경질'이라 부르며 비난했다). 딕은 소파의 쿠션(폭신폭신한 깃털 쿠션이었는데)을 움켜쥐더니 아내의 얼굴을 향해 던지고, 집을 뛰쳐나가 근처의 술집으로 달려갔다.

주목할 만한 사실은, 딕이 애인의 품안으로 뛰어든 게 아니라는 점이다. 누가 봐도 딕에게는 다른 여자가 없었다. 아내 이외의 여자는 생각해 본 적도 없었다. 인생에서 여자는 에세르 단 한 사람뿐이었다. 정신치료사는 딕의 이야기를 듣고 끝까지 추궁한 결과, 애인 같은 건 아예 존재하지 않는다는 것을 확신했다. 이 남자에게 필요한 것은 에세르뿐이었다. 그러나 그것은 또 다른 이야기니까, 나중에 좀더 언급하기로 하겠다.

이러한 기묘한 상황은 흔히 볼 수 있는 사례다. 이러한 것도 무의식의 정신역학에 의해 설명할 수 있다. 그러나 한편으로, 이와

왜 자기 자신을 학대하는가

같은 악순환에서는 모순과 역할 혼란이 두드러지게 나타난다. 예를 들면 에세르는 남편을 업신여기면서도 그 권위를 믿고 으스대고 있으며, 때로는 남편에게 의지하기도 한다. 그렇게 함으로써 자기 자신을 업신여기고, 상징적으로 '거세'하고 있는 것이다.

딕은 딕대로 아내의 그러한 행동을 묵인함으로써, 사실은 아내의 퇴행을 촉진하고 어린애 같은 충동에 사로잡혀 있도록 그냥 내버려두고 있다. 일상생활, 특히 부부관계에서 볼 수 있는 매저키즘과 새디즘은 동일한 것으로 바로 새도매저키즘인 것이다.

악순환에 사로잡힌 연인들

제5장

'영혼의 살인'의 희생자들

✍고통을 쾌락으로 느끼는 보통 사람들

이 장에서는 이제까지 살펴본 바와 같은 악순환에 빠지기 쉬운 유형에 대해서 이야기하기로 하겠다. 그러나 인간이라는 존재는 잠재적으로 새도매저키즘적인 경향을 갖고 있기 때문에, 누구든지 어떤 상황에서는 어느 정도 그러한 행동을 취하게 된다. 그 이유에 대해서는 제7장에서 해명하겠지만, 어쨌든 신경증적 인격의 소유자는 보통 사람보다 더 상처받기 쉽고 비참한 상황에 말려들게 될 소지가 있다.

새도매저키스트적 인간, 즉 자멸적인 성격의 인간은 정신의학 용어를 빌리면 '매저키즘성 인격 장해'를 앓고 있지만, 실제로는 우리 주변 어디에서나 볼 수 있다. 이러한 성격의 인간은 별로 기이한 존재도 아니고, 제6장에서 다룰 '성 도착자'와도 전혀 다르다. 이런 유형의 사람들은 단지 비참할 뿐이다.

이 세상에는 수많은 주디 굴드와 딕 나이트가 있으며, 우리들 또한 남의 일 같지 않게 느껴질 때가 많다. 몇 번이고 강조하는

왜 자기 자신을 학대하는가

것처럼, 느끼든 못 느끼든 누구나 한 번쯤은 타인을 지배하고 싶다고 생각한 적이 있을 것이다. 또 고통이나 벌을 받고 싶다고 무의식중에 바란 적도 있을 것이다. 앞에서 언급한 바와 같이, 해를 입고 괴로워하는 사람을 보고 쾌락을 느낀 경험도 있을 것이다.

물론 모든 사람이 실제로 새도매저키즘적인 생활을 한다고 할 수는 없다. 대부분의 인간은 상처받지 않으려고 몸을 지키는 자기방어 본능을 갖고 있다. 또 새도매저키즘적 경향이 있는 사람조차도 타인에게 상처를 주지 않으려는 조심성을 지니고 있다.

사람은 인생에서 보다 좋은 것을 추구하며, 자기 자신과 자신의 소망에 만족한다. 이상을 향하여 매진하는 것은 즐거운 일이다. 그렇기 때문에 지그문트 프로이트가 말한 것처럼, 사랑과 일이라는 인생의 양대 요소를 잘 조절해 가며 살아 나갈 수 있다.

한편, 스스로 원해서 고통에 탐닉하는 사람들은 반드시 일정한 유형의 과거, 갈등, 인격적 특징을 갖고 있다. 그러한 것들이 복합적으로 작용해 균형이 무너지고 자학적인 행위를 하게 된다. 이러한 특징에 관해서는 이제까지 각 장에서 언급한 바와 같다.

요즘 나오는 영화들을 상기해 보기 바란다. 남녀 주인공이 위험한 행위를 하거나 위험에 빠지는 것은 그들 관계의 배후에 잠재하는 무의식적 갈등이 직접적으로 표현된 것이라는 걸 잘 알 수 있다. 이것을 좀더 명확히 살펴보자. 괴로워하는 것이 고질적이 된 사람이나, 무슨 일이 있어도 타인에게 상처를 주지 않으려는 사람은, 아래와 같은 특징 중 전부는 아니더라도 많은 부분을 지니고 있다.

1. 과거에 가벼운 유아 학대라고 할 만한 경험을 한 적이 있다.

'영혼의 살인'의 희생자들

실제로 근친상간이나 엄한 처벌까지는 아니더라도, 얼마간의 성적, 폭력적, 정신적 학대를 받은 경험이 있다.

2. 학대를 받은 결과, 새도매저키즘적(좀더 구체적으로 말하면 성적인) 공상을 무의식중에 만들어 낸다. 이러한 공상 행위의 대부분은 현실에서 도착 행위로 나타난다. 새도매저키즘성 인격 장해의 소유자는 은근히 고통을 쾌락으로 느낀다.

3. 상처를 받고 느끼는 쾌락, 적의(敵意), 충동, 그리고 일상 생활에서 행복을 찾고 싶어하는 성실한 소망 등에 대하여 그들은 죄책감을 갖는다. 이 죄책감은 불필요한 것이지만, 그들은 그러한 것들에 만족하는 데서 불안을 느낀다. 그래서 자신의 자연스런 욕망을 부정하고 욕망에 대한 처벌을 원하게 된다.

4. 매저키스트는 언뜻 보기에 비참하고 패기가 없어 보이지만, 사실은 무의식중에 분노와 복수의 욕망이 격렬하게 소용돌이치고 있다. 여러 가지 이유에서 매저키스트는 이와 같은 분노의 감정을 부정하고, 복수심을 새디스트에게 투영한다. 새디스트는 타인을 괴롭히는 존재이고, 그 복수심도 일목요연하기 때문이다.

5. 버림받는 것을 두려워한 나머지 자신에게 상처를 줄 상대를 원하지만, 한편으로는 그 상대방이 결국 자신을 거절하게끔 만든다. 그렇게 함으로써 유년기에 체험한 무서운 트라우마(정신적 충격, 외상 : 역주)를 되풀이하여 재현한다.

6. 자신에 대한 평가가 낮은 것에 대해 아무 말도 하지 않으며, 자기가 보다 나은 취급을 받아야 한다고 생각하지도 않는다.

7. 새도매저키스트의 정체성은 매우 불분명하다. 때문에 인격의 경계가 애매해지기 쉽고, 새디스트적인 역할과 매저키스트적인 역할이 불분명해지는 경향이 있다.

왜 자기 자신을 학대하는가

8. 자의식이 약하기 때문에 자기 인식도 부족하다. 때문에 방어 본능이 강하고, 자기에게만 나쁜 일이 덮친다는 착각에 빠지기 쉽다.

✎ 어린 시절의 학대―근친상간의 과거

최근에 와서야 겨우 성적, 혹은 폭력적인 아동 학대가 확연히 드러나게 되었다. 감수성이 강한 아이에 대한 부모, 보모, 교사, 성직자 등의 성적 폭행 실태가 밝혀지게 된 것은 순전히 매스컴 덕분이다. 악명 높은 스타인버그 사건 이래로, 아동 보호를 책임진 전문가들은 아동 학대에 상당히 민감해질 수밖에 없었다.

조금이라도 학대가 자행되었다는 의심이 생기는 경우에는 즉각 보고할 것을 법 조항에 명시하고 있는 주(州)도 많다. 그 결과, 폭력적이거나 성적인 아동 학대 용의(容疑)에 관한 보고가 연간 250만 건에 달하고 있다.

'근친상간의 과거를 갖는' 것이 일종의 위험한 유행이 되고, 부모한테 순결을 유린당했다는 고백이 늘어나면서 부모를 비난하거나 고소하는 사례가 끊이지 않고 있다(집단 히스테리 양상을 보이기도 하는 이러한 유행으로 인해 심각하게 사실을 오인하는 일이나 법적 재해가 발생하기도 한다. 또한 정신치료사의 훈련이 부족한 탓에 죄도 없는 보모(保姆)가 비방이나 중상을 당하는 사태도 일어나고 있다. 분명 이런 문제도 심각하긴 하지만, 여기에서는 자세히 언급하지 않겠다).

부모를 비롯하여 학대자의 위치에 있는 사람들은 집 밖에서는 그러한 사실을 숨기려고 한다. 심지어 몇 년 동안이나 숨기는 경

'영혼의 살인'의 희생자들

우도 많은데, 피해자가 가해자와 공모하거나 학대 사실을 잊고 지내기 때문이다. 사실과 공상을 구분할 수만 있다면, 생각하기도 싫은 사실일지라도 부정하지는 못한다. 회복 과정에 있는 피해자는 체벌받고 강간당하고 추행당했다는 것을 회상하고, 자신의 인생이 불신, 공포, 억압, 입에 담을 수 없는 죄, 타락으로 더럽혀졌다는 것을 깨닫게 된다. 과거를 확실히 인식함으로써 똑같은 일이 반복되지 않도록 할 수 있는 것이다.

사실을 직시하는 것이 한층 더 괴롭고, 극복하는 것도 상당히 힘든 또 다른 유형의 학대가 있다. 근친상간이나 징벌과 같은 명확한 형태가 아닌, 육체, 감각, 감정의 미묘한 조작에 의한 학대가 바로 그것이다. 이러한 학대는 학대자인 어른 자신이 비난받지 않도록 남모르게 행하는 게 대부분이어서 고통, 항거하기 어려운 탐닉, 죄책감을 동시에 초래한다.

어쨌든 정신분석의가 '공격자 혹은 범죄자와의 히스테리성 자기 동일화'라고 일컫는 과정에 의해, 어린아이는 부모가 저지른 죄에 대한 죄책감과 책임을 떠맡게 된다. 최악의 경우에는 현실적 성교가 아닌 '정신적 성교'를 강요받아, 정신분석학자 레너드 셴골드가 말하는 '영혼의 살인'의 희생자가 되기도 한다.

제4장에서 자세하게 기술한 주디 굴드의 경우가 적절한 예가 될 것이다. 주디는 아버지로부터 징벌을 당했어도 성적인 추행을 당한 건 아니다. 그렇긴 하지만 두 사람의 '놀이'는 공포와 더불어 성적 흥분을 가져와서, 아버지가 무슨 생각을 했던 간에 딸은 자신의 감각과 감정을 조절할 수 없었다.

주디의 아버지는 죽을 때까지 자기 아내를 침실에 홀로 내버려둔 채, 부녀는 매일 밤 서로 달라붙어서 보냈다. 성기를 사용하여

왜 자기 자신을 학대하는가

섹스를 한 적은 없지만, 주디는 어린아이면서도 관능과 욕망을 자극받았다고 해도 과언이 아니다.

주디는 밤이 되면 막을 여는 이 드라마에 자기를 처벌하기라도 하듯이 빠져 들어갔다. 그렇기 때문에 주디는 삼각관계가 되리라는 것을 알고 있으면서도 성실치 못한 남자와의 교제를 하게 된다. 주디에게는 누군가와 친밀한 관계를 갖는 것이 쾌락과 고통, 질투와 거절의 교차 속에 몸을 내던지는 것과 같은 의미를 지닌 것이다.

✒ 공상 세계의 시나리오

어린아이는 부모를 비롯하여 어른이 행하는 성행위의 본질을 이해하지 못한다. 지그문트 프로이트의 약간 과장된 표현을 빌리면, 그것은 '원초적 광경'일 뿐이다. 침실에서 새어 나오는 신음소리를 듣거나, 괴로운 듯이 몸을 뒤틀거나 서로 때리고 있는 듯한 장면을 보게 되면, 어린아이는 아무런 의심 없이 두 사람이 싸움을 하고 있다고 믿는다. 그들은 오르가슴이나 정사는 물론 성교 자체나 어른의 성적 반응, 쾌락을 경험하지 못했기 때문에 보거나 상상한 것을 어떻게든 자기 식으로 해석하게 된다. 그리고 자기에게 가능한 육체적 행위나, 경험한 적이 있는 어떤 활동과 연결시켜 생각한다.

이렇게 해서 그들은 어른들의 성행위를 서로 때리거나 깨물거나 오줌을 누고 있다는 식으로 결론짓는다. 그리고 자신도 그러한 경험을 한 적이, 특히 화났을 때 경험한 적이 있다고 말하는 것이다.

성적 활동에 관한 한, 대부분의 소년소녀는 오르가슴이라는 형태로 성적 긴장을 해방시키지 못한다. 긴장은 점점 더 고조되어 갈 뿐이다. 긴장의 계기는 육체적 쾌락에 있지만, 성적 욕구불만은 이윽고 고통, 조절력 상실, 육체적·감정적 무력감, 분노, 파괴의 욕망 같은 것에 연결되어 간다.

부모와의 관계가 원만치 않거나 만성적으로 과잉 자극을 받는 경우에도 이런 육체적 자극 때문에 나쁜 결과에 빠지게 된다. 어린아이는 현실과 담을 쌓고 혼자만의 세계에 틀어박힘으로써 감정이 마비되고 쾌감을 전혀 느끼지 못하는 상태가 되고 만다.

이와 반대로, 감정과 감각의 예민함을 잃어버리지 않으려고 노력한 나머지, 쾌락 또는 그에 따르는 고통 사이에 끼여 꼼짝 못하게 되는 경우도 있다. 이런 경우, 대개 약간의 즐거움이나 하찮은 관능적 경험밖에 느끼지 못하겠지만, 이것은 어린아이가 상상할 수 있는 에로틱한 감정의 대부분을 차지하게 된다.

이렇게 해서 새도매저키즘적 성적 공상에 집착하는 희생자가 만들어지게 된다. 그들이 펼치는 공상 세계의 시나리오에서 그들은 파트너한테 폭행이나 학대를 받고 굴욕을 당하면서 무력감과 절망에 빠져 괴로워하지만, 동시에 거기에서 성적 만족을 찾아내게 된다. 고통에서 쾌락이 생겨나는 것이다.

사람에 따라서는 윤리 의식이 결여된 탓에, 애정이 풍부한 타인과 이상적인 성관계를 맺지 못하는 경우도 있다. 그렇게 되면 상처를 받고 굴욕을 당하고 싶다는 충동에서 벗어나지 못하고, 마침내 '도착' 행위를 하게 된다. 물론 도착 행위에 완전히 빠져 버리는 경우도 있지만, 정상적인 성생활을 유지하기 위해 어쩔 수 없는 하나의 수단으로 사용하는 경우도 있다.

또한 섹스에 대한 이상과 양심을 지니고 있어서, 그러한 금지된 충동을 참고 견디어 내는 사람도 있다. 그러한 사람은 막대한 에너지를 소모하여 새도매저키즘적 공상을 억압한다. 그러나 억압된 것은 여러 가지 형태로 분출될 수 있으므로 오히려 역효과를 낳기 쉽다. 새도매저키즘적 공상은ー정신분석을 통해서만 모든 것이 밝혀질 뿐이라 하더라도ー사고(思考), 이미지, 행동에 반영될 수 있다.

예를 들면 마음속에서만 상상하는 마스터베이션도 그렇고(사춘기든 성인이 되고 나서든), 포르노그라피에 집착하는 것도 그러하다. 혹은 자신의 추한 욕망을 채 알아차리지도 못한 상태에서 특정한 성적 행태를 혐오하거나 억압하거나(그중에서도 으뜸가는 것이 동성애 혐오다), 섹스를 하는 도중에 추악한 것을 생각하거나 매번 똑같은 이미지가 머리를 스쳐 지나가는 것도 그러하다.

평소에는 참고 있다가도 이따금 도착 행위에 기우는 일이 있다. 그렇지만 대개의 경우 이러한 공상은, 특정한 성적 행동보다는 개인의 애정관계에 반영된다. 일상생활에서 새도매저키스트는 성적 도착자와는 달리, 자각하거나 즐기는 일 없이 자신의 강박적인 공상을 행동에 옮길 뿐이다.

남성의 경우는(예를 들면 딕 나이트와 같은 경우), 여성으로부터 벌을 받거나 고환이 여자의 손에 으스러질 정도로 아프게 잡혀 있거나 배설물을 뒤집어쓰는 대신에 잔소리가 많은 비난에 굴복하게 된다. 여성의 경우는(주디 굴드를 떠올려도 좋지만) 알몸이 되어 강간당하는 대신에 자진해서 희생물이 되어 굴욕을 맛보며, 버림받아도 싫증을 내지 않는다.

새도매저키스트적인 부부의 경우에는(에이미와 에드처럼), 밀착된 행위 대신 서로를 도발한다. 양자는 가죽끈이 아니라 감정의

끈에 결박당하고, 가정은 출구 없는 감옥이 된다.

딕도, 주디도, 에이미도, 에드도, 자신의 마음속을 들여다보면 충격을 받을 게 분명하다. 타인이 알게 되는 것을 원치 않을 것이다. 그들은 선량한 인간이 되려고 매일 발버둥치며, 자신의 불행한 생활 속에서 실은 은밀한 욕망이 충족되고 있다는 사실을 외면하려 한다. 마음속의 진실이 새어 나가려고 하면 재빨리 뚜껑을 덮고, 언제 그랬냐는 듯한 태도를 취한다.

이러한 사람들은 자기가 고통 속에서 만족을 느끼고 있다는 사실과, 자기 욕망의 본질이 어떠한지를 의식하려 하지 않는다. 그들은 강박적인 행위를 되풀이해서 트라우마를 극복할 필요가 있고, 그로 인해 인생에서 '억압 회귀'가 계속 되풀이된다.

이러한 사람들의 감추어진 쾌락을 파헤치려고 해도, 쓸데없는 공포와 분노만 초래할 뿐이다. 거기에는 정반대되는 두 가지 이유가 있다. 첫째, 그들은 자신을 '선량'하다고 생각하려 하기 때문에 '나쁜'일, 즉 죄책감을 불러일으키는 일은 하지 않으며, 하고 싶지도 않다고 생각한다. 죄의식이 강하고 자기비하에 빠져 있으므로 정상적이고 고상한 행위의 틀에서 벗어나는 자신의 욕망을 고백하기란 매우 어렵다(행위에 관해서는 말할 나위도 없다). 게다가 그들 나름의 상식이라는 것이 존재해서, 그런 누추한 비밀을 타인에게는 절대로 알려서는 안 된다고 생각한다.

둘째, 그들은 윤리적 명령과 현실적 억압뿐만 아니라 프로이트가 말하는 '쾌감 원칙'에도 지배받고 있다. 따라서 새도매저키스트(신경증적 새도매저키스트)들은 자신의 은밀한 행위를 인정하려 하지 않는다. 왜냐하면, 비록 무의식중에서라도 그러한 행위를 계속하고 싶기 때문이다. 즉, 육체적 고통이나 감정적 고민 속에서 찾아낸 은밀한 쾌락을 버리고 싶지 않은 것이다. 일반적으로 성적 매저키스트들은 이따금씩 또는 관습화된 의식 속에서 굴욕을 맛보는 데 만족하므로 생활을 위험에 빠뜨릴 필요가 없다. 그러나 신경증적 새도매저키스트들은 일상생활에서 대부분의 시간을 도착 행위를 하는 데 소비해 버린다.

✎ 자기에 대한 처벌

지그문트 프로이트는 《꿈의 해석》에서 오이디푸스 왕의 비극적인 모습을 예로 들면서, 인간의 성적·폭력적인 충동은 "자연으로부터 강요받은 원망(願望)"이긴 하지만 인간은 이를 "도덕에 반(反)한 것"으로 간주하여 필사적으로 거역하려 한다고 기술하고 있다. 타고난 본능적 충동과 강압적인 지상의 명령(도덕 규범, 즉 사회와의 관계를 결정하는 '해야 할 일'과 '해서는 안 되는 일'), 이 양자 사이에서 인간은 갈등으로 괴로워하는 존재라고 프로이트는 말한다.

또한 《문명 속의 불만》이라는 저서에서는, 문명 속에서 주어진 역할을 수행하는 성인이 되는 과정에서, 죄책감은 피치 못할 부산물이다. 바꿔 말하면, 근원적 본능으로부터 자신과 타인을 지키기 위하여 인간에게는 초자아(양심)가 필요하다는 것이다. 초자아가 존재하기 때문에 현실 사회에도 적응할 수 있으며, 바라는 것이 언제나 손에 들어오는 것은 아니라는 것, 욕망은 본인에게나 타인에게나 바람직하지 않은 일이라는 것도 받아들일 수 있다.

그렇지만 정신적인 구조나 기능은 특정 환경(유년·소년기의 세계)의 요구에 적합하도록 형성되는 것이기 때문에 도움이 되지 않는 게 당연하고, 다른 세계(어른으로서의 생활)에서는 적응조차 하지 못하게 된다. 사람에 따라서는 특별한 죄를 지은 것도 아닌데 양심의 가책을 받아 자책감에 빠지는 수가 있다. 양심은 말하자면 경찰관 같은 것이다. 정작 필요할 때는 곁에 없으면서 필요없을 때만 얼굴을 내민다.

또한 무턱대고 죄책감에 괴로워하는 사람은 정신적인 자기 면역증에 걸려 있다고 볼 수도 있다. 병든 초자아가 건전한 부분에 어금니를 드러내고 가차없이 공격해 들어온다. 어떤 의미에서는 도덕도 나쁜 것이 될 수 있다.

전형적인 새도매저키스트들의 대부분은 부모의 과보호나 과잉 간섭을 받아 온 탓에, 자기 방어를 위한 극단적인 심리평가 기준을 지니고 있는 경향이 많다. 그러한 기준은 대부분 전혀 도움이 되지 못한다. 이미 언급한 것처럼, 그런 유형의 사람들은 부모의 죄를 자신의 죄라고 믿는다. 그 때문에 실은 신뢰할 수 없는 부모를 이상화하고 언제까지나 의존하게 된다.

그리고 역할 모델도 외적인 억제도 결여되어 있어서, 확고한(확고하다기보다는 새디스틱한) 초자아를 일찍부터 만들어 내어 그것을 조절하거나 올바른 방향으로 이끌지 못한다. 초자아는 매저키스트가 자주 빠져 드는 무의식의 성적 공상을 경계한다. 그러한 공상은 부모의 행위로부터 영향을 받는 탓에 위험할 정도로 현실적이 되고 말기 때문이다.

어린아이는 비록 학대받고 있을지라도 감정적인 면에서 라이벌인 부모보다 나은 경우라고 할 수 있을지도 모른다. 역설적으로 들리겠지만, 미래의 매저키스트들은 귀여움을 받거나 치켜세워지면(실제로 그렇든 그렇게 느끼고 있을 뿐이든), 바라지도 않는데 멋진 체험을 했다는 것에 대해 점점 더 죄책감을 갖게 된다. 임상의가 말하는, 미성숙기의 '오이디푸스적 승리'에 대한 죄책감이다. 부모라면 불평만 하는 배우자보다는 자기 자식들이 소중한 경우가 더 많다.

이러한 상황에서는 그 나름대로의 기쁨을 발견할 수도 있겠지만, 막상 외적인 조절 차원을 초월한 단계까지 욕구가 충족되면 오히려 공포감 쪽이 더 나은 법이다. 그렇게 되면 어린아이는 자신의 세계 속에 갇히게 된다.

뒤틀린 행복이나 쾌락이 자기 내부에서 금기시되었던 부모 살해나 근친상간의 쾌락과 결부되는 단계에 이르면, 이른바 이러한 '도덕적 매저키스트'들은 자신이 즐기는 모든 것에서 죄의식을 느끼게 된다. 욕망뿐만 아니라 양심의 가책에 이끌려, 그들은 자진해서 불행해지려 하고 자신의 죄를 왈가왈부하게 된다.

새도매저키즘적 욕망과 마찬가지로 매저키즘적 욕망에 대한 죄책감도 의식하기가 쉽지 않다. 죄책감을 인정하는 것은 타인에게 자신의 죄를 고백하는 것과 다를 바 없고, 그렇게 되면 책임을 져야 한다. 따라서 죄책감 대신 '결코 내가 나 자신을 벌하고 있는 게 아니라 운명과 타인에게 벌을 받고 있는 것이다'라고 믿게 된다. 자기 자신을 벌하는 것은 말하자면 양날을 가진 칼과 같아서, 무의식적인 죄에 대한 자책감과 죄 많은 욕망 양쪽을 상징적으로 표현한다.

제4장에서 주디 굴드라는 여성을 예로 들면서, 좋지 않은 관계를 유지함으로써 자기를 벌하는 모습을 살펴보았다. 말하자면 주디는 이러한 관계를 맺음으로써 아버지한테 계속 무시당한 어머니를 무의식중에 자기와 동일시하고 있는 것이다. 그 과정에서 주디

는 두 가지 상반되는 목적을 달성하게 된다(인간의 마음은 항상 이와 같이 반응한다. 상반되는 것을 조화시키고 통합하는 것이다). 즉, 어머니의 입장이 됨으로써 암암리에 아버지의 성적 애정의 대상이 되려고 하는 한편, 어머니보다 행복한 인생을 살기를 거절하는 것이다. 어머니가 아버지로부터 받은 박정한 대우를 무의식중에 자기 스스로 받음과 동시에, 아버지 때문에 기쁨을 느끼고 있는 자신을 벌하기도 한다.

또 하나의 좋은 예는 딕 나이트다. 나이트는 일(직업)에서 낙오자였던 아버지보다 성공했다. 동시에 이러한 성공에 대해 부인 에세르로부터 매도당함으로써 자신을 벌하고 있다. 프로이트가 말하는 '성공했을 때 파멸하는' 경우다. '일도 하지 못하고 가족도 부양하지 못하는 쓸모 없는 사람'이라고 어머니한테 늘 매도당한 아버지와 자신을 동일시한다. 딕 나이트에겐 현실에서의 성공은 아무런 값어치도 없는 것이다.

∽ 무의식적으로 일어나는 복수의 충동

누구나 부모에게 화를 낸다. 부모는 약올리거나 아예 상대도 하지 않으면서 욕망만을 북돋음으로써, 욕구불만을 불러일으키기 때문이다. 근친상간적 감정은 정신분석학자 이블리 쿠밍에 의하면 '에로틱한 공포'라 할 수 있다.

부모한테 그러한 감정을 자극받은 어린아이는 불안과 복수심을 갖게 된다. 부모가 또 다른 형태(유혹하거나 버리는 것)로 아들이나 딸을 구제불능으로 만들거나 상처를 주었다면, 어린아이의 분노는 한층 더 심해진다. 성적 욕망과 파괴에 대한 충동이 새디스틱한 욕망과 결부되어, 자신에게 상처를 입힌 자 혹은 상처를 입힐 것 같은 자에 대한 복수의 원동력이 되는 것이다.

여기에서도 미래의 새도매저키즘적 인격의 소유자는 복수의 충동으로부터 눈을 돌리려고 한다. 첫째, 이미 언급한 것처럼, 본능적 충동에 대하여 본인이 죄책감을 품고 있기 때문이다. 특히 자신이 필요로 하며 사랑하기까지 하는 상대에게 상처입히려고 하는 폭력적 충동에는 그런 경향이 강하다.

그리고 불안정한 가정에서 자란 탓에 항상 거절과 상실의 공포에 휩싸여 있기 때문에, 분노를 노골적으로 드러내서 상대와 멀어지는 것을 꺼린다. 새도매저키스트에게 자존심이란 거의 없게 마련이다. 애초부터 선량해지기 위해 필사적이기 때문에 나쁜 일이나 보편적이지 않은 감정, 충동은 피하게 된다.

실제로 복수하는 대신에, 새도매저키스트는 누군가가 자기를 학대하게 함으로써 그 상대에게 적의를 전가시킨다. 그렇게 함으로써 우선 자신의 공격성을 버릴 것을 강제적으로 명령할 수 있다. 선량해지고 비난을 받지 않으려 하는 한편, 벌을 받음으로써 자신이 갖게 되는 죄의식을 해소한다. 그렇게 해서 스스로를 학대하게 되기 때문에 버림받을 염려도 없다(고 믿는다). 다른 사람에게 대신 죄를 짊어지게 함으로써 마음속에 있는 본능을 피하려 하는 것이다.

새도매저키스트도 어떤 의미에서는 복수를 행한다. 타인에게 악역을 맡김으로써 상대가 나쁜 일을 하게끔 한다. 타인에게 나쁜 일에 손을 대게 함으로써 상대의 품위를 깎아 내리려는 것이다. 성장한 새도매저키스트에게 있어서 그러한 타인들은 어떤 의미에서 비도덕적인 부모의 대리인이다. 어릴 때는 부모에게 대항할 수 없었

'영혼의 살인'의 희생자들

지만, 지금은 자신을 학대하는 사람들과 정면으로 대립할 수 있다.

상징적으로 말하자면, 희생자는 자신이 아니라 타인의 본성을 비추는 거울을 들고 있는 자이다. 새도매저키스트는 학대자들을 통해 부모의 잔학성이나 치부를 속속들이 드러내고, 자기가 얼마나 부모를 싫어했는가를 밝힌다.

예를 들어보자. 주디 굴드는 과거의 관계를 돌이켜 본 후, 자신이 빌 앤드루스를 만난 그날부터 그를 미워했다는 사실을 깨달았다. 아니, 차라리 만나기 전부터, 빌이 지나친 행동을 시작하기 전부터라고 해도 좋다. 요컨대 빌은 남성이다. 그리고 주디에게 남성이란 존재는 모두 아버지다. 빌과 만나기 전부터 주디는 배신을 상상하면서 질투를 하고 있었다. 이제까지 겪은 '연애의 덧없음'을 빌에게 계속 푸념조로 늘어놓음으로써 자기를 거절하도록 만들었던 것이다.

이와 마찬가지로, 딕 나이트도 치료를 받으면서 겨우 깨달은 것이 있다. 사내답지 못하다는 핀잔을 들으면서도 그는 그 동안 아내를 버리는 걸 완강히 거절했는데, 그 그리스도와 같은 관용의 배후에 있는 것은 결코 이타주의(利他主義)가 아니었다. 아내에게 품고 있는 감정은 모멸감뿐이었으며, 그 밖의 어떤 감정도 기대할 수 없었다.

결혼 생활의 실체를 이렇게 파악한 후부터, 좀처럼 인정하지 않았던 어머니에 대한 감정도 깊이 파고들어 가 보았다. 딕은 아버지가 초래한 불행으로부터 어머니를 구하는 일만 생각해 왔다. 그러나 실은 어머니조차도 싫어했던 것이다. 어머니와의 친밀감도, 아버지를 멸시하도록 부추김을 당한 것도 지금 생각해 보면 매우 불쾌한 일이었다. 실은 아버지를 존경하고 본보기로 삼고 싶었던 것이다. 끝없이 이어지는 어머니의 푸념도, 얇은 네글리제도, 자신의 책임을 인정하지 않는 것도, 소년이었던 자기를 은근히 가지고 놀았던 것도 참을 수가 없었다. 무엇보다도 마치 유혹하는 것 같은 어머니의 행위 탓에 억압당하고 어두운 생활을 보내는 처지가 된 것은 용서하기 어려운 일이었다.

에세르가 자기를 윽박지를 때마다 상징적으로(때로는 말 그대로) 아내의 권위를 밑바닥으로 끌어내려 창피를 당하게 했던 것이다. 아내는 어쩐지 만족을 모르는 추잡한 욕심꾸러기 같았으며, 그것은 어머니와도 꼭 닮은 것이었다. 여자란 존재는 모두 똑같았고, 딕에게는 여자에게 굴복하는 것이야말로 여자에 대한 복수였다.

✑ 상실에 대한 공포

프로이트에 의하면, 어린아이가 반드시 체험하는 최초의 위기는 의지하고 사랑하게 된 상대를 잃는 것이라고 한다. 갓난아기는 자신을 보살펴 주는 사람을 잃을 것이라는 사실을 두려워한 나머지, 기기 시작하면 바로 보호자에게 달라붙어 떨어지질 않는다. 어린아이는 처음에는 시간 감각이 없기 때문에 잠시 떨어져 있기만 해도 영원한 이별로 느낀다.

이윽고 부모라는 존재가 없어졌다가도 돌아온다는 사실을 경험으로 알게 되면, '반복 강박'이라는 것을 통해 트라우마로 보이는 이러한 상황을 극복할 수 있게 된다. '없다 없다 까꿍'이나 숨바꼭질 놀이도 없어졌다가 돌아오는 행위를 되풀이해서 그 과정을 적극적으로 조절하려는 방편이다.

부모를 잃고 그 사랑이나 보호를 상실하는 것은 어린아이에게 무엇보다도 두려운 일이기 때문에, 어린아이는 아무리 가혹한 부모에게라도 의존할 수밖에 없다. 예를 들어, 자녀를 육체적으로 학대하는 가정이라면 희생자들은 멍든 자국이나 긁힌 자리를 과시하면서 부모의 관심을 사기 위해 서로 다툰다. 어른이 되어서도 부모와 닮은 파트너를 구하거나, 부모와 다른 유형의 파트너에게 부모를 모방하게 하는 등 역시 부모에 대한 고집이 남아 있다. 이것을 '전이'라고 부른다.

이미 서술한 것처럼, 버림받는 걸 두려워하고 어떻게 해서든 타인과 헤어지지 않으려고 하는 것은 새도매저키스트에게 특징적인 강박관념이다. 새도매저키스트는 결점을 갖고 있는 부모에게 복종해 왔으므로, 자기와 관계를 맺은 상대에게도 목숨을 걸고 매달리려고 한다. 상대를 잃어버리는 것에 비하면 굴욕을 견디는 것쯤은 아무것도 아닌 것이다.

여기서 아이러니한 것은 이러한 자칭 '패배자'가 정말로 패배자가 되는 것이다. 그들은 현재에 매달리면서 동시에 과거에도 매달리고 있다. 새도매저키스트들의 대부분은 자신을 가지고 놀다가 버린 부모에게 아직까지도 구애받고 있다. 그들은 부모(자기를 처음으로 버린 인간)와 다른 유형의 인간은 용납할 수 없다. 다른 유형의 인간(애정이 풍부하고 의지할 수 있으며 성실한 상대)을 인정함으로써, 자신이 잃어버렸거나 처음부터 갖고 있지도 않았던 존재를 인정해야 하기 때문이다.

아이러니하게도 그들은 잃어버리는 것을 두려워하기 때문에, 어떻게든 자기를 거절하거나 버릴 것 같은 상대를 연인이나 친구로 선택한다. 아니면 상대가 자기에게서 도망치도록 행동한다.

제4장에서는 주디 굴드가 어린아이였을 때의 중심적 트라우마,

즉 아버지의 상실이라는 것을 재현하는 모습을 살펴보았다. 에이미의 경우도 미묘한 형태긴 하지만 비슷한 행동을 하고 있다. 남편 에드의 가장 나쁜 면모를 빼내 온 듯한 행동을 한다. 그녀는 에드를 희생자로 선택한 것이다. 에드는 본래 로맨틱하며 동정심 또한 갖고 있었다. 에이미도 그러한 것을 애인에게서 얻고자 하면서도 그가 정반대의 행동을 하도록 만들었다. 사실 그것은 에이미의 아버지의 모습이었다.

아버지는 사랑을 모르는 완고한 인물이었기 때문에 에이미는 아버지에게서 귀여움을 받아 본 기억이 전혀 없었다. 주디의 아버지가 딸을 지나치게 귀여워했던 데 반해, 에이미의 아버지는 딸에게 무관심했다. 10대 시절, 에이미는 자기의 섹시한 몸을 주목해 줄 남성을 필사적으로 구해서 '홀딱 반하게' 만들려고 했다. 그후 여성은 섹스의 도구라는 생각을 거부하게 되면서 그러한 노출증은 잠잠해졌지만, 그 대신 상대의 욕망이 아니라 분노를 북돋아 주고, 더 나아가 무관심이라는 형태의 거절을 도발하게 하였다. 에드의 무관심한 태도는 그녀에게 아버지가 재현된 것이었고, 소녀 시절에 아버지와 했던 '약속'의 역설적인 형태였던 것이다.

생활 속의 상실의 공포, 살얼음판을 밟고 있는 듯한 느낌……. 일상생활의 새도매저키스트에게 있어서 그러한 두려움은, 이미 설명한 바 있는 다른 소원이나 공포와 비교하면 자각하기 쉽다. 다만 그러한 두려운 운명을 스스로가 필요로 하고 있다는 건 이해하지 못한다. 새도매저키스트는 자신이 과거에서 벗어나지 못하고 있다는 사실을 외면한다. 그는 오히려 과거로부터 도망치려 하고 있다고(적어도 입으로는) 주장한다.

'영혼의 살인'의 희생자들

✍ 자신의 존재에 대한 비하

새도매저키스트가 타인으로부터 거절당하는 것을 두려워하는 이유는, 자기에 대한 평가가 낮기 때문이다. 언제나 자기가 받아들여지기를 너무도 원하는 나머지, 모순된 태도를 취하거나 일관성 없는 판단을 내리게 된다. 다른 사람들이 자신을 좋아하지 않을 뿐더러 스스로 가치없는 인간이라고 느낀다. 그런 한편, 윤리적인 면에서는 고결하다고 자부한다.

대부분의 심리학자들은 대개 성장이란 자립과 자기 만족에 이르는 것이라고 말한다. 성장중에 있는 인간은 자립하기 위하여 우선 주위로부터 고립되지 않으면 안 된다. 요컨대 부모가 해주던 여러 가지 역할을 자기 힘으로 처리하고 자기를 스스로 돌보려고 한다. 임상의들이 '내재화'라고 부르는 이 과정은, 타인으로부터 인정받는 것이 아니라 스스로 자신을 인정하게끔 하는 것이다.

성숙한 인간은 정신분석 용어에서 말하는 '자아 이상(理想)'을 기준으로 자신의 행동을 결정한다. 현실적인 사람이든, 단순한 상상 속의 사람이든 간에 타인이 아닌 본인의 가치관이 중요한 것이다. 이러한 개인적 기준이나 도덕관에 따라 행동할 수 있게 되면 사람은 스스로를 높이 평가할 수 있다.

새도매저키스트들은 타인에게 의존하고, 죄책감에 시달리며, 결점이 있는 부모와 자기를 무의식중에 동일시하기 때문에, 자기를 평가할 수 없으며 가치를 발견하지도 못한다. 또한 언제나 불안정하고 무언가를 갈망하기 때문에, 자기 발로 똑바로 서 있지 못하고 자기 자신의 신념을 고수하기가 어렵다. 더구나 무의식중에 자신은 하찮은 존재라고 생각하기 때문에, 파트너의 학대도 꾹 참아낸다. 경우에 따라서는 자기에게 어울린다고 생각하는 대우를 받기 위해 자진해서 파트너의 학대를 유도하기도 한다.

동시에 새도매저키스트는 특이한 형태이긴 하지만 상당히 나르시시즘적(자기도취적)이기도 하다. 새도매저키즘이, '자기는 선량하고 나쁜 것은 타인뿐'이라는 지극히 단순하고 독선적인 신념과 결부되면, 굉장히 자기중심적으로 될 수밖에 없다.

새도매저키스트들은 내 환자가 말한, "실망이라는 이름의 박물관에 수납된 부조리의 수집품"을 소중히 한다. 상처를 당하는 것, 자신의 잘못은 일체 인정하지 않는 것이야말로 그들이 내세울 만한 것이다. 그들은 자신의 방자함과 잔혹함을 부정하는 데 필사적이고, 그러한 죄를 학대자에게 전가시킨다. 자기 이외의 인간에 관한 한, 그들은 성악설(性惡說)의 지지자다.

예를 들면, 주디 굴드는 자신이 희생자가 된 것을 기뻐하고 있다. 자기는 "빌 앤드루스의 애정 전선의 주유소"에 지나지 않는다고 느끼면서도, 난폭하고 동정심도 없는 빌한테 괴롭힘을 당한다는 사실로 자기를 정당화하고 있는 것이다. 비참하기 때문에 주디에게는 죄가 없다.

한편, 빌은(어느 남자라도 마찬가지겠지만) 의심의 여지 없이 죄가 있다고 판단될 수 있다. '신발닦개 취급을 받아 흙 묻은 발에 짓밟히고' 있음에도 불구하고, 주디는 끝까지 '선량한 인간'으로 남아 있다. 하지만 주디가 빌보다 나은 존재는 분명 아닐 것이다. 그녀는 자기 자신에게 이렇게 말한다. "아무리 남자들한테 '쓰레기 취급'을 받아도 나만이 항상 순결하다."

딕 나이트도 마찬가지다. 사회에서의 권력은 집에 돌아오자마자 없어져 버리지만, 그럼에도 불구하고 그는 가정에서 겪는 수난 속에서 신의 은총을 발견한다. 에세르와 있으면 딕은 어머니 앞에

'영혼의 살인'의 희생자들

있을 때와 마찬가지로 '아들'로 되돌아간다. 아무것도 필요치 않으며 이렇다 할 소원도 없다. 아버지 같은 수컷이라는 동물조차도 없다. 딕은 독실한 기독교 신자라고 해도 과언이 아니다. 고생하고 있기 때문이다. 세속적인 성공이 가져다 줄 만한 대가는 받지 못하였지만 인류, 그것도 여성에게 봉사하고 있는 것이다.

그는 에세르한테 매도당하고 멸시당할 때마다 자신의 관용과 수난에 넋을 잃는다. 여자든 남자든 간에 누군가와 바람을 피면, 아니 그러기를 바라는 것만으로도 딕은 은총을 상실하게 된다. 일찍이 자기가 빠져 있던 수렁에, 아버지의 더러움 속에 빠져 버리기 때문이다.

새도매저키스트에게는 근본적으로 자기애(自己愛)가 결여되어 있으므로 불쾌하기만 한 본능적인 욕망을 자기가 가지고 있다는 사실을 참지 못한다. 하지만 이제까지 서술해 온 것처럼, 그들도 그러한 욕망을 남모르게 채우고 있다. 그러면서도 순수한 이타주의자, 금욕주의자 같은 얼굴을 하고 있는 것이다.

∽ '정체성의 위기'에서 탈출한 어른의 자아

아동심리학자가 보고서에서 밝히고 있듯이, 갓난아이가 자신의 세계에 있는 타인을 인식하게 되기까지는, 바꿔 말해 어디까지가 자신이고 어디서부터 타인인가를 이해할 수 있게 되기까지는 그 나름의 시간이 걸린다. 갓난아이는 자기와 타인, 그리고 주위에 있는 물체와의 차이를 거의 인식하지 못한다. 사실은 무력하기 짝이 없는데도 불구하고 아기는 자신이 권능하다고 느낀다. 예를 들면, 배가 아파서 큰 소리로 울기만 하면 어머니가 나타난다. 이

왜 자기 자신을 학대하는가

경우 어머니는, 다른 어른이 인식하고 있는 모습과는 달리, 갓난아이의 요구에 응하기 위해서만 존재한다.

게다가 갓난아이는, 프로이트의 표현을 빌리면, 자기 몸과 돌봐주는 사람의 이미지의 '한계'가 막연하고 애매해서 혼동하기 쉽다. '시끄러운 혼란'이라는 이런 상태에 있는 동안에는 안과 바깥의 구별도 분명치 않으며 자기와 주변 사람도 구별하지 못한다.

뇌와 정신이 어느 정도 성숙해져서 앉거나 보거나 서거나 자유로이 다니기 시작하면, 갓난아이도 자신이 타인과 동등하게 움직인다는 것을 인식하고, 세계에 있는 하나의 독립된 존재로서의 자신을 정확히 인식하고 구별할 수 있게 된다. 다른 인간과의 감정적 교류—초기에는 말에 의존하지 않고 때때로 남들은 알아차리지 못할 방법으로(특히 어머니와의 사이에) 이루어지는데—가 다양한 형태로 '분리 및 개성화' 과정을 촉진하게 된다. 처음에 갓난아이는 자신을 포함하는 두 사람의 인간관계를, 아동심리학자 마가렛 말러가 말하는 '양자의 통합'으로서 경험한다.

어머니와 어린아이의 결합에서, 어린아이의 이미지와 어머니는 부분적으로만 다른, (거의) 공생적인 관계가 구축된다. 어머니가 어린아이를 도와 욕구를 충족시켜 주고, 욕구 불만을 해소시켜 주고, 또한 어린아이를 한 사람의 인간으로서 취급하게 되면, 어린아이는 자기와 어머니를 서로 다른 존재로 명확히 인식할 수 있게 된다.

어린아이의 머릿속에서는 어머니와 자기 자신이 차츰 분리되기 시작하고, 밀접한 관계에 있긴 하지만 별개의 존재라는 인식이 생겨난다. 어린아이가 언어를 습득하고 자신의 감정이나 욕구를 부모에게 전하고, 얼마 동안 부모와 떨어져 있는 것을 감정적으로

141

'영혼의 살인'의 희생자들

참아 낼 수 있게 되면, 타인과의 관계를 통해 자의식(自意識)이 싹트게 된다.

자의식과 타자(他者)에 대한 인식은 개인이 성장함에 따라 발달해 나간다. 사춘기 심리 전문가인 피터 브로스가 말하는, '사춘기의 제2차 개성화' 시기에, 자의식은 또 한 번 시련에 휩싸이게 된다. 사춘기는 퇴행하기 쉬운 시기여서 소극적으로 되거나 자립과 성에 대한 불안에 빠지기 쉽다.

이러한 '정체성의 위기'의 시기에 있는 청소년은, 피터 브로스의 친구이자 정신분석학자인 에릭 에릭슨이 말하는 '밑바닥(최악의 상태)'에 부딪치게 된다. '나는 누구인가'라는 근본적인 문제에 대해 또다시 혼란에 빠져 버리는 것이다. 이러한 시기를 잘 보내면, 자기 나름의 가치관과 흥미, 욕구와 능력을 갖춘 사람이 되어 자기에 대한 흔들림 없는 의식을 갖게 되고 이 '정체성의 위기'로부터 탈출할 수 있다. 더욱 강하고 책임있는 어른으로서의 독립된 자아를 확립할 수 있는 것이다.

경우에 따라서는 일시적으로 '자기와 타자의 탈분화(脫分化)', 즉 경계가 없던 유아기와 같은 상태로의 퇴행이 일어나는 일이 있는데, 그것은 정상적인 현상이고 오히려 도움이 되는 경험이라고 해도 좋다. 종교적인 신비 체험을 했을 때, 어머니가 어린아이를 달랠 때, 섹스중 오르가슴에 도달했을 때…… 이처럼 타자 속에서 자기를 상실하는 경험은 그 나름대로 이익을 가져다 준다.

그러나 이러한 퇴행이 일시적이지 않고 지속된다면, 이상과 향상심, 공감과 동정심, 성적 기능, 한 사람의 완전한 인간으로서 타자를 사랑하는 능력과 같은, 보통 사람이라면 아무 문제가 없는 것에서 장애가 나타난다.

왜 자기 자신을 학대하는가

임상의라면 모두 알고 있는 사실이지만, 정체성이나 자의식이 취약한 사람들은 상당히 많다. 이런 사람들은 자아가 확립되는 유년기에 갖가지 문제가 있었기 때문에, 마이클 바린트가 말하는, '기본적 하자'가 남아 있는 사람들이다. 이들은 성관계, 사랑, 현실 참여, 직업 선택, 결혼, 출산, 육아와 같은 인생의 시련에 직면할 때까지 이 사실을 깨닫지 못한다. 신경증적 억제나 강박관념으로 괴로워하는 사람들은 자신의 욕망이나 신념을 확실히 하는 것을 고통스러워하고, 때론 전혀 불가능한 것으로 생각하기도 한다. 그들은 자신의 정체성이 확립되어 있지 않은 것이다.

극단적인 경우, 정신병을 앓고 있는 사람은 실제 일어난 사건과 자기 상상 속의 사건을 혼동하거나, 주위에서 일어나는 사건이 현실인지 환상인지를 구별하지 못하기도 한다. 그 사람은 공중누각(空中樓閣) 혹은 지옥을 짓고서 그 속에서 살고 있는 것이다.

실천형 새도매저키스트를 포함한 도착자는 그렇게까지 극단적이지는 않다. 성행동의 목적이 대개 고민이 많은 자기를 파멸의 위험으로부터 지키기 위해 타자와의 경계를 보다 선명하게 하는 데 있기 때문이다(이 이야기는 다음 장에서 다시 설명하기로 하겠다). 일상적 새도매저키스트의 경우는 좀더 일반적이어서 자기 내면 세계에서의 역할을 타인에게 강요하는 경우가 많다.

새도매저키스트적인 성격을 가진 사람은 현실을 사수하는 한편, 자기 속에서 보고 싶지 않은 것을 외부화하여 타인에게 투영한다. 그리고 자신의 의도나 도덕적 결점을 다른 사람 탓으로 돌린다. 때로는 어렸을 적에 어머니가 곁에 있어 주지 않은 탓에 생긴 욕구 불만이 원인이 되어, 무의식중에 어떤 관계에서라도 그 고통을 결부시키려고 한다. 그러한 고통을 통해 낙원의 상실(유아기에 가

'영혼의 살인'의 희생자들

져야 하는 어머니와의 최초의 관계)을 역설적으로 재현하는 것이다. 고통으로 야기된 아픔이나 분노를 떠맡음으로써 소외감이나 공허감, 불완전함 따위는 느끼지 않게 된다.

새도매저키즘적 성격을 가진 사람은 고통이나 고통을 주는 상대가 없으면, 소외감이나 공허감뿐만 아니라 긴장감과 죄책감마저 갖게 된다. 새도매저키스트가 자신을 괴롭히는 상대를 원하는 건 부모에게 계속 의지하기 위해서, 그렇게 함으로써 자신의 삶에 만족하고 살아 있다는 느낌을 맛보기 위해서다.

다시 딕을 등장시켜 보기로 하자. 에세르와의 이별을 생각했을 때, 그는 자신의 존재에 대하여 전혀 자신감을 갖고 있지 못하다는 사실을 깨달았다. 돌이켜 보면, 딕은 이제까지 혼자 있어 본 적이 없었다. 대학에 다니느라고 십대에 집을 떠나긴 했지만, 2학년이 되자 지금의 아내와 만나 그로부터 일 년 후인 스무 살의 나이에 결혼해 버렸다. 기숙사에서 지낸 것은 단지 2년뿐이었다. 그동안에도 언제나 룸메이트가 있었으므로 혼자인 적이 없었다.

출장을 가게 되어 아내와 떨어져도 평정을 잃거나 하진 않았지만 좀처럼 숙면을 취할 수 없었다. 제정신이 들고 보니, 사춘기 때와 마찬가지로 이상한 장면을 상상하면서 마스터베이션을 하고 있었다. 사춘기 때 그랬던 것처럼 말이다. 나는 남성에게 흥미가 있는 게 아닐까? 정말 나는 게이가 아닐까? 이따금 거래처나 술집에서 아가씨한테 유혹을 받는 일이 있었다. 처음에는 바람을 한두 번 피우는 거야 뭐 어떠랴 하고 생각했지만, 곰곰이 생각해 보니 섹스나 제대로 할 수 있을까, 이제 막 알게 된 매력적인 여성 앞에서 옷을 벗고 제대로 일을 치를 수 있을까 하는 불안을 언제나 품고 있었다. 그래서 딕은 한 번도 바람을 피운 적이 없었다.

왜 자기 자신을 학대하는가

딕에게는 에세르가 필요했다. 언제나 옆에 있으면서 자신을 조절해 주어야 했다. 자신이 어떤 사람인가를, 즉 가정적인 사람이고, 이성애자라는 것을 계속 상기시켜 주길 바랐다. 철저히 자신을 구속하고, 성공을 조소하고, 타인과 에로틱한 관계를 가짐으로써 그의 몸과 마음이 위협받지 않도록 지켜 주기를 바라는 것이다.

에세르와 함께 사는 것이야말로 딕의 인생의 전부였다. 그 생활을 유지하지 않으면 안 되었다. 그래서 입으로는 항의하면서도 실제로는 신바람이 나서 에세르가 하자는 대로 하며 만족한다. '하자는 대로 하며' 만족하는 것이야말로 딕이 알게 모르게 자기(적어도 남성으로서의 자기)를 정의하는 기본 요소이고, 30년에 이르는 결혼 생활 끝에 도달한 정체성의 핵심이었다. 딕에게는 악처(惡妻)야말로 양처(良妻)이고, 강한 아내를 가진 맥베스가 말한 '남자의 좋은 반려자'였던 것이다.

✍ 강박관념의 노예화

대부분의 사람들은 스스로를 차분히 응시하거나 곰곰이 생각할 마음의 준비가 되어 있지 않다. 자기를 깊이 들여다보면 볼수록 마음에 들지 않는 게 너무 많기 때문이다. 이제까지 예를 들어 온 것처럼, 사람들은 행동이나 욕망에 언제나 무방비 상태이고, 공포심, 억압, 수치심, 죄책감 그리고 분노를 품는 일까지 있다. 그렇기 때문에 사람들은 일반적으로 그러한 것들을 외면한다. 아버지를 살해하고 어머니와 결혼한 오이디푸스 왕처럼 스스로를 외면하는 것이다.

'영혼의 살인'의 희생자들

또한 지적 발달이라는 측면에서 자기 자신을 냉정하게 관찰할 수 있는 자는 성인이라 하더라도 그리 많지 않다. 발달심리학자인 피아제는 자기 성찰을 달성하기 위해서는 가설을 세우고 그 결과를 연역하여, 자기와 직접적 경험으로부터 '탈(脫) 중심화'하는 능력이 필요하다고 했다. 그 능력이 있으면, 이번에는 한 걸음 물러서서 자기를 대상물로 인식함으로써, 다른 환경에 처하면 어떻게 될까 하는 상상을 할 수 있다.

그리하여 '자기가 상대에 대하여 Y가 아니라 X라는 행위를 하면, Y라는 행위를 한 경우에 돌아올 Q라는 반응 대신 Z이라는 반응이 돌아올지도 모른다'는 식으로 생각하는 것이 비로소 가능해진다.

사춘기에 이러한 지적이고 논리적인 고찰을 할 수 있게 되는 사람도 있다. 이러한 반성과 끊을래야 끊을 수 없는 것이 사춘기의 정체성 형성이다. 이 시기에는 지성과 감정이 서로 상호작용을 하면서 발달한다. 기본적인 자의식이 모자라거나 감정적인 갈등을 일으키게 되면, 스스로를 탐구하는 자유나 용기를 상실해 버린다. 이런 감정들이 모자랄 경우―이미 설명한 것처럼 친부모와 자식 관계에서 일어나는 갈등도 그 원인 중 하나지만―에는 통찰력 형성에 지장이 있을 수 있다.

새도매저키즘적 성격을 가진 사람들은 대부분 이 통찰력 형성에 문제가 많다. 이들 대부분은 자기를 응시할 줄 모르고, 응시하고 싶어하지도 않는다. 구체적인 것에 구속받고 고통받는 순간만을 받아들이고, 전후 상황은 분리된 것으로 여기기 때문에, 경험으로부터 아무것도 배우지 못한다. 대개 자의식(自意識)이 취약하므로 타인과 자신의 곤경만이 눈에 들어올 뿐이다. 외부 세계를 바라보는 것은 할 수 있어도 자신의 내면은 볼 줄 모른다. 외부 세계로 부터의 통찰은 고사하고, 반성해야 한다는 사실만으로도 자기 방어에 위협을 받기 때문이다.

이러한 탐구는 늘 정체되어 있는 능력의 한계를 넘어 버린다. 특히 새도매저키스트들은 일부러 나르시시즘적으로, 그리고 상처받기 쉬운 듯이 행동한다. 철학적인 사고 같은 건 자기들에게 어렵다고 거부하며 자신의 세계 속에 틀어박혀 버리는 것이다.

이제까지 예로 들어 온 새도매저키즘적 성격의 소유자들 중에는 주디가 통찰력이 가장 부족하고 자기 자신과 타인의 인생에 대한 추상적인 고찰 능력도 없는 것 같다. 자기를 가장 잘 알고 있고, 따라서 타인도 정확히 보는 것은 에이미일 것이다. 그렇긴 하지만, 에이미조차도 새도매저키즘적 강박관념의 노예가 되었을 때엔 이 능력을 상실해 버린다. 한편, 딕은 직장에서는 논리적인 사고력과 추리력을 발휘하지만, 사생활에서는 그렇게 하지 못한다. 해방되어 자신의 욕망을 차분히 관찰하고 받아들일 수만 있다면, 사생활에서도 본래의 지적 능력을 살릴 수 있을 것이다.

이러한 새도매저키스트들은 동적(動的) 갈등과 자기 방어로 인해, 반성이나 그에 따르는 추상적·철학적인 정신 구조의 배양 능력을 억압받는다. 그러나 이와 같은 자기 방어와 갈등을 탐구하는 것은 새도매저키스트가 틀어박혀 있는 악순환으로부터 빠져 나오는 문의 열쇠가 될 뿐만 아니라, 경우에 따라서는 그때까지 갈등에 의해 억압받아 왔던 지성과 상상력을 해방시키는 계기가 될 수도 있다. 새도매저키스트가 눈가리개를 벗고 억압에서 해방되게 되면, 이제 새롭게 열린 눈을 통해 새로운 세계를 볼 수 있게 되는 것이다.

'영혼의 살인'의 희생자들

이 세계에서는 이전과는 달리, 어떤 것이든(당사자를 포함해서) 피할 수 없는 운명이란 없다. 무슨 일이 일어날지 예측하기가 어렵고, 보증되어 있지도 않을 뿐더러 자기 결정도 되어 있지 않다. 따라서 반성은 혼란이나, 경우에 따라서는 공포까지 초래하기도 한다. 세계는 변화하고, 다시 '시끄러운 혼란'이 일어나며, 지도(地圖)도 없이 새로운 국경으로 내보내진다. 도덕은 단지 흑백논리가 아니기 때문에 논리적 판단을 내리거나 책임있는 선택을 하기 위한 기능으로 작용한다. 이와 같이 관점의 변화가 일어나면, 사람들은 겉보기처럼 단순하지 않으며 평면적이지도 않아서 간단하게는 분류할 수 없다는 걸 알게 된다.

자기 자신을, 본인이 생각하는 존재로 제한할 수 없는 것과 마찬가지다. 새도매저키즘적 성격을 가진 사람, 특히 자기 자신은 예의바른 고결한 인간이라고 믿는 사람에게 있어, 자기 안에 잠들어 있는 암흑의 신대륙을 발견하는 것만큼 두려운 일은 없다. 그러나 자기 방어나 자기 기만이 붕괴되어 버리게 되면 이제까지의 자신과 무관한, 변태 또는 도착자만이 품는 타락한 욕망이나 상상이라고 믿었던 것이 용솟음쳐 나오게 된다.

다음 장에서는 성적 새도매저키즘에 관하여 살펴보기로 하겠다.

왜 자기 자신을 학대하는가

제6장

관능적인 성도착의 세계

✍ 동성애는 '또 하나의 생활방식' 일 뿐

이제까지는 임상의가 흔히 신경증이라고 간주하는 경우를 고찰해 왔는데, 지금부터는 좀더 특이한 예를 소개하기로 하겠다. 이것으로 일종의 보편성을 부각시켜, 일상생활에 잠재되어 있는 새도매저키즘의 근원을 해명하려고 한다.

이미 지적한 바와 같이, 성 습관과 성을 대하는 사회적 태도는 시대에 따라 변화해 간다. 어느 시기에는 성적 쾌락을 완전히 부정하는 퓨리턴적(청교도적) 윤리가 풍미하는가 하면, 다음 시기에는 모든 성애를 긍정하는 자유로운 기풍이 대두하고, 이것은 다시 분위기를 쇄신한 보수주의로 대체된다. 인간은 섹스에 대해서도, 그리고 섹스가 자기에게 의미하는 바에 대해서도 상반된 감정을 품는다. 도덕적인 통념이 변화할 때, 그러한 양면성이 표면화된다.

어떤 사람에게는 즐거운 것도 어떤 사람에게는 싫어서 견딜 수 없는 것이 될 수 있다. 성을 연구하는 학자라고 해서 개인적 지향이나 도덕관의 변화에 면역이 되어 있는 건 아니다. 이성애적인 규범에서 일탈된 것을 연구하는 학자들에게서도 편향된 경향을 찾아볼 수 있다. 다만 그러한 편향도 인간의 마음을 지배하는 욕망—이 책의 주제인 새도매저키즘적 욕망도 포함해서—에 대한 모든 반응과 마찬가지로 바뀌어 간다.

지금은 인간의 성 행동을 연구하는 사람들 사이에, 관용주의라고 할 수 있는 새로운 사고방식이 퍼져 있다. 예를 들면, 임상의나 연구자는 동성애를 이미 성적 일탈로 분류하지 않게 되었다. 뿐만 아니라 애정의 대상을 선택(이성애자인가 동성애자인가, 정상인인가 게이인가)하는 문제에 대해 이러쿵저러쿵 이야기하는 것이나, 경우에 따라서는 연구하는 것조차 터부시한다. 미국 정신의학회가 편찬한《정신 장해의 분류와 진단의 첫걸음》에서도, '동성애'를 정신 장해로 분류해 놓은 부분이 삭제되었다. 동성애는 이제 '또 하나의 생활 방식'에 불과하다.

성적 대상의 선택(동성애자인가 혹은 이성애자인가)을 성적 일탈로 바라보고 분석하는 것은 시대에 뒤떨어진 연구가 되었다. 그것을 일탈이라고 판단하는 사람들이 있다면, 새로운 사고방식을 지지하는 사람들로부터 개인의 자유에 관해 강의를 듣게 될 것이다.

성적 기호가 퇴행이나 병적 일탈이 아닌 유전자에 의해 결정될 가능성이 높다는 것은 이제 통설로 받아들여지고 있다. 사람의 성적 기호가 선천적이라면, 동성애를 둘러싼 갈등은 이전처럼 본인에게 잘못이 있는 것이 아니라, 성적 기호의 결과에 지나지 않는다. 동성애 혐오, 사회적 비난, 억압과 그에 따르는 분노, 자책, 억제의 결과일 뿐이다.

소수파라는 낙인이 찍힌 채 성장한다는 것은 쉬운 일이 아니다. 연구자나 임상의의 지나친 간섭 때문에 오히려 사태가 악화되고 있다고 지적하는 사람이 있을 정도다. 이것은 특별히 게이에게만 한정된 것이 아니라, 정상인과는 다른 성적 기호를 가진 집단이나 개인 모두에게도 해당되는 것이다.

욕망의 대상뿐만 아니라, 욕망의 형태도 새로운 관점에서 접근할 필요가 있다. 일반 정신 위생 시설에서는 여전히 '도착'이라는 분류를 사용하고 있지만, 성의 해방과 관용을 주창하는 사람들은 '틀에 박히지 않은 성 행위'에 이러한 용어를 적용시키는 데 대해 의문을 제기하고 있다.

'틀에 박히지 않은 성 행위'에는, 오르가슴을 얻기 위한 방법으로 성교 이외의 다른 방법을 사용하는 경우와, 성 행위를 성취하기 위해 성교하기 전후나 성교하는 동안 어떤 다른 행위를 사용하는 경우도 포함된다. 페티시즘(이성의 의상을 걸치고 성적 만족을 얻는 것 : 역주), 노출증, 절시증(竊視症, 몰래 들여다보는 이상 성격 : 역주), 특히 성적 새도매저키즘과 같은 성 습관을 이런 새로운 관점에서 보면, '또 다른 애정'(이 문제를 다룬 서적의 제목이기도 하다)의 한 형태에 지나지 않는다.

대부분의 이성애나 동성애는 일반적으로 받아들여지는 '정상적인 섹스'와 비교하여 나쁘다거나 좋다고 말할 수 있는 게 아니다. 그냥 단순히 다를 뿐이다. 따라서 '성적 장해'라는 중립적 표현도 이젠 더 이상 이상한 색안경을 쓰지 않고도 단순한 차이를 나타낼 수 있는 표현으로 받아들여지고 있다.

사실, '일탈'적이고 '이상'하고 '특이'한 형태의 성적 충족을 다루는 임상학의 관점은 오랜 역사를 통해 서서히 바뀌어 왔다. 1886년, 리힐트 폰 크라프트 에빙이 《성적 정신병질(性的精神病質)》을 발표했다. 이 책은 이상(異常) 성욕의 형태를 마치 백과사

전처럼 총망라하고 있는데, 책 제목에서도 알 수 있듯이 그 모든 것을 정신병으로 다루고 있다.

그후 얼마 안 지난 1897년, 하블록 엘리스가 《성의 심리학적 연구》라는 좀더 온건한 제목으로 첫 번째 책을 간행했다(완결은 1928년). 엘리스가 지향했던 것은 단순한 사례의 분류가 아니라, 이러한 문제를 직시하기 어렵게 만드는 수치심이나 죄책감, 억압 같은 것을 제거하는 것이었다. 그는 사람들의 마음을 열게 하고 다양한 성 행위를 다룸으로써 성의 수수께끼를 해명하고, 연구 대상이나 독자에게 관능적·감정적인 자유를 가져다 주려고 했다.

크라프트 에빙과 엘리스의 후계자들은 또 다른 성에 대한 관점을 형성했다. 일종의 이성애적인 이상을 여전히 품고, 그것을 '일탈'이라고 고집하는 보수파에 대해 도전하였는데, 이것은 성에 관한 독특한 스타일의 계몽이었다. 이러한 혁신 세력은 새로운 조류를 관찰하는 동시에 개인의 자유와 관용이라는 윤리를 무엇보다도 존중했다.

그 대표적인 사람들이 찰스 소컬리디스나 어빙 베버와 같은 임상 성 심리학자였고, 이들과 대립하고 있었던 사람은 킨제이, 마네, 마스터스, 존슨과 같은 경험주의를 중시하는 성 과학자였다. 이러한 움직임은 객관적 진실이라는 가면을 뒤집어쓴 도덕적 제약을 벗겨 버리려는 시도였다.

그런데 이런 연구자들조차 과학적인 사고에는 투철하지 못했다. 거부하지 않고 받아들이려고 하면서도, 자신들의 마음은 좀처럼 토로하지 않은 채 환자의 마음만 열게 하려는 태도에는 큰 문제가 있었다.

특히 환자가 이야기하는 개인적인 성적 기호가 일반인이 받아들

왜 자기 자신을 학대하는가

이기 어려운 것일 경우에는 더욱 그랬다. 아무리 이들을 관습이나 억압으로부터 해방시키려고 해도 기존의 가치관 때문에 어려웠다. 환자들 역시, 그들이 반대하고 있던 통념의 영향을 받을 수밖에 없었다.

그리고 보다 진보적인 성 과학자들 중에도, 프로이트는 믿을 수 없으며 지금의 정신분석학은 성적 표현에 대한 반동에 지나지 않는다고 생각하는 사람들이 있었다.

물론 그 당시 젠더나 성 습관에 한계가 있었다고는 하지만, 확실히 프로이트는 융통성이 없고 중대한 잘못을 미묘한 부분에서 범하고 있었다. 때문에 프로이트도 그의 학파도 받아들여지기 어려웠다. 여성의 성욕에 대한 성차별적인 접근 방법이나, 빅토리아 여왕 시대의 여성 내면에 '페니스 선망(羨望)'의 위치를 부여한 것으로도 알 수 있다. 게다가 프로이트는 마치 여성이 이전에 페니스를 갖고 있었던 것처럼, '여자의 거세'라는 표현을 사용하기도 했다. 이는 여자와 남자의 해부학적 차이를 처음 알아낸 남자 아이의 공상과 다를 바 없다.

어쨌든 연구 초기에 문화적 제약이나 여성에 대한 성차별적 편견(이론 형성에 관계된 사람들에 의해 생긴)에 얽매여 있었음에도 불구하고, 정신분석학자는 사회적 관습이라는 한계에 끊임없이 도전하며 이상을 추구해 왔다.

프로이트는 그때까지 존재했던 어떤 과학자보다도 한층 더 철저하게 억압이라는 베일을 벗겨 인간의 참된 욕망을 확인하려고 한 학자였다. 정신분석학자의 심리적 경험에 대한 기본적 접근과 융통성이나 독창성이 부족한 신봉자들의 상투어를 혼동해서는 안 된다.

프로이트의 관점에서 가장 중요한 것은, 그가 어떤 것도 보이는 것과 똑같지 않으며, 무엇이든 섣불리 정상이라고 결론지어서는 안 된다는 것을 전제로 하고 있다는 사실이다. 인간이 무엇을 하고, 무엇을 생각하고, 무엇을 느끼고, 무엇을 원하는가 하는 것은, 무의식의 깊은 곳에서 이루어지는 갈등에 따른 것이다. 이러한 갈등을 해결하고, 서로 상반되는 충동과 절대적 도덕, 그리고 현실적 제약이라는 대립으로부터 벗어나기 위해 인간은 타협을 하기 시작한다. 이것은 앞에서 언급한 바와 같다.

한눈에 이성애자임을 알 수 있는 사람의 욕망조차 이러한 갈등과 타협에서 나온 것이다. 따라서 그것도 다른 모든 욕망과 마찬가지로, 정신분석적으로 해석이 가능하다. 주관적 실재라는 것을 이렇게 본다면, 규범 같은 건(만일 그러한 것이 존재한다면) 그다지 문제되지 않는다. 중요한 것은 사람들 각자의 감정적 진실뿐이다.

그런데도 일반적인 습관에서 일탈되어 있다고 간주되는 자는, 생생하고 선명하고 강렬하고 충격적으로 무의식을 속속들이 드러내 보인다. 이미 설명한 것처럼, 프로이트 자신은 당시 꾀병이나 잘못된 뇌기능, 도덕적 퇴행으로 간주되던 현상들을 중심으로 '일상생활의 정신병리'를 탐구했다. 히스테리와 꿈, 어른과 어린아이의 성욕을 조사함으로써 프로이트는 '무의식의 왕도(王道)'에 들어서게 되었다. 거기에서 건전한 남녀의 사고나 행동을 지배하는 갈등과 '콤플렉스'를 발견했던 것이다.

이러한 것을 상기하면서 이제 닫힌 문으로 들어가 보자. 거기에 기다리고 있는 것은 대부분의 사람들에게 이질적이고 기괴하게 느껴지는 성적 새도매저키즘의 세계, 즉 지배와 굴복, 긴박함, 재주를 부리게끔 조련사가 만들어 내는 듯한 세계다.

여기서 우리는 리비도가 만들어 내는 충동의 움직임을 밝혀 내고, 일상생활에서 새도매저키즘의 기초를 이루는 무의식의 세계를 파헤쳐야 한다. 일상적인 관계에서는 감추어져 있고 기쁨이 없는 형태에서 행해지는 시나리오가, 새도매저키즘적 도착의 세계에서는 얼마나 개방적이고 관능적으로 표현되는가를 살펴보자.

✎ 에로틱한 증오

현대의 정신분석적 성 과학의 기수인 로버트 스톨라는, "도착이란 증오의 에로틱한 형태다"라고 말한다. 또한 스톨라는 도착이라는 것은 바로 증오 때문에 존재한다고 단언했다. 도착이라는 말에는, '죄를 범하고 있다'는 의미가 내포되어 있기 때문이다. 도착이라는 말을 듣는 것만으로도 왠지 모르게 '나쁜' 짓, 바람직하지 않은 짓을 하고 있다는 기분이 든다. '성적 장해'와 같은 중립적 표현은 전문적이어서 그런 꺼림칙한 느낌은 주지 않는데 말이다.

도착적인 행동을 하는 과정에서 도착자는 상처를 입고 굴욕을 당하지만, 그럼에도 불구하고 도착은 복수의 한 형태라고 스톨라는 말한다. 남녀 모두에게 도착 행위는 적의와 분노의 행위이고, 자기 자신을 포함한 성적 대상에 대한 공격인 것이다.

스톨라는 현대인을 관찰하는 현시대의 사람으로서 분노와 공격성에 착안하여, 프로이트가 처음으로 제창한 도착의 유형과 거기에서 볼 수 있는 감정적 상징으로부터 시작해 나간다.

프로이트가 처음으로 다루었던 도착은 페티시즘인데, 그는 모든 것을 여기서부터 시작하였다. 이 분류에는 가더 벨트(여성용 양말 대님), 하이힐, 번질번질 빛나는 코, 추잡한 말, 외설 장면, 되풀이되는 공상과 같은 다양한 물건이나 이미지가 포함된다. 페티시스트는 혼자 있을 때나 섹스 파트너와 함께 있을 때나 성적 오르 가슴에 도달하기 위해서는 무엇인가 물건이나 의식(儀式), 상상이 필요하다고 한다.

이러한 견해는 프로이트의 이론 전체에서 나타나는데, 특히 거 세에 대한 공포가 강조되고 있다. 그리고 스톨라는 페티시즘이라 는 특이한 행위는 일종의 착란에서 기인하고 있다고 생각했다. 성 욕 도착의 대상물은 페니스를 상징하고 있다는 것이다. 특히 남성 페티시스트는(여성 페티시스트는 극소수에 불과하며, 그 이유는 곧 설명할 것이다) 자신의 남성에 자신이 없기 때문에 잠재적 파트너 인 여성과 자기를 과도하게 동일시해 버린다. 그들은 거세(去勢) 불안을 가지고 있기 때문에 페니스가 없는 여성에게 공포를 느끼 는 것이다.

여성과 자기를 동일시하고 일체화하면, 여성에게 흡수되어 남성 을 상실하게 될 위험에 빠진다. 때문에 여성과의 섹스를 피한다. 혹은 일반적인 섹스를 하긴 하지만, 성교를 가능케 하기 위해 페 니스 대용품을 사용하게 된다.

필리스 그리네카를 비롯한 프로이트 이후의 대부분의 이론가들 은 그 생각을 계속 따랐는데, 페티시즘 행위를 통해 자기를 회복 하려고 하는 도착적 욕구의 바탕에는 몸에 상처를 입는 것에 대한 공포와 '페니스 선망'이 있다고 강조한다.

스톨라의 연구에 영향을 받아서 관계(정신분석학 용어로는 '대상 관계'라고 부른다)에 보다 주목하는 임상의들은, 새도매저키즘이란 가장 흔히 볼 수 있는 전형적인 도착의 한 형태라고 말한다. 스톨 라에 의하면 도착자는 거세된다고 느낄 뿐만 아니라, 유혹받고 버 림받고 농락당하기만 하고 '최후의 선은 넘지 않은 것'에 대하여

왜 자기 자신을 학대하는가

분노를 느낀다. 이전에는 무엇보다도 소중하게 여겼던 상대(본인, 아니면 대역이 될 대리인)에게 복수심을 갖게 되는 것이다. 이리하여 그는(혹은 그녀는) 성적 대상인 여성(혹은 남성) ─ 그들은 이전에 부모가 했던 역할을 대신한다 ─ 에게 상처를 주고 모욕을 하게 된다.

페티시즘에서조차 이러한 적의를 어느 정도 진실이라고 봐야 한다. 은밀하고 미묘한 변절(變節)이 일어나서 성적 대상자보다 성욕을 느끼게 하는 대상물 자체의 가치가 높아지게 되면, 페티시스트는 은근히 파트너의 가치를 깎아 내리고, 멀리하고, 무시하기까지 한다.

그렇지만 파트너에 대한 폭력 행위와 파워 플레이는 다른 도착 형태보다는 새도매저키즘에서 한층 더 명백하게 나타난다. 새도매저키즘에서는 공격성과 적의가 암시될 뿐만 아니라 눈에 띌 정도로 폭력이 휘둘러진다.

재미있는 사실은 프로이트도 스톨라도 여성에 관해서는 그다지 언급하고 있지 않다는 것이다. 경험적으로 남성이 여성보다 도착 행위에 기울어지기 쉽다고 알려져 있다. 남성은 마스터베이션을 하거나 관음(觀淫)을 즐기거나 마사지 가게, 혹은 스트립 쇼에 가는 등 고독한 성 행위에 빠지기 쉽다.

다만, 여성의 경우는 도착된 형태로 남성을 유혹하거나 마음대로 농락할 수 있다. 어느 경우에나 흥분의 초점이 되는 것은 페니스(생식력의 상징인 남근)이다. 이러한 남성과 여성의 차이에 관해서는 뒤에서 언급하기로 하겠다.

관능적인 성도착의 세계

✎ 성적 새도매저키즘의 주제와 변주

성욕 도착 대상물의 형태나 크기가 매우 다양한 것처럼, 새도매저키즘의 유형 역시 가지각색이다. 대강 다음의 세 종류로 분류할 수 있지만, 여기에는 중복되는 부분도 있으며 이를 실천하는 사람들 쪽에서 보면 모두 동일한 행동일 수도 있다.

(1) SM: 새도매저키즘(sadomasochism)을 말한다. 채찍질, 손바닥으로 때리기 등의 행위를 통해 고통을 주거나 고통을 받는다.

(2) DS: 지배(dominance)와 복종(submission)으로, 한쪽이 상대에게 명령하고 자기 뜻대로 조종한다.

(3) BD: 결박(boundage)과 조련(discipline)으로, 한쪽이 상대를 줄 또는 쇠사슬로 구속하거나 죄(앞으로 범할지도 모르는 것까지 포함한다)에 대하여 징벌한다.

이 기본 테마에 페티시즘, 노출증, 관음증 등의 관련 행위를 포함한 여러 가지 변주가 추가된다. 구체적으로는 다음과 같은 것들이 있다. 수치스러운 플레이, 집단 섹스나 대중 앞에서의 노출, 성기에 일부러 욕구불만을 갖게끔 하는 애무, 나이에 관련된 행동(갓난아이를 흉내내고, 기저귀를 차고, 아이 모습을 한다), 젖꼭지나 성기에 상처를 내거나 고리를 다는 등의 손상 행위, 코르셋을 입거나 문신을 하는 등의 장식 행위, 여장이나 남장, 페티시즘적 의상의 착용(가죽이나 고무 의상 등), 오줌 따위를 사용하는 '워터 스포츠', 관장, 드물기는 하지만 배설물을 사용하는 이른바 '뿌리기' 플레이 등. 게다가 이것들을 조합하거나 조합한 것을 변형하거나 하면 사실상 그 패턴은 무한하다.

왜 자기 자신을 학대하는가

이 경우, 어느 한쪽이 능동적인(지배적인) 역할을 하고(프로 '여왕님'의 말에 의하면 '상전'이 된다), 상대는 수동적으로 받아들이는 역할을 한다('하인'이 된다). 경우에 따라서는 다른 역할을 하는 수도 있으며, 역할이 교체되는 수도 있다. 그러나 대개 이러한 역할은 커플에 따라 고정되어 있어서, 각자 자기 역할을 좋아하게 되는 것이 보통이다. 남자와 여자 중 어느 쪽이 어떤 역할을 하느냐 하는 것은 자유지만, 대부분의 남성들은 매저키스트의 역할을 원한다.

새도매저키즘적 행위에는 오르가슴이 따르기도 하지만, 그렇지 않을 수도 있다. 행위가 진행중일 때 오르가슴이 일어나기도 하지만, 행위가 끝난 뒤에 오르가슴이 일어나는 수도 있다. 그리고 실제 성교가 행해지는 경우가 있는가 하면, 성교를 하지 않는 경우도 있다. 지배와 복종의 관계는 의식이 진행될 때에만 행해진다.

보통때는 권위적인 태도를 보이거나 비굴하던 인물이라도 이때만큼은 정반대의 인격으로 변모한다(권위적인 회사 사장이나 민완변호사가 '프로 여왕님'의 단골 손님이라는 것은 흔히 들을 수 있는 이야기다). 요컨대 SM이란, 커플이 완벽한 주종관계에 따르는 생활 방식이라고 할 수 있다.

대부분의 경우, SM 커플들은 서로 신뢰하고 있다고 한다. 기술이 좀 부족하면 불유쾌하고 위험해지기 쉬운 행위도 어느 정도까지는 괜찮다는 합의가 이루어져 있다. 당사자들의 말에 의하면, 모욕하는 행위도 애정 표현이 된다. 그들은 증오가 아니라 사랑을 강조한다. 자신들의 성생활은 하찮은 말다툼과는 관련이 없다는 것이다. SM 관계를 일종의 조절 행위로 간주하고, 실천하거나 체념하는 게 즐겁다고 말하는 자도 많다.

또한 새도매저키스트에 따라서는 자신이 참아 내거나 상대에게
주는 고통은 아무래도 상관없고, 다만 거기에서 느끼는 쾌락을
찬양하기도 한다. 그것이 불륜인 경우에는 죄책감과 흥분을 동시
에 느끼겠지만, SM 애호가는 파트너에게 무슨 짓을 하든, 파트너
에게서 무슨 행위를 요구받든 간에 양심의 가책도 수치심도 느끼
지 않는다.

최근에는 SM을 선호하는 사람들도 뭉치게 되었다. 이른바 스스
로 '커밍 아웃(자신의 성적 기호나 정체성을 타인 또는 사회에 공개
하는 것 : 역주)'을 하고, 자신의 취미를 공개적으로 즐기는 사람들
이 나날이 증가하고 있다. 또한 페티시즘 관련용품을 제공하는 섹
스숍이나 오이렌슈피겔 협회와 같은 지원단체도 계속 생겨나고 있
다. 뿐만 아니라 스스로 'SM 장면'이라고 부르는 것을 이상화(理
想化)하고, 자신들의 성적인 취향 속에서(적어도 최근에는) 비밀이
나 부끄러움 없이, 공통의 목적과 사회를 초월한 가능성을 찾아내
고 있다. 이렇게 새로 구축된 공동체에서는 일반적인 이성애는 물
론이고 동성애조차도 '정상적인 섹스'가 된다.

현재 SM을 즐기고 있는 사람은, 이전에 포르노그라피에 관여한
사람들이 주장했던 것과 똑같은 주장을 하고 있다. 프랑스 혁명
과, 이어서 유럽 전역을 통치하고 있던 앙시앵 레짐(구〔舊〕체제 :
역주)이 실추되기 이전으로 거슬러 올라가면, 포르노그라피의 작
자는 지배 계급의 위선을 폭로하는 사회 정치의 해설자로 자처하
고 있었다.

그와 마찬가지로 새도매저키스트는, SM 플레이에서 여성을 '하
인'으로 취급함으로써 인간성을 빼앗고 멸시하고 있다는 안드레아
도킨과 같은 페미니스트의 항의에 대하여 이의를 제기한다. '하

인'역할에 만족하고 그런 취급을 받는 것은 모두 자신이 선택한 것이다. 실제로, '하인' 역할을 하는 여성도 쾌락을 조절하고 자신의 공상을 실천하고 있기 때문에, 사회적 억압과 부자연스런 규범에 굴복하고 있는 것이 아니다. 성차별의 고정 관념은 통용되지 않는다.

새도매저키스트들의 말에 의하면, 거의 모든 인간은 위선자다. 새도매저키스트는, 단지 습관과 자기 기만에 의해 덮여 있고 숨겨져 있는 보편적인 욕망을 솔직하게, 가장 안전한 방법으로 표현하고 있는 데 지나지 않는다. 일상의 성생활에도 SM은 숨어 있다. 그것은 '정상적'인 사람들의 세계에서는 '전희'라 불리는 행위에서 엿볼 수 있다.

✍ 플러스와 마이너스는 서로 끌어당긴다

성 과학이 보급되면서 빅토리아 여왕 시대의 풍조는 자연주의로 전환되었다. 그러한 성 과학에 크게 공헌한 것은, 《성욕에 관한 세 편의 에세이》에서 프로이트가 신경증을 '성도착증의 부정(否定)'이라고 정의내린 것이었다. 불안과 억압에 시달리는 신경질적인 사람은 상식을 벗어난 충동이 파멸을 가져온다고 생각하여 필사적으로 저항한다. 이런 경우, 유혹을 지나치게 억제하려 하기 때문에 오히려 그러한 증상이나 성격이 뒤틀리게 된다.

실제로 공포증이나 히스테리증, 강박신경증에 걸려 있는 사람들은 대부분 페티시스트고 노출증 환자다. 정신분석의로서 환자의 이야기를 들어 보면, 그들의 가슴속에 숨겨진 비밀이나 갈등이 땀구멍 하나하나에서 스며 나오는 것을 알 수 있다. 그렇지만 환자 본인은 그런 욕망을 완강하게 부정한다.

그러한 도착된 공상이나 의식, 생활 방식에는 프로이트가 제시한 단순한 도식에 맞지 않는 복잡한 요소가 포함되어 있다는 것이 최근에 와서야 임상의에 의해 밝혀지고 있지만, 그래도 프로이트의 지적은 정곡을 찌르고 있다. 특히 실천형 새도매저키스트의 성적 행동과, 내가 이 책에서 '일상생활에서의 새도매저키스트적 인간관계와 성격'이라고 부르는 것이 뒤얽혀 있는 복잡한 관련성에 대해 그렇다. 양자는 상반되지만, 그렇기 때문에 궁극적으로는 동일하다.

상반되는 점은 대충 훑어보기만 해도 상당히 많다. 예를 들면, 실천형 새도매저키스트는 육체적 고통으로부터 무한한 쾌락을 의식적으로 얻지만, 신경증형 새도매저키스트가 감정적 고통으로부터 얻는 것은 끊임없는 욕구 불만뿐이다. 또한 실천형 매저키스트는 의식적으로 예속 상태를 만들어 내지만, '그러한 관계에 있는 희생자'는 타인에게 학대받고 있다고 느낄 뿐이다.

쾌락주의를 표방하는 인간은 자신의 욕망에 대한 분노, 수치심, 죄책감을 부정하고 당당하게 행동한다. 하지만 '꽁무니를 빼는 개'인 자가 느끼는 건 욕망이 아니라 죄책감과 수치심과 분노뿐이므로, 그러한 불쾌한 감정을 없애기 위해 쓸모없는 노력을 하게 된다.

이른바 도착자는 학대하고 싶은 상대에게 애정을 계속 기울이지만, 신경증형 새도매저키스트는 학대자를 향한 자기의 애정을 부정하면서도 집착한다. 그리고 성적 새도매저키스트는 에로틱한 이미지와 행위에서 나타나는 증오를 부정하려고 하지만, 신경증형 새도매저키스트는 자기에게 상처를 입히는 자에게 정의의 분노를

왜 자기 자신을 학대하는가

터뜨린다.

한편 이들의 공통점은, 양자 모두 타인은 조절하지만 막상 자기 자신을 조절하지는 못한다는 점이다. 또한 양자 모두 사랑과 증오, 정욕과 파괴욕이 혼연일체가 된 충동과 욕구에 지배받고 있다. 의도적이고 아니고의 차이는 있어도, 공상을 현실로 만든다는 점에서는 동일하다. 또한 양자 모두 자신의 내면 세계와 외부 세계인 현실을 구별하지 못한다. 도착자나 신경증 환자에게, 타인은 (역시 의도적인가 아닌가의 차이는 있어도) 새도매저키즘적 애증극(愛憎劇)에서 역할을 맡은 한 존재에 지나지 않는다.

신경증 환자와 도착자에게서 나타나는 가장 뚜렷한 차이는, 양쪽 모두 양심(초자아)의 구조가 극히 이질적이라는 것이다. 도착자에게는 양심의 가책이 결여되어 있고, 신경증 환자에게는 자기 처벌과 자기 부정이 지나치게 심화된다.

억제가 결여된 일상형 새도매저키스트는 싹트기 시작한 욕구 충족의 가능성을 스스로 망쳐 버리는 경우가 많다. 좀더 직설적인 실천형 새도매저키스트는 행위 자체에 중독되어 있기 때문에 자기 행위에 잠재되어 있는 부도덕성이나 착취에 대해 죄책감이나 의문을 품는 일이 없다. 한편, 성미가 까다로운 일상형 새도매저키스트가 느끼는 건 왜곡된 양심의 중압감뿐이다. 자신의 부도덕한 충동을 억압하면서, 그것에 대한 공격 대상은 대개 자기 자신이 된다. 그리고 무의식적으로 학대자를 부추겨서 자기를 공격하게 만듦으로써 적의를 표현하는 것이다.

양심은 자기를 지키고, 자기 자신으로부터 타인을 지킨다. 양심은 문명의 징표이고 개인의 존재에 대한 증거이며, 가장 도움이 되는 성품 중 하나이다. 양심이 있으면, 아무리 혼란스러워도 다른 사람을 배려하려고 노력한다. 이미 설명한 것처럼, 양심이 역효과를 불러일으켜 면역 질환을 갖고 있긴 하지만 본인(및 타인)의 마음에 상처를 입히기도 한다. 그러나 초자아나 자아의 이상(理想)을 가지고 있기 때문에, 사람은 보다 좋은 것을 위해 노력하게 된다.

도착(특히 새도매저키즘적 도착)이란, 단적으로 말하면 일시적이든 아니든 도덕을 버리는 것이기도 하다. 'SM'에 심취한 자들이, 자신들이야말로 보편적 진실과 사회 초월의 가능성을 예언하는 숭고한 존재라고 아무리 강조하더라도 이 사실에는 변함이 없다. 신경증형 새도매저키스트는 보다 충동적인 사람들과 마찬가지로 학대에 몸을 맡기게 되더라도 정확히 그러한 것을 분별한다. 진실을 직시하고, 어떤 희생을 치르더라도 존엄과 양식(良識)을 지키려는 것이다.

✍ 형의 섹스 생활을 동경하는 동생

제4장에서 얘기한, 억압을 당하면서도 경영자로 성공한 딕 나이트에게는 아서라는 형이 있다. 딕보다 다섯 살이 많은 이 형은 충동적이며 생활력도 없다. 딕은 혹시 아서 형이 게이가 아닐까 하고 전부터 의심해 왔다. 그래서 다른 형제들과 협력하여, 그런 의심을 갖게 하는 근거들이 어머니 눈에 띄지 않도록 조심했다. 딕은 동성애를 혐오하지는 않았다. 적어도 본인은 그렇게 말하고 있다. "나 자신을 돌아보면, 나는 관대한 인간이라고 생각한다. 나에게가 아니라 타인에게 관대하다."

사실이 전부 밝혀진 것은, 아서가 HI 검사(에이즈 검사 : 역주)에서 양성이라고 판명되었을 때다. 아서는 자기가 게이일 뿐만 아니라, "모두가 생각하는 그런 평범한 호모섹슈얼"이 아니라고 고백했다. 밤이 되면 아서는 트위드 바지와 옥스퍼드 셔츠를 벗고 가죽옷으로 갈아입은 후, '철마루'라는 이름의 SM 바에 가곤 했다 (그런 가게들은 에이즈가 퍼지자 결국 문을 닫을 수밖에 없었다). '워터 스포츠'를 한 적도 있으며, 은어로 '화장실'이라고 불리는 시설에도 자주 드나들었다. 아서는 불특정 다수와 섹스를 즐겼다. 어두운 영화관에서나 웨스트사이드 고속도로의 무너진 다리 아래서 생전 처음 보는 상대에게 몸을 맡기기도 했다.

문제의 그날 밤, 아서는 보수적인 동생에게 그러한 고백을 하며 자신의 편력을 숨김없이 털어놓았다. 독특한 성적 취향 때문에 아서는 파멸하게 된 것이다. "실은 젖꼭지에 링을 하고 있어" 하면서 아서는 광택이 나는 하얀 단추를 풀어 가슴털이 검게 돋아난 앞가슴을 보여 주었다. 눈앞에 드러난 젖꼭지를 보자 딕은 등줄기가 오싹해지는 것을 느꼈다. 그건 혐오가 아니라 욕망 때문이었다. 아서의 셔츠 사이로 벌어진 가슴을 보고 추잡하면서도 관능적인 그의 생활에 대한 이야기를 들으면서 딕은 깨달았다. '나는 아서 형의 성적 분방함을 부러워하고 있어. 그래, 그 분방함이 초래한 죽음까지도……'

딕은 섹스와는 무관한 무미건조한 생활을 해오면서도 어떤 공상을 계속 하고 있었는데, 그건 바로 형이 이야기했던 수많은 장면들과 흡사했다. 딕은 그런 공상에서 벗어나려고, 어떻게 해서든 잊으려고 발버둥쳐 왔다. 파멸로 이끄는 관능의 에너지를 조금도 갖지 않기 위해 억지로 자제해 왔다. 그러면서 딕은 자신에게 죄가 있다고 느꼈다. 마음속으로 죄를 범한 것이다. 유죄, 유죄, 유죄! 재판장의 방망이가 가슴속에서 울려 퍼졌다.

이제까지 부인(否認)하고 억압했던 마음 한구석에서 죄악이 몇 번이고 딕을 유혹해 왔다. 링이 반짝이는 아서의 젖꼭지처럼……. 딕은 항상 공포와 혐오를 떠올리며 그러한 것을 잊으려 했다. '차라리 모든 것을 버리고, 섹스의 쾌락을 포기하는 게 낫다. 쾌락 같은 건 존재하지 않는 영원한 벌을 받는 게 낫다. 생기가 넘치는 지옥보다는 시들한 연옥(煉獄, 천국과 지옥 사이에 있다고 함 : 역주)이 낫다. 빛나는 죽음보다는 하찮은 삶이 낫다.'

새도매저키즘은 보편적인 문제다. 정신분석학에 의하면, 어린아이는 태어날 때 '다형(多形) 도착 소질'이라는 정신적 상태에 놓여 있다. 제 구실을 하는 남자나 여자로 성장하는 것은 극히 곤란하고 위험하다. 그렇기 때문에 새도매저키스트들은 어린 시절에 익숙해진 성적 기호로 돌아가려고 한다. 또한 부모를 비롯해서 자기 인생을 곤란하게 만드는 사람들에게, 그리고 원만하게 살아갈 수 없는 자기 자신에게 분노한다. 이리하여 그들은 '에로틱한 증오'의 형태를 선택하게 된다. 그들은 새도매저키즘적 관계와 거기에서 오는 만족에 의존하여 운명으로부터 도망치려고 한다. 때때로 인간은 어떤 형태로든지 새도매저키즘을 행하고 있다.

다음 장에서는 모든 남녀의 무의식에 잠재하는 관능의 파괴적 매력에 관해 고찰해 보기로 하겠다. 그럼으로써 모든 인간생활에서 새도매저키즘은 보편적·필연적으로 나타난다는 사실을 제시할 것이다.

왜 자기 자신을 학대하는가

제7장

쾌감의 원칙과 열반의 원칙

〰️오해하기 쉬운 테마

우리 정신분석학자들은 난해하고 익숙지 않은 용어를 태연하게 사용하는 경향이 있다. 이런 용어들은 알아듣기가 어렵기 때문에 대다수 사람들은 멀리하게 된다.

그러나 여기에서 중요한 것은, 정신분석학자가 인간을 이해하는 기초가 되는 것은 진료중에 환자가 자유 연상으로 이야기한 내용이라는 사실이다. 정신분석을 받고 있는 사람의 자기 방어가 느슨해지면 자연히 입도 느슨해져서, 무의식중에 가지고 있던 공상이나 놀라운 소망, 충동, 생각 등을 고백하게 된다. 무의식적 소망은 의식적인 소망과 반대되는 경우가 많아서, 이해하거나 조절하기 어려운 감정이나 반응, 행동을 생각나게 한다.

새도매저키즘의 경우도 마찬가지다. 새도매저키즘은 인간의 생활에 불가피하고 강제적인 힘을 휘두른다. 오해하기 쉬운 이 테마를 다루기 전에, 우선 주의할 것이 있다. 바람직하지 않은 무의식적 소망과 의식적인 소망, 끊임없는 투쟁관계에 있는 이 양자를 분명하게 구별하기 바란다.

죽음과 욕망의 신

프로이트나 정신분석학자라고 하면, 무엇보다도 '에로스'라는 말이 먼저 떠오른다. '에로스'는 사랑과 성, 그리고 생명을 주관하는 신의 이름이기도 하다. 그러나 프로이트와는 입장이 다른 멜라니 클라인 및 그 후계자들은 오히려 인간이 죽음의 신 타나토스에게 이끌려 파멸로 가는 모습을 탐구하는 데 주안점을 두었다. 그들은 삶과 죽음이라는 상반된 힘이 '야합(野合)'하는 신비한 메커니즘에 주목했다.

실은 이 삶과 죽음의 결합에 의해 태어난 서자가 바로 새도매저키즘인데, 생명의 힘과 파괴의 힘이 여기서 결합하는 것이다.

사드와 마조흐의 이름이 붙여진 도착 행위가 크라프트 에빙에 의해 기술(記述)된 이래로, 새도매저키즘은 인간의 정신에 대한 하나의 수수께끼로 여겨져 왔다. 임상의는 새도매저키즘을 중요한 문제로 간주하고 있고, 환자는 사실상 어떤 형태에 의해 새도매저키즘에 결박되어 살아가고 있다.

한편 역사가나 인류학자, 사회학자들도 비록 사용하는 용어는 서로 다르더라도, 정치 무대의 주도권 문제를 다룰 때 타인에게 종속되고 싶어하는 경향을 설명하려 한다. 문예 비평가나 영화 비평가 같은 사람들도 보슈에서 베이컨에 이르는 그로테스크한 예술이 사람들을 매료시키는 이유를 탐구하려고 한다. 그들도 역시 프로이트나 클라인과 마찬가지로, 인간의 마음을 몰아세우는 힘으로서 죽음이란 본능의 본질을 밝혀 내려고 하는 것이다.

왜 자기 자신을 학대하는가

☜죽음에 대한 소망

프로이트라든가 정신분석학자라는 말을 입에 올리면, 우선 틀림없이 이런 반응이 되돌아올 것이다. 즉, "또 섹스 얘기야? 프로이트가 말했잖아, 모든 건 다 섹스의 문제라고……." 물론 이것은 너무 지나친 비약이다.

프로이트가 말하는 '섹스'란 일반적으로 말하는 섹스(생식기의 흥분과 삽입, 때로는 오르가슴이 따르는)보다 좀더 넓은 의미를 갖고 있다. 그건 성욕이고, 리비도고, 에로스라는 성과 관련된 넓고 깊은 의미를 담고 있다. 그건 사람이 살아가는 힘이라고 해도 지나친 말이 아닐 것이다.

그 힘에 이끌려서 사람은 쾌락을 추구하고, 궁극적으로 생명을 지키고 이를 성숙하게 키워 나간다. 인간은 갓난아이일 때엔 입술과 항문을 통해 쾌감(주로 포유〔哺乳〕와 배변〔排便〕에 따르는 쾌감)을 얻는다. 그 덕분에 생명 유지에 필요한 몸의 여러 기능이 촉진되어서 생존이 확실해진다. 자립하여 몸의 기능을 자유자재로 조종할 수 있도록 성장할 때까지는 먹는 것과 배설하는 쾌감 때문에 살고 있는 듯하다.

어른이 되면 생식기의 쾌감과 성교의 기쁨을 경험하는데, 그 덕분에 이번에는 종(種)의 번식과 존속이 확실해진다. 어떤 현상의 기능과 목적을 강조하는 프로이트의 목적론적 관점에 의하면, 자기 보존과 출산을 보증하는 성욕은 강력한 힘이다. 새로운 생명은 성적 결합에 의해 탄생하기 때문이다.

이와 같이 넓은 의미로 생각하면 인간의 근본적인 동기에 대한 프로이트적 해석을 오해하는 이도 많지만, 그 오해에도 일정 정도 진실은 있다. 프로이트는 적어도 처음에는 리비도가 주요한(실질

169

쾌감의 원칙과 열반의 원칙

적으로는 유일한) '본능적 충돌'이라고 생각했다. 분노와 폭력은 이차적인 것이고, 자기 보존과 성적 본능이 충족되지 않는 데 대한 감정적 반응에 지나지 않는다. 한편 프로이트와 같은 시대에 살았던 알프레드 아들러에 의하면, 인간의 마음의 중핵을 이루는 유일한 것은 힘에 대한 격렬한 갈망이다.

그러나 인간의 본성에 관한 프로이트의 초기 연구에서는, 생명을 파괴하고 싶다는 소망은 그다지 중요시되지 않았다. 프로이트는 아들러의 이론에 대해 사랑이 들어갈 여지가 없다는 평을 하였다.

프로이트는 공격성 자체를 인간의 기본적 동기라고 규정하는 데 가능한 한 반대했다. 전 생애를 다 바쳐 인간은 왜 파괴로 향하는가, 그것이 새도매저키즘의 형태로 표출되는 것은 무슨 까닭일까 하는 문제에 몰두함으로써, 간신히 이런 현상을 이론에 추가했을 때는 이미 정신분석학이 생긴 지 20년이 지난 뒤였다.

제1차 세계대전이 발발하자 프로이트는 대량 파괴에 직면했다. 그의 아들들이 오스트리아 군대에 들어가 출전한 후, 전선으로부터 잇따라 들려 오는 소식을 접하면서, 프로이트는 공격성이 본능적 충동의 기본 요소라는 것을 인정하지 않을 수 없었다. 그러나 그때도 프로이트는 복잡한 이론을 계속 정립해 나갔다.

1920년, 프로이트는 전쟁신경증에서 영감을 얻어서 《쾌락 원칙을 넘어서》를 썼는데, 거기에서 그는 파멸성이란 인간 고유의 자멸적 성향이 외부로 표출된 것이라고 주장했다. 타인에 대한 폭력은 죽음의 본능에서 생겨난다. 인간은 죽기 위하여 태어나고, 미래에도 늙음과 죽음이 기다리고 있다. 유한한 목숨밖에 갖고 있지 못한 인간은 불사(不死)의 생식 행위, 즉 성교할 때 방출되는 유전자를 일시적으로 보관했다가 또 내놓는 일밖에 할 수 없다.

아무리 상상력이 왕성하다 하더라도(그래도 죽음은 상상력이 미치지 않는 곳에 있다) 인간이란 긴 시간 속에서 찰나에 존재하는 것에 지나지 않는다. 모든 인간은 죽음을 피할 수 없고 마음속에 이미 죽음이 자리잡고 있다.

사람은 살기 위하여 싸우지만, 동시에 그 싸움이 끝나기를 갈망하기도 한다. 모든 자극과 긴장을 최대한 완화시키려고 한다. 일반인들도, 자살을 하려던 햄릿처럼 "열렬히 바랐던 것이 성취되었도다／죽음으로써, 잠이 듦으로써"라고 할 만한 경지를 추구한다. 열반에 도달하는 것이 꿈인 것이다.

그래서 프로이트는 "쾌감 원칙을 초월한 곳에 열반의 원칙이 있다"고 결론지었다. 인간은 본래 자기의 멸각(滅却, 없애 버림)을 통하여 마음의 평안을 찾으려고 한다. 인간은 누구나 죽음에 대한 소망에 스스로 지배받고 있다.

이 원대한, 그리고 도착된 의도는 가장 바람직하지 않은 정신 상태와 행위에 잠재되어 있다. 그중에서 불행의 가장 극단적인 예는 자살이다. '반복 강박(프로이트가 당시 연구하고 있던, 전쟁신경증이나 악몽에서 볼 수 있는 무서운 트라우마를 몇 번이고 재현하려는 경향)'은 정신적 자기 파괴가 진행되고 있다는 징후의 또 다른 예라고도 볼 수 있다.

자기 아내와 육체적인 관계를 맺지 않으려는 금욕도 그렇다(프로이트 자신이 섹스와 무관한 생활을 한 데에도 이 점은 잘 나타나 있다). 불합리하고 집요하고 무의식적인 요소가 짙은 죄책감도 그러하고, 프로이트가 암에 걸린 원인으로 알려져 있는 줄담배를 피우는 식의 자해도 결국 죽음을 원하는 행위라고 볼 수 있다. 매저키즘적 도착 심리는 그러한 것에 대해 더욱 시사하는 바가 크다.

일반적인 섹스나 오르가슴, 환희의 절정조차 '작은 죽음'이라고 말할 수 있다. 자신이 생각하는 모든 곳에, 심지어 생명의 탄생으로 연결되는 행위의 절정에서조차 죽음에 대한 소망이 존재하는 것이다.

난폭한 죽음에 대한 소망은, 개인뿐만 아니라 인간의 존속마저도 위협한다. 태어날 어린아이에게는 물론이고, 인간의 존재와 번식이 없으면 지탱하기 어려운 사회에 대해서도 치명적인 것은 마찬가지다. 자기 자신을 지키기 위하여 사람은 이 근본적인 매저키즘을 공격이라는 형태로 타인에게 행한다. 적의, 잔학, 침해, 지배, 소유와 같은 것은 마음속에 존재하는 악의를 정화하기 위해 생겨난 것이다. 이를 방치해 두면 자기 파괴의 충동으로 발전할 수 있다는 위험성을 없애기 위해 인간은 타인을 공격하게 된다고 프로이트는 결론짓고 있다.

매저키즘의 유형 ― 성적 · 여성적 · 도덕적 유형

여기서 과거로 눈을 돌려보자. 어린아이에게 매저키즘과 새디즘 중 어느 것이 먼저 싹트는가 하는 의문점에 관해 프로이트는 아무 말도 하지 않았다. 원래 프로이트는 《쾌락 원칙을 넘어서》를 간행하기 5년 전쯤부터 발표하기 시작한, 매우 추상적인 내용의 '메타 심리학 논문' 속에서, 애당초 매저키즘 같은 것은 존재하지 않는다고 단언했다.

그가 죽음의 본능에 관한 종합적인 이론을 정립할 때까지, 발달 과정에 있는 인간이 처음부터 고통과 자해의 소망을 갖고 있다는 내용은 프로이트의 해설에서 찾아볼 수 없다. 사람은 성장하면서 타인에게 상처입히고 타인을 지배하려는 본능적인 성격을 가장 먼저 익히게 된다고 프로이트는 주장했다.

새디스틱한 충동이 자기 자신에게 향하는 건 그 다음의 일이다. 예를 들면, 어린아이가 욕구불만을 갖게 되면 우선 양육자—자신이 의존하는 힘있는 상대—에게 분노를 터뜨린다. 우선 분노가 존재하고, 분노가 불러일으키는 고통은 어디까지나 부차적이다.

그후, 프로이트에게 하나의 어려운 문제가 떠오른다. 고통이 뭔지도 모르는데, 과연 타인에게 고통을 주고 싶다고 생각할 수 있을까? 이리하여 프로이트는 자기 학설을 완전히 뒤집어, 인간의 감성적 발달 과정에는 새디즘이 아니라 매저키즘이 먼저 생긴다는 결론을 내렸다. 그래도 아직 이론이 완성되었다고는 말할 수 없는 단계였기 때문에, 프로이트는 힘든 연구를 계속할 수밖에 없었다.

본능적인 욕망이나 소망을 해명하려 했던 프로이트는 인간 심리의 위대한 수수께끼에 부딪혔다. 인간은 자아(심리학에서, 자기 자신에 대한 의식이나 관념을 이르는 말 : 역주), 그것도 욕망을 품은 자아를 받아들이지 못한다는 것이다.

앞에서 말한 것처럼, 태어난 지 얼마 되지 않았을 때에는 사물과 사람의 경계가 애매하므로, 자기는 '자기'고 타인(특히 어머니)은 '타인'이라는 것을 이해할 수 있게 되기까지는 다소 시간이 걸린다. 프로이트가 '시끄러운 혼란'이라고 부른 이 시기에는, '자기'라는 것이 어디서 끝나고 외부 세계가 어디서부터 시작되는지가 분명치 않다. 감정이나 충동이 누구의 것인지, 어디에 속해 있는지도 명확하지 않다.

욕구, 욕망, 폭력, 욕구불만, 고통, 힘, 조절, 무력감과 같은,

새도매저키즘을 구성하는 이러한 요소의 변화에 관한 한, 프로이트의 말은 옳다. 프로이트가 사망한 뒤 그의 학설을 계승한 에릭 에릭슨, 마가렛 말러, D.W. 위니콧, 이디스 제이콥슨, 하인츠 코프트 같은 연구자들은 욕망의 변화보다는 정체성 해명에 주력하여, 이러한 현상을 유아기의 기본적 상태로 받아들이게 되었다. 새도매저키즘적 동기 속에 갖가지의 패러독스(역설)가 존재한다는 것을 깨달았던 것이다.

어떤 면에서 새도매저키스트는 태어난 지 얼마 안 된, 경계가 확실치 않은 시기로 되돌아가려고 한다. 부분적이더라도 애매한 초기 상태를 되살려 자기와 타자의 경계를 모호하게 만들려는 것이다.

새도매저키스트는 타인을 끌어넣은 시나리오를 만들어서 자기뿐만 아니라 타인의 의도나 감정까지 동일화시키려고 한다. 새도매저키스트는 투영(외면으로 향한)과 투입(내면으로 향한)을 통해 곳곳에 주체(主體)를 만들어 낸다. 자신이 무력한 노예의 역할이든, 세계에 군림하는 지배자의 역할이든 그것은 바뀌지 않는다.

또한 새도매저키스트는 마음의 문을 열고 고통과 동요를 체험하게 된다. 그럼으로써 자신을 우유부단하고 여리고 미덥지 못하고 무방비하고 발달하지 못한 존재, 즉 어머니의 젖이나 빠는 굶주리고 무력한 갓난아이와 같은 존재로 변화시킨다. 이와 같은 특수한 정신 상태를 '매저키스틱한 항복'이라고 부른다.

한편, 새도매저키스트는 자신의 존재와 육체의 한계를 명확히 하기 위하여 어머니를 때리거나 떼미는 갓난아이와 비슷하다. 그들은 분노나 공격성을 나타내고 새디스틱한 면을 보임으로써 타인을 멀리하고 자신의 경계를 보강한다. 타인과의 관계에서도 적의로 가득찬 부정적인 입장을 취함으로써 자기를 강화하려고 한다. 불완전하고 공허한 자신에게 강한 감정(강렬한 고통)을 느끼게 함으로써 자신의 경계를 확정지으려는 것이다. 고통을 통해 자기를 정의(定義)하는 기능은 "꼬집어 줘. 꿈에서 깨어날 수 있게"와 같은 흔해빠진 불평과 매우 흡사하다.

새도매저키즘에 의해 자신과 타인과의 경계가 애매한 상황이 다시 전개되면, 결국 성의 차이도 모호해진다. 다음 장에서 좀더 철저하게 검증하겠지만, 자의식과 젠더 정체성은 병행해서 발달한다.

갓난아이는, 자신이 수많은 사람 중 한 사람의 개인이라는 것을 이해하는 데에도 시간이 걸리지만, 두 종류의 젠더가 있는 세계에서 '남자아이/여자아이' 라는 것을 자각하는 데에도 비슷한 시간이 걸린다. 또한 자신이 어느 쪽에 속하는가, 어느 신체 구조가 어느 쪽의 성에 관계하고 있는가를 이해하는 데에는 좀더 오랜 시간이 걸리게 된다.

젠더의 세계가 교차하게 되면, 새도매저키스트 커플들은 전형적인 '남근적 성격'인 '상전' 역할을 여성이 맡고, 과장된 여성으로서의 '하인' 역할은 남성이 맡는다. 그렇게 함으로써 갓난아이 때의 남녀 역할이 불분명했던 상태를 재현함과 동시에, 성장 과정에 있는 어린아이가 인식하는 남녀 행동의 구체적 특징을 표현하게 된다. 남녀의 역할을 전환함으로써 각 역할의 특징을 재정의하고 있다고도 할 수 있다.

프로이트는 매저키즘을 테마로 한 1924년의 논문에서, 어린아이가 어른이 되는 과정중의 매저키즘에는 성적, 여성적, 도덕적인 세 가지 유형이 있다고 논했다. 어느 유형이나 그 근본에는 유아기의 근원적인 새도매저키즘이 존재한다.

프로이트에 의하면, '성적 매저키즘'은 심리적으로 한층 더 복잡한 구조를 갖고 있으며, 다른 여성적·도덕적 유형의 기반이 된다.

처음에 프로이트는 쾌감과 고통은 원래 복잡하게 뒤얽혀 있으며, 자극이나 긴장을 최소한으로, 심지어는 제로에 가깝게 억제함으로써 쾌감이 생겨난다고 생각했다. 그러나 쾌감 원칙보다는 열반 원칙에 가까운 이 사고방식으로는 현실에 잘 대응할 수가 없다. 왜냐하면, 전희, 흥분, 강한 자극, 격렬한 흥분과 같은 기분 좋은 경험을 긴장에서 얻으려는 본질적인 이유를 설명할 수 없기 때문이다. 또한 유아가 무엇에나 손대고 싶어하는 호기심, 간지럼을 당하고 싶어하는 욕구처럼, 연구자가 '자극 요구'로 주목하는 욕구도 설명하기 어렵다.

이러한 상황에서 그러한 경험이 재미있고 없고를 결정하는 것은 자극의 절대량이 아니라 변화이다. '자극의 리듬'이 핵심인 것이다. 균형이란, 어떤 경험에서 다른 경험으로 쉽게 기울어진다. 유아 심리를 연구하는 T. 베리 브리즐턴에 의하면, 호기심이 왕성하고 자극을 원하는 갓난아이는 자극이 사라지기 전에 과부하(過負荷) 상태에 빠져서 욕구불만이나 불행을 느끼게 된다. 또 한창때의 청소년이 사정(射精)을 통해 욕구를 충족시키지 못하면 심한 욕구불만에 빠진다. 그리고 그 욕구불만은 결국 큰 고통을 초래한다.

어른이라도 과부하 상태의 어린아이와 마찬가지로 쾌감을 멀리하거나 단절하려는 경우가 많다. 어른의 경우, 욕구 충족에 대한 열망은 참기 어려운 흥분과 고통스러운 욕구불만을 경험했던 과거에 결부된다.

어린아이는 오르가슴에 도달하지 못하는 게 보통이어서, 점점 자극을 심하게 하려는 충동과 고통스러운 욕구불만으로부터 해방되지 못한다. 게다가 성장하면서 죄책감, 수치심, 불안과 같은 성적(그 본질에는 근친상간이 존재한다) 욕망에 따르는 복잡한 감정에 지배받게 된다. 성적인 격정과 고통은 이미 지적한 것처럼 '에로틱한 공포'와 밀접한 관계를 갖는다.

그러한 갓난아이 때의 성욕의 특성을 고려한다면, 성적 매저키즘은 욕망과 욕구불만의 필연적인 부산물이라는 것을 알 수 있다. 시인이나 블루스 음악의 작사가·작곡가들은 그러한 것을 잘 알고 있어서, 버림받은 연인의 슬픔을 노래하는 경우가 많다. '슬픔이라는 행복'이나 '달콤한 비탄'은 연인들의 운명이다. 고통 없는 쾌락은 없다. 그런데도 어른은 이성(理性)의 힘으로 이러한 것을 억제해야 한다.

로버트 스톨라가 지적한 것처럼, 좋아하든 그렇지 않든 대부분의 사람들은 도착된 감정을 가지고 있으며, 특히 새도매저키즘적인 성적 공상도 하고 있다. 그러한 것은 누구나 인정하지 않으려 하며 의식에서 지워 버리려고 한다. 그러나 우리는 솔직하게 그러한 마음을 응시하고 그것을 인정해야 한다. 성적 매저키즘은 대부분의 인간이 태어날 때부터 지니고 있는 것이다. 그후 서서히 무의식 속으로 숨겨질 뿐, 평생 함께하게 된다.

프로이트에 의하면, 이 성적 매저키즘 다음에 찾아오는 것이 '여성적 매저키즘'이다. 어린아이는 성장하면서 부모가 행하는 섹스—이른바 '원초적 광경'—의 성질에 관해서 여러 가지로 공상하게 된다. 어린아이는 부모가 섹스하는 장면을 보거나 그 소리를 들었을 때, 어머니가 신음하고 있기 때문에 아버지한테 매를 맞거나 마음 고생을 하고 있다고 믿어 버린다. 그것을 목격한 어린아이는 쾌감과 고통이 뒤섞인 그의 경험(배변, 엉덩이를 얻어맞거나, 관장을 하거나, 체온을 측정하거나, 다른 아이한테 얻어맞는 것과 같은 경험)과 성교를 할 때의 어머니의 모습을 결부시키고, 이것을 매저키즘적으로 해석해 버린다.

어린아이는 여성은 원래 삽입이나 지배당하는 데 만족하고, 고통과 치욕을 견디는 존재라는 공식을 갖게 된다. 임상의들은 환자의 어린 시절 이야기를 들으면서, 이것이 '보편적 공상'이라는 사실을 발견했다.

프로이트가 이 이론(의 대부분)을 구축하게 된 계기는, 한 환자의 고백이었다. 이 환자는 어렸을 때(라고 프로이트는 유추하고 있는데) 부모가 후배위(後背位)로 성교하는 모습을 보고는 '늑대인간'을 봤다고 생각했다.

프로이트가 살았던 시대에는 어린아이가 동물의 교미를 볼 기회가 많았기 때문에, 어린아이는 부모의 성생활을 추측하거나 상상할 뿐만 아니라, 동물의 교미를 보고 인간의 섹스에 관한 나름대로의 이론을 세우는 일이 흔히 있었다. 동물이 교미할 때, 지배적 위치를 차지하는 것은 수컷이고, 암컷은 그에 질세라 울음소리를 낸다. 따라서 어린아이는 부모가 섹스할 때도 마찬가지로 정상위뿐만 아닌 여러 가지 체위를 행할 것이라고 추측하게 된다.

또한 동물의 교미를 보았던 경험과 부모의 성생활을 엿본 경험이 뒤섞여서 인간의 성욕은 야만스럽다는 생각이 싹트고, 나아가 여성의 위치를 복종과 결부시키기도 한다. 그리고 어린 시절의 경험을 바탕으로 이해한 것들이 자신의 감정이나 활동, 본능의 영향을 받은 새도매저키즘적 욕망과 뒤섞이게 된다.

왜 자기 자신을 학대하는가

다른 사람에게는 도저히 말할 수 없는 죄책감이 따르는 에로틱한 몽상이나 자위 행위를 할 때, 남자아이나 여자아이 모두 매를 맞거나 살해당하거나 거세되거나 부끄러운 짓을 당하거나 능욕당하는 것을 떠올리며 기쁨을 느낀다(다만 이성애적 남자아이보다는 이성애적 여자아이 쪽이 그것을 의식하고 받아들이기 쉽다). 성녀 테레사가 심장에 황금 화살이 박혔을 때 느낀 황홀함 등은 그 좋은 예이다.

일반적으로 성장하면서 매를 맞거나 강간당하는 것과 같은 공상은 억압되고 재구성되어서 표면적으로는 그다지 중대한 의미를 갖지 않는다. 그러나 이런 은밀한 욕망은 성생활에 막대한 영향을 끼쳐서, 지배받고 싶고 억압당하고 싶고 정복당하고 싶고 유혹받고 싶다는 욕구로 나타난다.

이것이야말로 프로이트를 비롯한 정신분석학자들이 세운 이론의 가장 큰 특징이다. 이 이론은 구체적 사실(현실)이라기보다는 오히려 정신적 사실로, 어린아이의 공상, 어린 시절의 생활과 무의식을 묘사한다. 그리고 이러한 구별이 모호해지면, 공교롭게도 정신분석학자는 위험한 오해를 받게 된다.

프로이트와 헬레네 도이취로 대표되는 1950~1960년대의 대부분의 학자들은, 여성적 매저키즘은 여성의 정신 상태로는 일반적인 것이며, 어떤 의미에서는 이상적인 것이라고도 생각했다. 도이취에 의하면, 여성은 '페니스 선망'이 아니라 '거세'의 고통을 받아들여야 하고, 남성처럼 능동적(그녀의 이론에 의하면 '남근적'이고 '새디즘적')이어서는 안 된다. 여성은 경쟁 의식이나 직업상의 야심을 버리고 자신의 생활 현실에 건실하게 적응해야 한다. 온순하고 좋은 아내, 좋은 어머니로 살고 남편을 기쁘게 해주는 것을 최고의 행복으로 느껴야 한다. 가족을 위해서는 자유도, 자신의 존재도 전부 희생하는 것이 바람직하다(정력적으로 일했던 도이취 자신에게는 불가능한 이야기지만).

아동심리학자 실비아 브로디는, 임신하고 아기를 낳아 기르는 것의 기본적 동기는 요구가 많은 태아에게 그대로 굴복하고 싶다는 욕구에서 발생한다고까지 말했다.

그러나 프로이트가 최초로 여성적 매저키즘이란 개념을 만들었을 때, 고려의 대상으로 삼았던 것은 소년과 성인 남자였다. 프로이트는 남성이 복종과 고통을, '원광경(原光景)'에서의 여성의 역할과 결부시킨다고 강조했다. 남성은 섹스를 할 때, 여성이 경험하는 것처럼 강간당하는 느낌을 느끼고 싶어한다.

성녀 테레사는 물론이고, 성흔(聖痕, 예수의 몸에 난 다섯 군데 상처)을 몸에 받은 성(聖) 프란체스코나 화살에 꿰뚫리면서 극도의 기쁨을 맛본 순교자 성 세바스찬이 되는 기분을 느끼고 싶은 것이다. 프로이트가 말한 여성적 매저키즘은 남성의 보편적 공상으로부터 도출된 정신 구조이지, 정상적인 여성의 특징은 아니다.

프로이트 자신이 언급했던 것은, 어머니에 대한 어린 남자아이의 외경심과, 어머니가 보여 주는 여성 특유의 포용력에 관한 것뿐이었다. 프로이트는 갓난아이의 생존과 행복을 좌우하는 여성의 절대적인 힘(이것은 전혀 남근적〔男根的〕인 것이 아니다)에 대한 남성의 공포와 선망(羨望)을 산발적으로 강조한 데 지나지 않는다. 남성이 갓난아이를 낳아 기르는 여성적인 능력을 소유하고 싶어한다든가, 여성의 가슴과 자궁을 부러워한다는 의미가 아니다.

프로이트도 다른 남성 연구자들과 마찬가지로, 여성의 성적 기관이 지닌 힘—예를 들어, 클리토리스(프로이트는 이것을 '예민한 기관'이라고 불렀다)로 몇 번이고 오르가슴을 느끼는 능력―은 인정하지 않은 것 같다. 프로이트가 살았던 시대는 부권 중심의 사회였으므로, 모성적·여성적인 힘은 부성적 권력에 덮여 가려져 있었다.

남자아이는 자기에게 큰 영향력을 미치는 어머니와 자신을 동일화하기 때문에 남편인 아버지에게 어머니가 수동적인 태도를 취하는 것의 영향을 받게 되고, 자기 방어적인 여성 혐오는 숨겨져 버린다. 여성과의 이런 동일화로, 남성은 하위(下位)로 물러서게 되며, 심성(心性)이 아닌 사회문화적 역할로 여성에게 주어진 매저키즘과 동일화하는 것이기도 하다.

이어서 프로이트는 이렇게 말했다. 남성이 여성다움에 끌리거나 혹은 경원(敬遠)하는 것은 여성의 팔에 안긴 무력한 갓난아이로 되돌아가고 싶다는 소망을 나타낸다. 바꿔 말해, 남성의 관점에서 보면 여성처럼 되는 것은 곧 타인에게 고스란히 내맡겨진 갓난아이가 되는 것이다.

남성이 여성적이고 매저키스틱하고 유아적인 것과 동일화를 이루는 것은 자기 방어뿐만 아니라 다른 여러 가지 목적에도 필요하다. 남자아이가 여성이 섹스할 때 취하는 종속적인 입장(이라고 남자아이가 믿고 있는)에 서고 싶다고 생각하는 것은, 아버지의 애정을 구하는 동성애적 소망의 발로이다. 남자아이는 아버지에게 성적으로 복종하고, 커다란 페니스에 의해 관통당하길 원한다.

이 근원을 살펴보면, 아내가 되고 여자가 되고 어머니가 되어 남성한테 지배받고 싶다는 남성적 욕구가 있음을 알 수 있다. 다른 남자의 페니스를 받아들이는 공상은 수동적으로 남성의 힘에 접근하는 데 가장 안전한 방법이다. 자기보다 상위(上位)에 있는 강한 존재와 죽음을 무릅쓰고 경쟁하는 것보다, 여성의 역할을 하기로 선택하는 경우가 더 안전한 것이다. 이러한 소망은 아버지의 지배에 아들이 정면으로 도전하는 것을 숨기기 위하여 이용되고 강화된다.

데릴라의 예는 아니지만, 아들이 아버지를 유혹함으로써 아버지의 분노와 보복의 칼날을 피하고, 아버지를 약자 입장에 몰아넣고, 농락하고 지배한다. 어른으로서의 권위를 박탈하고 거세하는 것이다.

콘라트 로렌츠 같은 동물행동학자가 지적한 것처럼, 영장류를 비롯한 동물의 복종 의식(儀式)은 그 사회 집단 내에서 수컷이 공격성을 최대한으로 발휘하는 것을 억제하는 기능을 한다. 이러한 의식은 수컷들끼리 죽을 때까지 싸우는 것을 모면하게 해준다.

수컷 원숭이가 암컷과의 교미를 둘러싼 싸움에서 패배하면, 승리한 수컷에게 교미할 권리를 빼앗겨도 저항하지 못한다. 때로는 '엉덩이에 키스하는' 것으로 복종을 맹세하는 일도 있다. 문자 그대로 힘센 수컷의 항문과 그 주위를 핥아 주는 것이다(비비의 경우 특히 이러한 현상이 더욱 강하게 나타난다). 이리의 경우에는, 젊은 수컷이 무리를 지배하는 우두머리 앞에서 위를 보고 드러누워 배와 목을 노출시킴으로써 복종을 표시한다.

콘라트 로렌츠에 의하면, 동물의 새끼는 작고 중성적이며 암컷과 매우 닮은 얼굴을 하고 있는데, 그것은 어른 맹수의 온정을 불러일으키고 적의를 억제하는 형태로 작용한다.

인간 세계에도 역시 입회 의식이 있어서, 남성의 여성적 매저키즘은 폭력적이고 때로는 피를 부르기도 하는 지배에 복종할 것임을 알리는 역할을 한다. 고대 그리스에서 사춘기 소년들은 그보다

왜 자기 자신을 학대하는가

나이가 많은 지도자에게 마치 여성 섹스 파트너처럼 취급당했다. 남색(男色)의 대상이 되는 건 아니었지만, 소년은 지도자의 발기된 페니스가 사정하는 것을 그대로 받아들이지 않으면 안 되었다. 그때 소년은 가만히 있어야 했는데, 그의 발기되지 않은 페니스와 부드러운 음경은 여성의 부드러운 음부를 상징했다. 그리스 사회에서 인정했던 동성애 행위는 이것이 유일했다.

서구 문화에서 장년 세대가 젊은 세대를 학대하는 야만스런 전통은, 유대교와 기독교 신화에 나오는 아브라함이 이삭을 희생시키려 했던 일화, 그리스도의 처형, 할례 습관 등을 떠올리면 된다.

스톨라나 파일로에 의하면, 파푸아뉴기니에서는 남자아이가 태어나면 계속 어머니의 품에서만 길러지지만, 5~7세가 되면 장년 남자들이 아이를 어머니로부터 떼어놓는다. 성인 남자들은 소년을 위협하거나 때리면서 작은 시내를 건너 새로운 '형제'의 거처로 데려간다. 가는 도중에 남자들은 뾰족한 갈대 줄기로 소년의 코를 쿡쿡 찌른다. 어머니의 생리혈과 여성적인 혼의 흔적을 몰아내기 위해서다. 일단 남자들의 사회로 들어가면, 소년은 십대 소년들이나 성인 전사로부터 펠라티오(입이나 혀로 남성의 성기를 애무하는 일 : 역주)를 하도록 명령받는다. 어린아이에게 남자 구실을 하게 해주는 정자를 될 수 있는 한 많이 먹이기 위해서다.

역설적인 것 같지만, 그러한 통과 의례가 장년층과 소년을 안심시킨다. 신참내기 소년은 힘있는 남자에게 복종함으로써 여성에게 복종하고 싶다거나 동일화하고 싶다는 유혹에서 벗어날 수 있다. 장년의 남성은 여성들 속에서 살았던 소년을 지배함으로써, 자신의 분신인 아들이라는 존재를 어머니로부터 의례적으로 되찾음과 동시에 남성의 우월성을 나타내고, 아기를 낳는 여성의 능력을 획득한다는 공상을 실현할 수 있었다.

실제로 어떤 통과 의례에서는 임신한 여성을 흉내냄으로써 입회 의식을 체험하기도 했다(이것은 1960년대~70년대에 걸쳐 리처드 세크너의 퍼포먼스 집단 덕분에 유명해졌다). 여성인 동시에 어머니인 것, 수동적이면서도 힘을 가짐으로써 소년과 장년층의 유대가 깊어지고 진실한 남성이 될 수 있었다.

현대 남성이 빠져 드는 여성적 매저키즘은 갖가지 형태를 취하고 있어서 상투적인 수단으로는 해결되지 않는다. 남성 중에는 사드 후작처럼, 본능적으로 특이한 성적 취향과 지배적 성격 때문에 마치 여성이나 소년처럼 남성의 난폭한 삽입을 열망하는 자도 있다. 또한 이성애적 관계에서라면 노예의 역할을 하고 싶어하는 자도 있다.

이런 경우도 실은 예속이라는 상태를 빙자하여 남성한테 성적으로 종속되고 싶다는 욕망을 만족시키고 있는 것이다. 이런 관계에서는 전통적으로 남성의 역할이었던 것이 '잔혹한 여주인'인 여성에게 부여되어서, 여성은 마치 '고환'을 갖고 있는 것처럼 행동하게 된다.

욕망을 마음껏 표출할 수 있는 세계에서 '여왕님'이 연기하는 가공의 인물을, 임상의는 '남근적 여성'이라고 부른다(페니스를 갖고 있는 것이 사회적 힘의 유일한 근원이기라도 한 것 같은 표현이지만). '남근적 여성'이라는 개념은 여성에게 남성적 역할을 부여하고 싶다는 남녀 양쪽의 욕망을 적어도 부분적으로는 실현할 수 있다. 성차별주의나 문화적 한계와는 관계없는(이 문제에 관해서는 다음 장에서 카렌 호니의 프로이트 비판을 논할 때, 다시 한 번 살펴보기로 하겠다) 이러한 현상 자체는 어디까지나 임상 자료에 기초

왜 자기 자신을 학대하는가

를 두고 있다.

어린 남자아이는(어린아이이기 때문에 두말할 필요 없이 자기중심적이다) 어머니에게도 자기와 마찬가지로 페니스가 달려 있다고 굳게 믿는다. 좀더 성장하면, 자신의 페니스가 머지않아 없어질지도 모른다는 공포로부터 몸을 지키기 위해 필사적으로 그 생각에 매달리게 된다. 여기서 주목해야 할 것은, '남근적 여성'이라는 공상이 남성에게는 일반적이고 보편적인 데 반해, 여성에게는 그렇지 않다는 것이다. 여성이 거세를 무서워하고 '페니스 선망(羨望)'을 느낀다는 것은 대체로 남성의 환상에 지나지 않는다. 지금처럼 여성에게 갖가지 가능성이 열려 있는 시대에는 한층 더 그럴 것이다.

여성에게 새디스틱하게 행동함으로써 자신의 여성적 매저키즘을 숨기려고 하거나, 반대로 겉으로 드러내는 남성도 있다. 그들은 스스로를 여성의 역할에 비교함으로써 자신의 여성적 매저키즘을 전개해 나가고, 상상할 수 없는 망측한 모습으로 능욕당하는 감각을 경험하려 한다.

그러나 제1장과 제2장에서 소개한 사례와 같이, 여성적 매저키즘에는 본래의 직접적인 성적 흔적이 거의 남아 있지 않다. 기껏해야 남성과 여성의 관계에서 여성적 매저키즘이라는 것을 모른 채 표면에 드러나는 정도다. 앞에서 설명했던 '악순환'은 그 좋은 예다.

남성이든 여성이든 직장에서 상사의 권력에 그저 복종하다가, 나중에 자기 부하에게 그 분풀이를 하는 경우를 종종 볼 수 있다. 아도르노가 지적한 권위주의의 연쇄 반응인 셈이다. 윗사람에게는 복종하면서 아랫사람을 괴롭히는 '찌르기(괴롭히기)의 순서'가 완성되는 것이다.

여기에서 가장 흥미로우면서도 문제 되는 것은, 외적으로 나타나는 권력관계를 용인하고 그것에 따라 은밀히 충족감을 얻는 패턴이 개인의 성격의 일부로 굳어져 버린다는 사실이다. 그렇게 되면 타인의 이미지와 인간관계가 '심리적 대리인'의 역할을 하게 된다. 각각 욕망, 현실, 도덕의 원천인 이드(id, 정신의 심층부에 있는 본능적 에너지의 원천 : 역주)와 자아와 초자아(超自我, 이드, 자아와 함께 정신을 구성하는 요소. 본능이나 자아를 도덕·양심 등으로 억제하는 정신 현상 : 역주)가 현실과 환상의 양쪽 무대에서 인간(특히 자기와 부모의 이미지)을 대신하여 활동을 시작하는 것이다.

정신분석학자 조이스 맥도걸이 말하는 '심리의 무대'가 이른바 갈등하는 심리에 의해 장악되었다고 표현할 수 있을 것이다. 이러한 내재화 과정에서 성적 매저키즘(고통에서 쾌락을 구하는)과 그것에 이어지는 여성적 매저키즘('원광경' 속 환상의 어머니를 본보기로 삼아 상대에게 복종하고 싶어하는)은 프로이트가 말하는 세 번째 유형인 '도덕적 매저키즘'으로 변화한다. 도덕적 매저키즘 단계에 이르면, 자아는 새디스틱한 초자아에게 싸움을 걸고 어이없게 항복해 버린다.

어린아이의 초자아(양심)는 전능하고 무자비한 조련사인 부모가 현실 또는 상상 속에서 했던 역할을 계승한다. 조심성이 많고 잔혹한 내면의 감시자(초자아)와 자기 사이에는 평생에 걸친 계약이 이루어지고, 그 결과 아주 작은 행복에도 의식적·무의식적인 죄책감을 느낀다. 연애의 성취, 사업에서의 성공, 건강한 것, 그 어느 것에도 마음속에 존재하는 잔혹한 신(神)이 천벌을 내릴 가능성이 잠재해 있다. 왜냐하면, 이러한 욕망을 충족하는 것은 어린 시절에 금지당했던 소망이나 욕망과 관련되어 있기 때문이다.

완전한 것도, 인간적인 것도, 존경받는 것도, 즐기는 것도 금기시된다. 성공신경증(프로이트가 말하는 '성공했을 때 파멸하는' 사람의 증상)을 비롯하여 다양한 스트레스성 질환이나 자해하는 버릇에서 볼 수 있는 것처럼, 도덕적 매저키스트는 자기를 벌하고, 그렇게 함으로써 자유나 충족을 인정하지 않는 초자아에게 맞추려 한다. 바꾸어 말하면 죄책감의 하인이 되는 것이다.

도덕적 매저키스트는 내심 그러한 상황에 만족해 어쩔 줄 몰라 한다. 그들은 비참함에서 행복을, 적어도 만족감을 느낀다. 매저키스틱한 쾌감은 스스로 실망감을 느끼는 가운데 발생한다. 그러나 억압도 그 나름대로 크기 때문에, 상당히 철저하게 정신분석을 하더라도 겉으로 표출될 때까지는 여러 해가 걸릴 수 있다. 이러한 쾌감이 표면화되어 버리면 매우 심각한 불안이 생긴다. 왜냐하면 이 쾌감은 금지된 과실 중에서도 가장 특이한 것과 관계되기 때문이다.

도덕적 매저키스트는 벌을 받음으로써 무의식적으로 쾌감을 느끼지만, 어떻게 해서든지 어른이 되기를 피하고 싶어한다. 그 쾌감은 거세당하고 싶고, 굴욕을 맛보고 싶고, 끝내는 부모한테 살해당하고 싶다는 공상과도 관계가 있다. 남성의 경우, 무의식적 상상 속에서 무자비한 아버지한테 벌을 받는 유형이 아주 많다. 아버지가 현실에서 부여한 명령이나 상상 속의 명령이야말로 도덕적 매저키즘에서는 양심을 이루는 기초가 된다.

자신이 여자라는 것이나 재능을 발휘하지 못하는 여자라고 느끼는 경우에는 비판적이고 강제적이고 독점욕이 강하고, 여자아이를 괴롭히고, 프라이버시를 침해하고, 속박하는 어머니가 똑같은 역할을 떠맡는 일이 많다. 어떤 경우든 억압받은 근친상간 및 동성애적 소망이 채워진다.

사실, 불합리하고 엄한 양심의 소리에 복종하는 것, 여기에 바로 신경증적 갈등의 본질이 있다. 이러한 복종의 배경에는 동성의 부모에 대한 에로틱하고 자기 방어적인, 무의식 속의 매저키스틱한 의존이 자리잡고 있다.

정신분석학자는 이러한 동성애적 근친상간의 경향을 오이디푸스 콤플렉스의 대극(對極) 중, '마이너스' 오이디푸스 콤플렉스로 받아들인다. 넓은 의미에서 자녀에게 신경증을 앓게 하는 부모는 대개 '마이너스' 오이디푸스 콤플렉스에 걸려 있다. 여러 가지 억제나 증상, 불안 뒤에는 동성의 부모에게 복종하고 싶다는 새도매저키즘적 공상이 존재하는데, 시간을 들여서 진지하게 몰두하면 그것을 알아낼 수 있다.

그렇지만 신경증 환자의 마음속에는 다른 유형의 갈등이나 부모에 대한 이미지도 존재한다. 그런 사람은 이른바 '플러스' 오이디푸스 콤플렉스의 대상인 이성(異性) 부모에 대한 애정, 욕망, 증오, 또한 그에 따르는 상실의 공포, 수치심, 죄책감과 필사적으로 싸우게 된다. '마이너스' 오이디푸스 콤플렉스에 관해 말한 이유는 단지 초자아 대 자아의 갈등의 본질을 강조하고, '양심이 우리 모두를 겁쟁이로 만드는' 이유는 무엇인가를 설명하려고 했기 때문이다.

우선, 신경증이 불가피하고 보편적이라면, 도덕적 매저키즘에 대해서도 똑같은 이야기를 할 수 있다. 이제까지 계속 설명해 온 것처럼, 정도의 차이는 있을지언정 사람은 누구나 다 도덕적 매저

왜 자기 자신을 학대하는가

키스트다. 이 책에서 프로이트의 《일상생활의 정신병리학》을 흉내
내어 '일상생활의 새도매저키즘'이라는 표현을 사용한 것은 바로
그 때문이다.

남성이든 여성이든 인간이면 누구나, 무의식 속의 에로틱한 충
동에 자극받아, 타인이나 강력한 힘에 굴복하여 자주성을 포기하
고 싶은 충동과 항상 싸우지 않으면 안 된다. 사람은 누구나 복종
과 고통에서 쾌감을 느낀다. 그 상대와의 관계가 가까우면 가까울
수록 그것은 진실이 된다.

또한 보편적 현상으로서의 도덕적 매저키즘은, 사회에 내포되어
있는 본질적 패러독스가 표출된 하나의 형태이기도 하다. 프로이
트가 다른 논문 제목에서 말한 것처럼, '문화'를 소유하면 그 나
름대로 '불만'도 따르게 된다. 문화를 갖는다는 것은 반드시 합리
적이고 유효한 방법이 아니더라도, 사람들이 자기를 억제하고 충
동이나 욕망, 소망을 제어해야 한다는 것을 의미한다. 스스로를
억제함으로써 자신의 생존은 물론, 주위 사람의 행복도 지킬 수
있다.

하지만 인간이란 자기에게, 그리고 사랑하는 자에게 상처를 주
고 싶어하는 숨은 욕망을 지니고 있다. 착하고, 타인을 사랑하며,
슬픔을 느끼고, 사회의 이익을 위해 자신의 이익을 희생하고, 성
실하게 일하는 것 중 일부는 마음속에 잠재하는 보편적인 파괴 욕
구와 자기 파괴의 소망에서 생겨난다. 자신이 신중히 고려해서 한
일도 주위 사람들의 질투와 모욕을 받을 수 있다. "좋은 일을 하고
도 벌을 받을 수 있다"는 것을 배우지 못한 사람도 있는 것이다.

프로이트의 말에 의하면, 초자아는 이드에 가까운 원초적 존재
인데, 이드의 충동에 철저하게 항거하려고 한다. 바꿔 말해, 인간

의 가장 위대한 문화적 업적 ― 이상의 추구, 자기나 타인을 감시하고 비판하고 보호하는 능력 ― 은 원초적 새도매저키즘에 의해서 생겨난다. 인간의 이러한 가장 민주주의적이고 세련된 부분은 곧 도덕적 새디즘과 불순한 것에 대한 경멸로 변질되어 버린다.

도덕적인 순결로부터 편견, 탄압, 제노포비아(미지의 것에 대한 혐오 : 역주), 에릭슨이 말하는 '실제와 비슷한 종(擬似種)의 형성', 불필요한 폭력, 낙태, 자기혐오, 대규모의 무차별적 파괴가 생겨날 가능성도 있다. 초자아는 포르노 반대자와 같은 것인데, 그 은밀한 동기는 자기 자신을 탐욕스럽게 아끼는 데 있다.

속 좁은 도덕관이 얼마나 잔혹하고 완고한지는 다 아는 사실이다. 현재의 진보된 심리학 관점에서 보면, 호손의 《주홍글씨》에서 헤스터 플린이 치욕의 상징인 동시에 도덕의 상징이기도 한 '주홍글씨'를 기꺼이 지니고 다녔던 이유를 이해할 수 있을 것이다. 새도매저키즘에 반하는 도덕은 분명히 새도매저키즘에서 생겨난다.

∽ "고통 없이는 이익이 없다"

근본적 매저키즘, 특히 죽음의 본능에 대한 프로이트의 생각에 의문을 제기한 것은 누구보다도 프로이트를 신봉했던 멜라니 클라인이었다. 영국, 남아프리카 및 유럽의 거의 전지역에서 정신분석의 흐름을 결정지었던 클라인 학파는 여전히 성악설에 구애받고 있었다. 이 관점에서 보면, 인간은 내면에 잠재해 있는 파괴 욕구를 배제하기 위하여 그것을 외부 세계로 계속 방출하거나 투영해야 한다.

하지만 미국에서는 대부분의 임상의가 이 견해에 난처해하며 단순히 '공격 충동'이라는 견해로서 받아들인다. 이 견해에 의하면, 공격 충동은 처음부터 외부 세계를 향하고 있다. 그러나 자기 보호와 사회 보존의 필요에 의해, 공격성이 점점 더 본인에게 향하게 되고 성적인 것이 되고 부차적인 매저키즘이 된다(이렇게 하여 정신분석학자들은 '최초에 새도매저키즘과 공격성이 있다'는 초기 프로이트의 보다 상식적인 생각으로 되돌아갔다).

고전적인 오이디푸스 콤플렉스주의자라고 해야 할 임상 이론가들이 미국의 정신분석학계를 주도해 왔다. 그들은 오랜 세월 동안 새도매저키즘의 원인과 작용에 관한 개념을 연구해 왔다. 예를 들면, 새도매저키즘의 '자기 방어' 기능은 오이디푸스 콤플렉스의 충족으로부터 퇴행된 결과였다.

어린아이는 항상 패배와 실의를 맛보는 운명에 처해 있지만, 이윽고 사춘기나 어른이 되어 현실을 알고 힘을 얻으면, 스스로 주도권을 쥐고 연인을 구하고 획득할 수 있다. 그러나 라이벌을 밀어내는 것은 무의식 속에서는 근친상간이나 아버지를 살해하는 것과 같다. 그 때문에 어떤 종류의 만족도 느낄 수 없다. 즉, 힘을 갖거나 주도권을 장악하거나 생각한 대로 행동해서 뭔가를 쟁취하는 것은 좋지 않은 일이라고 생각하게 된다.

그렇게 되면 제 구실을 하는 남성이나 여성으로서 시련을 극복하기는커녕, 어른이 되어서도 어린아이 상태에서 벗어나지 못한 채 어렸을 적의 '항문적' 새디즘이나 매저키즘으로 회귀해 버린다.

어린 소년으로서는 아버지를 완전히 이기는 것도, 어머니를 손에 넣는 것도 할 수가 없다. 어린 소녀로서는 연적(戀敵)인 어머니를 앞지르고 아버지의 사랑을 얻을 수 없다. 그런 경우에는 서로 경쟁하는 대신, 대소변을 가리는 법을 배우는 갓난아이에게서 볼 수 있는 수동적인 동시에 공격적인 게임에 빠져 들게 된다.

정신적으로 막다른 상태에 빠져서 어린아이로 되돌아온 어른은 어쩔 수 없는 두 살짜리 아이와 마찬가지로, 두려운 나머지 직접 상대와 마주 대하려 하지 않는다. 그 대신에 자기를 억제하거나, 반대로 공격을 계속함으로써 상대보다 우위에 서려고 한다. 힘을 둘러싼 싸움의 구렁텅이에 빠지고 어떻게 해서든 상대를 지배하려고 한다. 갓난아이가 대소변 연습을 되풀이하는 것처럼, 이들도 체념과 복종을 되풀이한다.

최근에는 하인츠 코프트의 '자기(自己) 심리학'의 영향을 받은 아놀드 쿠퍼와 로버트 스틀로우와 같은 임상가가, 새도매저키즘의 나르시시즘적 기능이라고 불리는 것을 강조하고 있다. 새디스틱한 성향에서 나르시시즘적 기능을 발견하기란 누가 봐도 명백할 것이다. 이런 유형의 새도매저키스트는 도덕적으로 옳은가 그른가를 따지기보다는 타인을 지배하고 상처입힘으로써 적어도 얼마 동안은 힘을 얻는다.

한편, 매저키스틱한 방법으로 힘을 키우는 것은 눈에 잘 띄지도 않으며 모순되어 보이지만, 그 중요성에는 변함이 없다. 매저키스트가 새디스트에게 동화되고 새디스트를 조종하려 한다는 것은 이미 설명했다. 또한 매저키스트는 선량하게 보이기 위해서라면 어떠한 대가도 지불하며, 자멸적 경향을 매우 강하게 갖고 있다는 것도 이미 지적했다. 그들은 상처와 모욕, 비참함을 견딤으로써 보란 듯이 강해지고, 그럴 때마다 전능한 신이 된 듯한 기분을 느끼며, 더 나아가 복수의 쾌감까지 맛보게 된다.

이 현상이 상당히 도착된 매저키즘의 표출이라는 건 명백한 사실이다. 매저키스트는 끊임없이 상처를 입지만, 결코 치명적인 상처를 입지는 않는다. "당신이 나에게 상처를 입힌다"고 항의하는 동시에, "어느 누구도 내게 상처입히지 못한다. 나는 무적이다"라고 주장한다. 결국 새도매저키스트는 자기를 조절하고, 힘을 제어하는 것이다. 벼랑끝에 발을 디뎌 지옥불에 몸을 태우면서도, 화상 하나 입지 않은 채 시련을 극복하고, 그럼으로써 승리감에 도취된다.

새도매저키스트는 자기를 부인함으로써 쾌감을 느끼고, 뭔가를 얻어낸 것 같은 기분을 맛본다. 특히 새도매저키즘적 성도착증의 경우라면, 죄책감을 통해 고통을 관능으로 바꾸고 죄 자체를 쾌락의 원천이라고 느끼며, 결국에는 죄책감이 사라지게 된다.

이처럼 은밀히 스릴을 추구하며 평범한 인생 같은 건 밑바닥 인생이라고 깔보고, 보통 사람이라면 무서워할 장소에 감히 발을 들여놓는 게 새도매저키스트이다. 이런 의미에서 그들의 '독특한 애정'은 모두 승리한다. 동의도 없이 자신을 비참하게 만든 상대로부터 완전히 승리한다.

스콜세지의 〈레이싱 블루〉에서 묘사된 야수 같은 프로 권투선수인 제이크 라모터는 바로 이러한 새도매저키스트의 전형이다. 이 영화에는 유명한 장면이 있다. 완전히 패한 라모터는(덧붙여 말하자면, 이 왕년의 챔피언은 여성에게 편집광적인 질투와 새디스틱한 욕망을 품고 있다) 로프에 매달려 피를 흘리면서도, 자기를 철저하게 때려눕히고 미들급 왕좌를 빼앗은 상대—위대한 슈거 레이 로빈슨—를 향해 우렁차게 외친다.

"레이, 내가 졌어. 졌단 말야, 이 빌어먹을 놈아!"

누구나 이처럼 괴로워하고 고민하고 두려움에 떨기 때문에, 새도매저키스트가 되어 이를 극복하려 한다. 불안을 느끼지 않으려는 나머지 "고통 없이는 이익이 없다"는 격언에 매달린다.

✍ 변화에 대한 대항의 엔트로피 법칙

정신분석학자는 사회학에 상당히 어두운데다 정치학에는 완전히 무지한 게 일반적이다. 개인의 내적 세계를 중시한 나머지 개인과 뗄래야 뗄 수 없는 관계에 있는 사회의 동심원 구조를 간과해 버린다. 실제로 사회나 역사가 깊은 문화는 그 구성원에게 복종 혹은 지배를 강요한다. 그것은 페미니스트에 의한 양성(兩性) 정치학의 정밀한 연구를 통해 밝혀지고 있다.

루스 베네딕트나 마가렛 미드, 에릭 에릭슨과 같은 국제적인 인류학자나 정신분석학자가 1950년대에 지적한 것처럼, 인격이 형성되는 성장 과정이나 가정 환경을 통해 사회적 요구가 걸러지게 된다. 이런 사회적 배경에서 말한다면, 새도매저키즘적 기호나 쾌락은 반드시 필요한 것이다.

사회 철학자나 사회학자는 심리학적 문제에 대해서는 목적론적인 입장을 취한다. 그들이 강조하는 것은, 개인의 행동 유형이나 인격적 특징이 어떻게 주위의 사회 구조에 짜 넣어지는가 하는 것이다. 일반적인 사회 문화의 균형을 유지하기 위해 개인의 인격이 어떤 기능을 하는가가 문제인 것이다. 사회와의 관계만으로 심리학적 문제가 전부 해결되는 건 아니다. 새도매저키즘처럼 언뜻 보기에 불합리하고 파괴적인 현상이 개인에게 적응하는 데 가치를 갖고 있는가를 이해하기 위해서는, 개인적인 현상 역시 중요한 요소라고 할 수 있다.

사회학적 관점에서 보면, 새도매저키즘이란 '권력의 상극(相克)'이 표출된 것이고 공동체를 지배하는 주종관계가 드러난 것이다. 헤겔, 베버, 아도르노와 같은 철학자 및 사회과학자에 의하면, 모든 사회관계의 중심에는 이러한 상극 관계가 존재한다.

왜 자기 자신을 학대하는가

한 계층이 지배를 확립하기 위해서는 하위 계층에 속하는 인간들이 자진해서 복종하는 것이 필요하다. 그리고 피지배층의 사람들은 그 대신 뭔가 담보를 요구한다. 가장 원시적인 권력 구조에서는 자유와 독립을 포기하는 대신 안전(노골적인 적의를 가진 주변 세계나 해당 '지배 계급'으로부터의 보호)이 보장된다. 좀더 세련된 수준이 되면, 외부의 권력, 즉 도덕적 권력이 확립되어 정신적인 보호를 보장받는다. 자기보다 권력이 강한 상대에게 마음과 행동의 결정권을 위임함으로써 개인은 보호를 받을 수 있다.

원시적인 권력관계와 부자간의 권력관계는 확실히 매우 비슷하다. 이미 지적한 것처럼, 어린아이는 부모의 힘과 권위로부터 몸을 지키기 위해 어쩔 수 없이 부모에게 복종한다. 적이 될 가능성이 있는 상대를 강력한 동맹자로 만듦으로써 주위의 위험으로부터 보호받는 것이다.

이와 마찬가지로 사회에서 하위 계층에 있는 개인이나 집단은 살아 남기 위해 상위 계층에게 복종한다. 이러한 거래를 통해 가족관계를 지배하는 신화나 행동 규범, 노동의 분담이 유지됨과 동시에, 사회 질서를 유지하는 가족관계나 친족관계 등의 사회 경제 제도도 유지된다. 교환 조건이 적당하지 않더라도, 무력한 자는 언젠가는 그 나머지를 받을 것이라는 담담한 희망을 계속하여 품게 된다. 결국 새도매저키즘은 현상 유지에 공헌하고, 사회의 안정을 보장하며, 외부 세계의 경쟁 상대나 포식자로부터 개인이나 집단을 보호하고 있는 것이다.

그리고 좀더 세련된 형태─단순한 권력이 아닌 사회적·정치적 권위─의 경우도, 도덕적 매저키즘에서 발생하는 개인적 윤리 문제와 마찬가지다. 요컨대, 도덕적 매저키스트나 사회의 종속자는

쾌감의 원칙과 열반의 원칙

개인이 쌓아 올리는 것 이상의 의미와 도덕적 가치를 만들어 낸다. 이러한 자세는 자기부인(自己否認)으로 보일지도 모르지만, 사회를 무의미한 것으로 간주하고 절망하거나, 경우에 따라 자살까지 이르는 것(프랑스의 사회학자 뒤르켐이 말하는 '아노미')을 억제시켜 준다.

권력을 소유하는 것만으로는 살아 있는 것의 의미(존재 이유)를 보장받는 데 충분하지 않다. 인간은 타인이 자기를 지배하는 권리를 믿지 않을 수 없다. 그리고 그것을 납득함으로써 정신적으로나 도덕적으로 쾌감을 느낀다.

상위에 있는 선한 것(예를 들면, 국가나 종교)은 개인의 나르시시즘이 통용되지 않는 부분을 책임진다. 때문에 개인은 자진해서 상위의 존재에게 복종한다. 이와 같이 새도매저키즘은 신분이나 계급과 같은 서열을 인정하고 보장하는 데 어느 정도 도움을 준다.

전제 정치를 무너뜨린 혁명이 아이러니하게도 당초의 목적과는 정반대로, 전체주의나 국가주의에 귀착하는 것은 흔히 있는 일이다. 물론 여기에도 새도매저키즘이 개입되어 있다. 실제로 새도매저키즘은 가부장제나 자본주의를 포함한 모든 사회 제도와 전통에 내재하고 있어서 인간을 억압하는 원천이 되고 있다. 정신분석학자나 심리학자는 인간을 외부 세계로부터 분리시켜 정신 세계의 어둠을 탐색하려는 경향이 있다. 하지만 우리는 외부 세계의 압력에도 눈을 돌려야 할 것이다.

매저키즘적 자기연민이나 운명에 대한 책임 회피는 어느 정도 진실일 수 있다. 개인적인 경험과 그에 따르는 정신역학을 초월한 갖가지 힘이 서로 겹쳐진 결과, 인간의 갈등에 대처하는 데는 새도매저키즘적 해결법이야말로 가장 잘 어울리는 것이다. 이 힘은

왜 자기 자신을 학대하는가

영속적이라서 개인의 이해력이나 영향력으로는 어찌할 도리가 없다. 그 때문에 이러한 해결법을 아는 것도, 변화시키는 것도 한층 어려워진다. 사회 조직은 마치 생물(生物)과도 같아서 변화에 대한 저항이라는 엔트로피 법칙의 지배를 받고 있다.

예를 들어 매저키스틱한 입장에 있다는 것은, 긴밀한 결속력을 가진 소규모 집단이나, 포용력과 자기방어력이 있는 사회 집단(핵가족이 좋은 예다)의 요구 혹은 구속에 적응하는 것이라는 견해도 가능하다. 부모, 형제자매, 배우자는 물론이고 경우에 따라 남의 집 어린아이에게도, 아직 미약하기만 한 갓난아이에게도 복종하라, 고생하라, 입을 다물고 있으라 하고 요구한다.

종속적인 입장에 있는 인간이 자유를 가지려 하거나, 의지했던 주변 사람과의 관계를 변화시키려 하고, 악순환이나 구속으로부터 빠져 나가고 싶어한다면, 그리고 자기 자신을 변화시키려고 한다면, 가족의 질투심이나 적의를 자극하여 공격을 당하게 될 것이다. 그러한 행동은 서로 의존하고 있는 동료들의 지배관계나 나르시시즘, 이익관계를 위협하는 것이다.

새도매저키스트가 자기 자신을 내세우는 것은 유대감으로 결합되어 있던 상대로부터 거절당하고 버림받는 결과를 초래하게 마련이다. 새도매저키스트가 하는 최악의 상상이 현실이 되기는 하지만, 그 한편으로 자기가 항상 옳았다는 것이 증명되고 매저키스틱한 욕망도 충족된다. 현실에서 인간은 공격하고 싶어하고 권력을 추구한다. 그러는 가운데 제정신을 유지하고 이성적으로 행복을 추구하는 건 불가능하다고 할 수 있다.

인간은 누구나 자신이 신뢰하는 부모나 조직의 이기심, 악의, 더 나아가 부도덕한 행위를 받아들이고 싶어하지 않는다. 신체적·정

쾌감의 원칙과 열반의 원칙

신적인 행복을 책임지고 있는 권위자의 어두운 마음속을 들여다보기보다는 자기를 벌하고 해치려고 한다. 오이디푸스 왕처럼 스스로의 눈을 찌르려고 하는 것이다. 자기 마음의 죄나 악행을 처벌하기 위해서가 아니라, 부모(및 부모 같은 존재)의 과오나 악의를 인정하고 싶지 않기 때문이다.

오이디푸스 왕은 아버지가 어머니에게 명령하여 자기를 살해하려고 한 사실을 직시하려 하지 않았다. 누구나 외톨이가 되어 고립되고 위험에 빠져 절망하는 것을 두려워하기 때문이다. 이와 같이 개인과 개인이 속한 사회는 새도매저키즘에 대한 충성을 맹세하고, 만일 그것을 위협할 경우 침묵을 강요당한다.

✐ 영속적이고도 보편적인 새도매저키즘

이제 여러분은 인간의 정신 생활에 잠재되어 있는 새도매저키즘은 지극히 영속적이고 보편적이라는 사실을 이해했을 것이다. 새도매저키즘은 불가해한 것이기는커녕 도리(道理)에 맞는 것이다. 여러 가지의 적절한 요인에 의해서 생겨나고 다양한 기능을 하고 있기 때문이다. 갈등을 해결하고 균형을 유지하는 데 새도매저키즘만큼 유효한 수단은 없다.

1. 어떤 의미에서 새도매저키즘이란, 언젠가 죽지 않으면 안 되는 인간이 반드시 품고 있는 근원적인 죽음의 본능, 즉 '열반 원칙'의 발로라고도 할 수 있다.

2. 새도매저키즘은 타인을 공격하고 싶다는 위험한 욕망으로부터 대상을 바꿔 그 조절을 가능하게 해줄 뿐만 아니라, 타인의

왜 자기 자신을 학대하는가

공격도 막아 준다.

3. 새도매저키즘에서는 쾌감을 주는 자극과 고통을 가져오는 자극이 밀접한 관계에 있는 경우가 대부분이다.

4. 유아기에는 자아와 타인의 경계가 불분명한데, 새도매저키즘은 그 상태를 재현하려 함과 동시에 그 상태에 저항하려 한다.

5. 새도매저키즘은 성(性) 정체성이 결여되어 있는 상태(그것은 두려움인 동시에 바람직한 것이기도 하다)에 저항하면서도 그것을 재현하려고 한다. 남성의 경우, 그것은 여성이 되고 싶다는 강한 소망(갈등의 원천이기도 하다)의 표출이다.

6. 새도매저키즘은 인간의 도덕성과 문명화의 부산물이다.

7. 독립적이고 책임감 있는 어른은 갈등이나 곤란한 상황과 맞부딪치지만, 새도매저키즘은 그것과 마주 대하는 것을 피하며 심지어 퇴행하려고까지 한다.

8. 새도매저키즘은 자기를 강화시킨다.

9. 새도매저키즘은 현실의 죽음과 파괴를 상징적으로 초월한다.

10. 새도매저키즘이란 사회의 안정과 개인의 보호를 유지하기 위한 개인 및 집단의 문화적 요구이다.

11. 새도매저키즘은 여러 문제를 해결하기 때문에, 패러독스이면서도 불가결한 것이다.

새도매저키즘은 '다중(多衆) 결정'과 '다기능(多機能)'이라는 심리 기능의 2대 기본 원칙을 따른다. 바꿔 말하면, 새도매저키즘에는 다양한 원인이 있어서 일단 성립되면 여러 가지 결과를 가져오는 것이다.

다음 장에서는 계속해서 새도매저키즘의 이론적인 부분을 해설

쾌감의 원칙과 열반의 원칙

하고, 특히 남녀관계에서 새도매저키즘의 표출과 그 중요성에 젠더가 어떻게 기여하는가를 서술하겠다.

왜 자기 자신을 학대하는가

남성과 여성의 영원한 싸움

✍ 다시, 20세기의 세이렌으로

여기에서는 어린 시절의 성 정체성의 발달과 성인이 되고 나서의 젠더(gender) 관계에서 새도매저키즘이 어떤 역할을 하는지 좀더 자세하게 이야기하기로 하겠다. 제3장에서 이미 언급했던, 새로운 문화적 우상의 이야기로 되돌아가기로 하자.

최근 영화에서는 팜므 파탈 이미지가 주요한 조류를 형성하고 있다는 점을 상기해 주기 바란다. 그러한 팜므 파탈 이미지와 영화의 스토리는 현대의 성 정치학에서 발생하는 대립관계는 물론이고, 그 심리 상태(남녀간 및 유아기의 원시적 긴장 상태)까지 나타내고 있다.

성적 매력으로 주인공에게 죽음을 가져다 주기까지 하는 20세기의 세이렌들은 관객의 욕망과 공포, 그리고 계속 잠재해 왔던 취약함을 마음껏 가지고 논다.

현대의 팜므 파탈, 즉 매체 안에 있는 여자 살인마는 남성의 무의식에 존재하는, 잊고 있었던 소년 시절의 강렬한 이미지를 상기시킨다. 그녀들은 남녀 구별이 뚜렷하지 않은 영아기, 양성(兩性)적인 유년기, 관능에 충동받는 소년 시절부터 포용력이 충만한 어머니와 남근적 여성, 그리고 오이디푸스적 갈등을 자극하는 존재이다.

원시적 이미지를 성인식으로 좀더 각색하면, 이는 어린 소년이 마음에 품고 있는, 수수께끼로 가득 찬 잔인한 스핑크스와 흡사한 여성의 이미지이기도 하다. 주인공은 팜므 파탈의 성격도 의도도 모르는 채, 그녀가 품고 있는 것이 욕망일까 아니면 파괴하고자 하는 소망일까 하고 망설인다.

이는 소년, 더 나아가 성인 남성이 젠더와 세대 순환(사이클)의 수수께끼를 파악하려는 노력과 비슷하다. 남성은 여성(어머니나 연인)의 품에 안기면서, 자신의 나약함과 황폐한 갈등들을 되풀이하여 느끼게 된다. 그것을 상징하는 게 바로 팜므 파탈 형 여성이다. 세이렌에게 빠져드는 주인공의 모습을 보면서 남성은 남성으로서의 자신의 정체성에 허망함을 깨닫는다.

여성의 경우는 그러한 스토리를 죄에 대한 경고라고 받아들인다. 어린 소녀는 자기를 사랑하는 아버지에게 자신을 독립된 존재로서 인정하게 하려고 한다. 바로 이러한 시도들을 상징화한 것이 팜므 파탈 형의 여자다. 유혹하는 것의 기쁨, 여자라는 것을 무기 삼아 남성(자신을 소외시킨 세계를 지배하고 있는 아버지와 닮은 남성)을 정복하고자 하는 욕망을 의인화한 것이 바로 팜므 파탈 형의 여자다. 이들은 섹스 등의 봉사를 강요하는 남성에게 복수하고자 하는 여성의 갈망을 나타낸다.

이러한 논리는 흥분할 만한 이야기이긴 하지만 결코 혁명적인 것은 아니다. 이 논리는 결국 섹스라는 무대에서 발휘할 수 있는

왜 자기 자신을 학대하는가

여성의 힘을 결정적으로 제한하고 있으며, 사회적·정치적인 힘을 남성이 장악하게끔 한다. 섹스의 무대에서 어떤 일이 일어나든 결국은 성(性)의 현상을 강조하는 데 지나지 않는다. 마지막에는 반드시 팜므 파탈 형의 여자가 복종하게 되고, 비난을 받고, 여성이 권력이나 관능 같은 것을 추구하는 건 악이라는 도식이 되풀이된다.

낸시 초들로우나 캐롤 길리건과 같은 페미니즘 이론가들의 말을 빌리면, 이와 같은 영화는 성인 여성에게 남성과 자신의 입장 차이를 재확인시키고, 평생토록 여성은 남성에게 의존해야 한다고 가르친다. 결국 이런 종류의 영화에서 암시하는 것은, 성 의식이 높아지고 평등주의가 대두되고 있는 지금에 와서도, 외부로부터 자신을 지켜 줄 남성과 함께하기 위해서는 자진해서 구속당하고 평생 자유를 포기해야 한다는 것이다.

바꿔 말해 그런 위험한 여주인공들은, 여성 자신이 무력하게 느껴지기 쉬운 이유가 성차별적인 사회 때문만이 아니라 자신의 내면을 충족시켜 줄 남성을 필요로 하고 있기 때문이기도 하다는 것을 일반 여성들에게 다시 인식시킨다.

자신이 완전하다고 느끼기 위해 남녀는 서로를 얼마나 필요로 하는가, 서로를 끌어들이는 사랑 때문에 서로를 얼마나 미워하고 있는가, 팜므 파탈 형의 여자가 우리에게 보여 주는 것은 바로 이런 것이다.

이러한 현실을 이해하려면, 소년소녀의 성 정체성과 자의식의 발달 단계를 추적해 볼 필요가 있다.

남성과 여성의 영원한 싸움

성 정체성의 중핵

내 경우도 마찬가지지만, 최근에는 되도록이면 중성(中性) 대명사를 쓰려고 노력하는 추세인 것 같다. '그'라는 대명사를 사용함으로써, 여성의 존재를 은근슬쩍 덮어 버리지 않기 위해서다. 하지만 이건 생각보다 상당히 어렵다. 왜냐하면, '그'와 '그녀'를 사용하지 않는다면, '그것'이나 '개인'과 같은, 인간에게 적합하지 않다고 여겨지는 딱딱한 표현을 쓰거나 한 사람의 인간을 복수형으로 표현하는 수밖에 없기 때문이다.

실제로 모든 언어가(헝가리어만은 예외지만) 인간이나 물건을 표현할 때 성별을 의식한다. 대화 속에서 성별을 사용하지 않는 것은 오랜 동안에 걸쳐 널리 받아들여져 온 언어상의 습관을 내버리는 셈이 된다. 안 된다는 건 아니지만, 전부를 없앤다는 것은 상당히 어려운 일이다.

의식이 생김과 동시에 성별의 양극성이 나타난다(그것이 나중에 어떤 의미를 갖는가는 또 다른 문제다). 인간은 태어나면 한 사람의 여성 혹은 남성으로 규정되고, 이윽고 특히 이성과의 관계 속에서 스스로를 규정하게 된다. 실제로 갓난아이가 태어나는 순간, 아니 태어나기 전부터 부모는 자기 자식을 '딸' 또는 '아들'이라고 구별한다. 자식의 내면에서 전개되는 생물학적 과정에는 전혀 관심을 기울이지 않고, 성별에 따라 이것저것 기대하거나 양육하는 방향을 정하는 것이다.

그 결과, 로버트 스톨라가 말하는 "성 정체성 중핵"이라는 감각이 생겨나고, 남성과 여성으로 이루어진 세계 속에서 자신이 사내아이인지 계집아이인지를 이해하게 된다. 이윽고 청소년으로 성장하면, '타인'의 여자다움(남자다움)과 자신을 동일화하고, 더

왜 자기 자신을 학대하는가

나아가 자신이 어떤 유형의 여자(남자)가 되는지 이해하는 과정에서 여러 가지 일이 일어나게 된다. 남자 혹은 여자(혹은 둘 다 아닌 것)라는 사실은 자아 의식이나 주관 속에서 끊임없이 자리잡고 있다.

그런데 어린아이의 성장 과정을 연구하고 있는 마가렛 말러, 주디스 케스텐버그와 같은 사람들은 그 과정을 관찰한 결과 거기에는 모순이 존재한다고 주장한다. 자기 내부에는 반대되는 존재로서의 타자(他者), 이성으로서의 타자가 항상 존재하고 있다는 것이다. 이것은 논리적인 측면에서뿐만 아니라 어린아이에게 고유하고도 근본적인 것이고, 어떤 경우에는 강박적이고 부정적인 자기 동일화를 가져다 준다.

✎ 양자 통합에서 오이디푸스 콤플렉스까지

어머니의 자궁에서 태어나는 것은 사내아이도 계집아이도 다 마찬가지다. 마가렛 말러는, 외부 세계에 태어난 아이는 이미 갓난아이 자신이며, 타자와 공존하는 세계 속의 한 개인이자 객체 속의 주체라고 말했다.

부모가 아이의 성에 따라 역할 분담을 어떻게 상정하든, 갓난아이는 이미 의사공생적(擬似共生的)인 세계에 살고 있다. 어머니에게 매달리고, 그 몸에 융합된 것처럼 느끼는 것이다. 이 '양자 통합' 속에서, 갓난아이는 어머니뿐만 아니라 주위에 있는 움직이는 것과 움직이지 않는 것 전체를 통틀어 모두가 어떤 의미에서 자신과 하나라고 느낀다.

어머니는 부드러운 피막(sheath)처럼 아이를 감싸고(덧붙여 말하면, 'sheath'는 라틴어 문자 그대로 하면 '질〔바기나〕'이라는 의미다), 동시에 아이의 몸 속 깊이 들어가서, 훗날 개성의 원형이 되는 '체 자아(體自我)'에 침투한다.

이건 사실 그렇게 단순한 이야기가 아니다. 사내아이든 계집아이든 갓난아이는 함께 살아가는 데서 행복을 추구함과 동시에, 스스로 독립하여 눈앞에 열려진 세계를 탐구하길 원한다. 성장해서 여러 가지 일(몸을 뒤척이거나 머리를 높이 쳐들거나 손발을 뻗거나 어머니의 몸을 밀거나 혼자서는 볼 수 없는 주위의 모습을 어머니의 품안이나 무릎 위에서 관찰하거나)들에 대한 능력을 몸에 익힌 갓난아이는 자신이 태어난 "시원(始原)의 진흙(칼 융의 용어)"으로부터 신체적·심리적으로 떠나려고 하면서 공격적인 에너지를 총동원하게 된다.

어머니의 진흙탕으로부터 빠져 나오고 한 인간으로서 독립하기 위해, 갓난아이는 밀접한 관계를 구축해서 동일화할 수 있는 다른 상대를 찾는다. 그 상대와 어머니의 차이가 크면 클수록 좋다. 이렇게 해서 갓난아이는 사내아이든 계집아이든 목소리가 낮고 몸집이 크고 동작이 난폭하고 씩씩한 아버지, 또는 아버지와 닮은 상대(스위스의 정신분석 학자이고 말러의 공동 연구자인 에른스트 아벨린이 말하는 "남성 원리")에게 급속히 끌리게 된다.

어머니라는 집 속에서 보호받으면서, 어머니 이외의 세계를 상징하는 아버지적 존재에 끌려 거기에 동일화하려고 하는 것이다. 갓난아이 쪽에서 보면, 아버지로 상징되는 외부 세계는 공격적인 충동이 만들어 내는 에너지로 가득차 있다. 여기서 말하는 공격적인 충동이란, 파괴하거나 위험을 가하고 싶은 욕구가 아니라, 제치고 싶다거나, 무섭지만 재미있을 것 같은 미지의 세계로 전진하

왜 자기 자신을 학대하는가

고 싶다는 뼈나 근육의 욕구이다.

만 1세를 넘길 무렵이 되면, 갓난아이는 걷기 시작하여 혼자의 힘으로 외부 세계를 탐험하고, 몇 마디의 말을 하고, 자신의 요구(그때까지는 마치 요술을 부리듯 부모가 직감으로 알아주었다)를 전달할 수 있게 된다. 그 이전에는 사물을 직접적인 감각과 영상으로 파악했지만, 만 1세가 되면 현실의 지각에서 분리된 이미지를 그릴 수 있다.

게다가 그러한 이미지를 과거의 경험에 입각하여 미래에 투영할 수 있다. 초보적인 상징화와 표현이 가능해지면, 이번에는 자제력과 자기 인식이 싹튼다. 이렇게 성장함에 따라 어린아이는 타자를 자신의 연장 차원이 아닌 별개의 인간('자기'와 닮기는 했으나 '자기'와 떨어져서 존재하는 것)으로 식별하게 된다.

주관의 기초를 형성하는 이러한 발달(심리학자는 이것을 "인지의 도표(道標)"라고 부른다)과 함께 매우 중대한 두 가지 과정이 진행된다. 성 정체성이 형성되기 시작하며, 그와 함께 아직 발달되지는 않은 상태지만 성기에 일종의 알 수 없는 쾌감을 느끼기 시작한다. 이성에게 이끌리고 아양을 떨기 시작한다.

믿기지 않을지도 모르지만, 불과 생후 18개월 된 여자아이더라도 아버지에게 아양을 떠는 듯한 태도를 보이며 자신의 음순이나 클리토리스를 만지게 된다. 또한 '다른 사람(사내아이, 성인 남자, 동물 수컷)'의 몸은 자신과 어떻게 다른지에 흥미를 갖는다.

사내아이도 마찬가지긴 하지만 대부분 여자아이보다 발달이 더딘 것이 보통이다. 괄약근을 조절하게 되는 것도 느리고, 몸을 자유롭게 움직이더라도 생각하거나 이야기하는 것이 여자아이보다 뒤처진다. 사내아이의 경우, 기본적인 흥미나 소망은 성적이기보

쾌감의 원칙과 열반의 원칙

다는 공격적이다.

　이와 같은 발달의 제2단계에 찾아오는 것이 맹렬한 파괴적 공격성이다. 앞에서 말한 클라인 학파와 같이 공격성은 좀더 이른 단계에서 출현한다고 주장하는 사람들도 있다. 에릭슨의 경우, 이빨이 생기는 심한 고통을 맛봄으로써 갓난아이는 생후 1년이 채 못되어 '사악한 것'을 알게 된다고 주장하였다.

　한편 파괴하고 상처입히고 싶다는 바람을 가지려면, 우선 마음의 눈으로 자신과는 다른 대상을 포착하는 것이 필요하다는 이론가도 있다(나도 그중 한 사람이다). 그러한 대상을 규정하는 혹은 심리적으로 구축하는 것은 눈에 보이지 않는 자기에게 형태를 부여하는 것이지만, 그러기 위해서는 새롭게 몸에 익힌 능력에 익숙해지는 게 필요하다.

　아동심리학자들은 이렇게 감당하기 어려운 두 살 정도의 아동기를 "화해 위기"라고 부르기도 한다. 이 시기의 아이들 대부분은 외롭거나 지금까지 알지 못했던 무력감이나 절실한 욕구를 느낄 때, 어머니란 존재를 공격함으로써 자기 안에서 거칠게 쫓아 버리려고 한다. 어머니의 사랑과 포옹이 자신의 자립을 위협한다고 느끼기 때문이다.

　좀더 성장하면, 어머니로부터 떠나려는 충동이 절박해진다. 스톨라나 초들로우에 의하면, 남자아이는 스스로 명확하게 의식할 수 없을 때부터 이미 어머니 및 여성적인 것으로부터 벗어나는 것으로 남성으로서의 정체성을 확립하려 한다. 또 그것을 말로 표현하지 못할 경우, 마구 날뛰거나 어머니를 밀어젖히거나 달아나거나 멀리에서 떠들어대거나 하면서 분리, 차이, 자립, 사내다움 같은 것을 나타내려 한다. 이렇게 아무리 어머니에게 이끌리고 있더

왜 자기 자신을 학대하는가

라도, 남자아이는 자유를 찾아 어머니의 품에서 떠나려고 한다. 설사 결국에는 끌려 돌아오게 된다는 것을 알고 있더라도…….

하지만 아버지는 어머니와는 다른 힘을 갖고 있다. 아버지라는 존재는 보다 강한 동일화의 대상이기 때문에, 남자아이는 이윽고 외곬으로 아버지를 향하게 된다. 페미니스트 정신분석학자인 제시카 벤자민은 프로이트를 인용하여, 이 시기를 "동성애적 동일화애(同一化愛)"라고 부른다.

젖먹이 때의 정신적 변화는 굉장히 복잡하고 다방면에 걸쳐 일어나기 때문에, 새도매저키즘과 남녀 사이의 대립을 설명하는 것이 주된 목적인 이 장에서는 충분히 설명할 수가 없다. 따라서 여기서는 다양한 심리적 기초가 동시에 발달되기 시작하고, 그것이 의식의 비약적인 발달을 가져다 준다는 것을 강조하는 데 그치도록 하겠다.

젖먹이 때 형성된 원형은 그뒤 복잡하게 뒤얽혀서 평생 거기에서 벗어날 수 없게 된다. 그중에는 최초의 자기 형성, 내부 세계와 외부 세계의 단속(斷續)적인 확립, 자기와 타자의 성별, 성적 매력과 폭력적 욕망에 대한 인식과 관심 등이 포함된다. 이 모두가 합쳐져서 새도매저키즘은 양성간의 관계에도, 어린아이(물론 어른도 포함해서)의 성욕에도 무시할 수 없는 영향을 미친다.

그런데 두 살 반이 될 무렵에는, 남자아이도 여자아이도 말과 동작이 모두 활발해지고, 지금까지보다 더욱더 성에 흥미를 갖게 된다. 호기심은 지적인 것뿐만 아니라, 리비도에 의해서도 충동을 받는다. 다른 아이들도 흥미의 대상이긴 하지만, 마음의 심연에서 감정을 뒤흔드는 건 아버지와 어머니다. 마지막으로 어린아이의 애정은 이성의 부모에게 집중되고, 라이벌이 되는 동성의 부모에

남성과 여성의 영원한 싸움

게는 집요한 적의를 품게 된다.

그렇긴 하지만, 실제로는 남자아이건 여자아이건 부모와 함께 있고 싶어하고, 자신도 아버지처럼 또는 어머니처럼 되고 싶다고 생각한다. 이 나이의 아이들은 바이섹슈얼인 것이다. 좀더 정확히 말한다면, 욕망을 품거나 정체성을 찾아가는 과정에서 양성애적이다. 실제로 집착이 강한 서너 살의 아동은 남자, 여자 모두 되고 싶다고 생각한다.

이 시기의 아동은 플라톤의 《향연》에서 아리스토파네스의 사랑에 대한 연설에 나오는 안드로큐노스를 연상시킨다. 본래 안드로큐노스는 힘이 넘치는 자웅동체의 동물인데, 남녀의 성기와 2차 성징을 그로테스크한 몸의 양쪽에 한 쌍씩 지니고 있었다. 어느 날 그는 제우스에게 반란을 일으켰다. 제우스는 화가 나서 그를 반으로 절단하는 벌을 내렸다. 절망에 빠진 안드로큐노스가 잃어버린 반쪽을 필사적으로 찾아다니자, 화가 났던 제우스도 연민을 갖고 성기를 몸의 정면에 다시 달아 주었다. 이렇게 해서 안드로큐노스는 성교를 할 때만 서로의 얼굴을 보면서 하나가 될 수 있게 되었다. 마치 보통 남녀들이 그런 것처럼…….

잘 알려져 있는 것처럼, 프로이트는 어린 소녀의 "페니스 선망" 및 아버지와 남근이 결부된 힘에 대한 욕망만을 강조하고, 훗날의 이론가가 말하는 "원시적 여성 상징"에 근거한 기쁨에 관해서는 고려하지 않았다.

마찬가지로 소년은 페니스와 사내다움에서 가치를 발견하지만 어머니의 솟아오른 가슴, 신비스러운 바기나(vagina, 질), 근원적인 기억으로 존재하는 자궁을 열망한다. 성인 남성이 여성의 민감한 클리토리스를 선망하는 것과 같다.

왜 자기 자신을 학대하는가

남성이나 여성 모두 자신이 잃어버린 것에 대한 소외의식을 갖고 있기 때문에 상대가 자기에게 없는 것을 갖고 있다는 데 대해 분노를 느낀다. 상대의 성과 섹슈얼리티에 흥미를 갖고 욕정을 느끼면서도, 상대가 자신이 원하는 것―남자다움이나 여자다움―을 갖고 있다는 것에 분노하는 것이다. 남자아이도 여자아이도 자신이 여자다움 혹은 남자다움을 잃어버렸다고 느끼며, 그것을 원하며 초조해한다.

이처럼 처음부터 갖고 있지 않은 것이 아니라 잃어버렸다고 느끼는 것은, 양자가 별개의 존재라는 것을(별개의 성이라고까지는 말하지 않지만) 의식하기 때문이다.

양성구유성(兩性具有性)을 잃어버렸다는 감각은 끈질기게 붙어 다니면서 남자아이를 억압하게 되는데, 이는 그런대로 생물학적 근거가 있다. 태아가 남성이 되려면, 안드로겐(남성 호르몬)이 필요하다. 안드로겐의 영향에 의해 비로소 클리토리스가 페니스로, 음순이 음낭으로 되고, 내려온 고환이 음낭에 받아들여진다. 그 결과, 남자아이는 말하자면 이중 위기에 노출된다. 자신의 남성다움이 애매하고 취약한 데다가 원래 자신의 것이 아니라 어디서 가져다 붙인 것처럼 느껴지기 때문이다. 때문에 본래 있던 여성적인 기반(남자아이는 이것에 계속 끌린다)이 남자다움과 자기 인식에 중대한 위협으로 작용한다.

따라서 앞에서 말한 남자아이의 행동, 즉 어머니로부터 떠나려고 애쓰고 몸부림치는 것은 좀더 특수한 의미를 가진다. 어머니, 여성, 자신의 여자다움은 애정의 대상인 동시에 증오의 대상이 되고, 그렇기 때문에 그런 것에 이끌리는 본능적 욕망에는 파괴적 공격성과 함께 어떤 경우 질투까지 뒤따른다. 이처럼 처음부

남성과 여성의 영원한 싸움

터 양면성을 가지고 있기 때문에, 이성애를 하는 대부분의 남성들(전체라고는 하지 않겠지만)은 자기 자신과 이성에게 갖가지 관심이 향해지는 순간 새도매저키즘적으로 되는 게 운명처럼 정해져 있다.

어린 여자아이도 물론 자신을 끌어안고 감싸 주는 어머니에 대하여 양면적인 감정을 품는다. 부드러운 윤곽, 풍만한 가슴과 같은 여자다운 몸과 정체성의 전부에 대해 모순된 감정을 갖게 된다. 여자아이는 어머니를 제치고 아버지와 함께 있을 때에야 비로소 안심한다. 아버지야말로 여자아이가 구하고 동일화하고 싶어하는 존재이기 때문이다.

아버지로부터 주목받는 것은 여자아이의 '체 자아(體自我)'를 확립시키는 데 도움이 된다. 경계선이 명확히 그어지고, 한 인간으로서의 분리가 촉진되기 때문이다. 여자아이는 이 강력한 관찰자의 남성다움이 필요하다고 느낀다. 남자아이와 달라서 여자아이는 함께 사는 어머니와 해부학적으로 크게 다를 게 없고, 비슷한 몸매를 하고 있기(적어도 언젠가는 그렇게 될 것이다) 때문이다.

여자아이에게 어머니는 기쁨과 애정, 혐오와 모멸 모두를 불러 일으키는 대상이다. 하지만 아버지의 경우, 어머니보다 더럽혀지지 않은 순수함과 힘을 갖고 있는 것처럼 보이기 때문에 자신의 동류(同類)보다 훨씬 매력을 느끼게 된다.

그러나 점차 이러한 욕구를 충족시키기 위해 아버지에게 의존하게 되면, 여러 가지로 곤란한 문제가 있다는 걸 여자아이는 깨닫는다. 여자아이는 당장은 아니더라도 언젠가부터 아버지에게 인정받고 칭찬받으려는 욕구를 갖고 있다는 사실에 대해 분노한다. 남성에게 인정받을 수 없는 한 자신을 하나의 완전한 인간으로 느낄

왜 자기 자신을 학대하는가

수 없기 때문에, 오히려 남성에게 인정받아야 한다는 사실에 분노한다.

남성이 스스로에게 불안감을 품고 있다는 것을 모르는 여성은, 남성은 보다 특권적인 성이자 자립적인 성으로 만족해하고 있으며, 사회적으로도 인정받고 있다고 굳게 믿어 버린다. 그 결과 여성은 페니스를 갖고 싶다고 생각한다. 페니스만 있으면 자신의 모든 가능성을 키우고 이를 조절할 수 있을 것이라는 착각에 빠지기 때문이다.

문제는 이러한 것을 원하는 탓에, 여자다움이 한층 가치없게 보인다는 것이다. 현재 자신의 내부에 조그마한 싹으로 존재하고 있는 여성 특유의 힘을 알지 못하는 것이다. 이와 같이 이성애의 관계와 성 정체성 속에는 타인과 자기에 대한 혐오가 강하게 자리잡고 있다. 이것은 남자아이건 여자아이건 다를 바 없이 나타난다.

어린아이가 성장하면서 대부분 품게 되는 정열의 대상이 되는 부모에게는 또 하나의 특징적인 성격이 있다. 남녀의 발달에 관한 프로이트의 견해를 대담하게 수정한 카렌 호니는, 부모가 자기 아들이나 딸보다 나이가 더 많기 때문에 힘이 세고 체격도 상당히 크다는 것에 주목한다.

세대가 다르니까 당연한 사실이지만, 이 단순한 사실에 주목하면 오이디푸스기(대개 3세부터 6세까지)에 발생하는 이성애적 욕망과 공상의 처음 대상은, 어린아이의 눈으로 보면 거대하고 을씨년스러운 존재라는 것을 알 수 있다. 이러한 부모의 우월성과 그에 따르는 공포와 공상은 성장을 하여 성인이 된 뒤에도 사라지지 않고 계속하여 남녀관계에 영향을 미친다. 상대방을 자신과 대등하지 않은, 외경해야 할 위험한 거인이라고 간주하는 것이다.

카렌 호니는 프로이트가 가졌던 여성 혐오, 여성에 대한 공포, 거세 불안을 폭로함으로써 그의 이론에서 벗어난 논리를 구축하고, 남자아이나 여자아이에게 있어서 앞길을 가로막는 것은 아버지보다 오히려 어머니라는 이론을 전개해 나갔다. 발달에 관한 정신분석적 이론 때문에 호니는 전혀 예상치 못하게 훗날 페미니스트 혁명의 선구자가 되었다.

호니에 의하면, 어린 남자아이는 압도적이고 매혹적이며 거대해 보이는 어머니에게 외경의 감정을 품는다. 남자아이는 어머니의 가슴(이것은 실제로 눈에 보인다)이나 자궁(태아인 자신은 그곳에서 자라난 것 같다고 생각한다)과 마찬가지로 바기나가 굉장히 크다고 생각한다. 자신의 조그만 핑크색 페니스와 비교해서 너무나 큰 것처럼 느낀다. 거대하고 털이 무성하게 나 있고 불가사의하다는 식으로 말이다. 어머니를 소유하고 싶지만 도저히 그럴 수 없을 것 같다. 자신의 몸도 페니스도 너무나 작기 때문에 산 채로 꿀꺽 삼켜질지도 모른다. 아니, 그것보다는 어머니를 실망시키고 혹은 바보 취급을 당할지도 모른다.

이렇게 해서 남자아이는 여성은 무섭고 자기는 그에 비해 너무나 왜소하다고 느끼며, 바기나의 존재 자체를 부정하게 된다. 게다가 자신의 너무나도 작은 페니스에 공포를 느끼고, 여성(두말할 것도 없이 어머니)에게도 사실은 페니스가 있는데 보이지 않을 뿐이라고 굳게 믿어 버린다.

그 과정에서 남자아이는 꿀꺽 삼켜지는 것을 어떻게 해서든 피하기 위해 어머니의 그 거대한 부분을 묻어 버린다. 그것은 이미 '불충분한 남자아이'이지 '거세당한 여자아이'가 아니다. 이렇게 해서 '나르시시즘적 손상'이 가해지고 오이디푸스 콤플렉스는 최후를 맞이한다.

남녀의 해부학적 차이와 성적 차이를 이해하게 된 남자아이는 프로이트가 했던 대로, 클리토리스를 열등한 기관으로 간주한다. 상대를 모욕함으로써 자기를 방어하고, 여성이란 '제2의 성'에 지나지 않는다고 믿으려 한다(물론 자신을 낳아 준 여성도 예외는 아니다).

여성 멸시의 신화는 남성이 '약한' 성이라는 직관적 감각(남성 자신이 느끼는)을 은폐하고, 사실을 난폭하게 숨기려 한다. 아름답고 섹시하고 신(神)보다도 매력적인 이브가 아담의 갈비뼈에서 만들어졌다는 설을 믿는 체하는 것이다. 여자란 존재는 영혼이 열등해서 유혹당하기 쉽기 때문에, 이브가 아담을 충동질해서 원죄의 길을 걷게 했다고 믿으려 한다. 여성은 탐욕스럽고 야만스러워서, 원하는 것을 손에 넣기 위해 자신의 욕망까지도 이용하였다는 것이다.

프로이트의 말에 의하면, 여성에게는 양심의 가책이라는 것이 결여되어 있다. 그래서 자기 내부에 존재하는 빛에 인도되는 대신 칭찬해 주는 상대의 가치에 매달린다. 여성 특유의 성적인 매력은 남자를 타락시키는 동시에 여성 자신의 약점이기도 하다고 약한 남성은 믿는다.

남성은 여성이 원죄 때문에 벌을 받아서 출산의 고통을 맛보게 되었다고 믿는다. 여성 최대의 위업이고 최대의 매력이며 남성에 대한 우위의 근원이기도 한 출산을 그토록 괴로운 시련으로 보게 된 것도 그 때문이다. 남성들은, 여성이 남성에게 지배당하는 것도, 임신을 해서 괴로워하는 것도 모두 여성의 운명이라고 주장하며 자신을 지키려고 한다. 그러나 그렇게 말하면서도, 옛날에 자기가 생겨난 것처럼 어머니의 가슴, 어머니의 자궁에 안기는 갓난 아이를 만들 수 있는 것은 여성뿐이라는 것을 알고 있다.

호니는 이를 자기를 방어하기 위한 왜곡된 상상이라고 말한다. 남성의 여성 혐오(여성에 대한 '과장'과 '중상')에서 나타나는 특유의 새디즘은, 그들이 여성의 성욕과 출산 능력에 직면했을 때 느끼는 무력함과 불신으로부터 자기 자신을 지켜 준다. 여성에게 기죽지 않도록 스스로에게 도움을 구하는 것이다.

하지만 때때로 드러나는 진실을 통해 그러한 수수께끼가 명확하게 설명되기도 한다. 남성이 흥분하여 여성에게 굴복하는 경우가 있다. 그럴 때 남성은 관능적인 동시에 숭고한 성충동 앞에서 경계심도 도덕 관념도 내던져 버린다. 그리고 자신의 성충동을 참지 못하고 그것을 몽땅 분출하려고 한다. 트리스탄과 이졸데가 미약(媚藥, 성욕을 돋구는 약)을 들이컨 것처럼 말이다. 그러나 이런 사랑이 영원히 계속될 리는 없다. 계속하기에는 짐이 너무나 무겁다. 광기에 이르기 바로 직전에 여성에게 굴복하는 것을 그만두지 않으면 안 된다.

남녀관계에 관한 여성의 새도매저키즘적인 공상도 남성과 마찬가지로 오이디푸스기에 발생한다. 아버지의 관심을 끌고 싶다는 마음이 여자아이의 내부에 싹트는 것은 걸음마를 아장아장 걷기 시작할 무렵이다. 발육이 진행되어 서너 살이 될 무렵에는 오이디푸스 콤플렉스가 나타나기 시작하고, 한층 더 공격적인 성 행태로 나타난다.

자신이 아버지(아니, 남성이라면 누구라도)를 성적으로 자극한다고 생각하기만 해도 여자아이는 흥분한다. 또한 남성의 관심을 경쟁 상대(특히 어머니)로부터 빼앗고 싶다고 생각한다. 그러나 노력

왜 자기 자신을 학대하는가

을 해도 잘되지 않으며, 아버지가 자신을 필요로 하는 것보다 자신이 아버지의 존재를 필요로 하는 쪽이 더 크다(변덕이 심한 아버지의 관심을 항상 끌고 싶은 것이다).

그 때문에 아버지에게 분노를 터뜨린다. 화를 냄으로써 자신을 사랑해 줄 것 같은 상대를 불안하게 하려고 한다. 성적 매력으로 그들을 압도하고 굴복시켜서, "당신을 위해서라면 죽어도 좋다"고 말하게끔 하려는 것이다.

여자아이는 서서히 자신이 보이는 노출증적 행동 뒤에 숨어 있는 경쟁적·공격적인 충동에 대하여 죄책감을 갖게 된다. 이 죄책감과 눈에 보일 만큼 생생한 공상이 무의식적 조작에 의해 다양하게 뒤섞여서 한층 위험한 것으로 변화한다.

여자아이의 성 정체성의 전반적인 발달과 '페니스 선망'에 관한 호니의 연구에 의하면, 여자아이는 아버지를 손에 넣어 어머니를 상처입히고 쫓아냄으로써 보복할 수 있다고 생각한다. 게다가 아버지가 딸의 욕망을 충족시켜 준다고 하더라도, 자신의 조그만 음부에 아버지의 딱딱하게 발기한 거대한 페니스(어린 여자아이 쪽에서 보면)가 침입해 오면 몸이 찢기고 부서져 버릴지도 모른다고도 느낀다.

이렇게 해서 여자아이의 무의식 속에서는 욕망의 충족과 그에 대한 처벌이 하나로 결합된다. 이 공포와 죄책감에 시달려서 여자아이는 '원시적 여성 성징'으로부터 멀어져 나간다. 페니스(언젠가는 자신을 침입해 올 가능성이 있는 것)에 대한 소망이 확대되고(남자아이가 바기나와 가슴을 동경하는 것과 같다), 아버지의 페니스보다는 자신의 페니스를 손에 넣음으로써 아버지로부터, 그리고 자신의 욕망으로부터 도망치려고 한다.

임상의가 말하는 9, 10세 가량의 '후(後)오이디푸스기'의 여자아이에게서 흔히 찾아볼 수 있는 '말괄량이' 태도는 불안과 자기 방어의 심리적 표현이다. 성차별적인 자세가 가장 노골화되어 있던 무렵 프로이트는 이것을 남성성에 대한 초기의 탐구 표현이라고 생각했으나, 그것은 잘못이다. 남자답게 되려고 하거나 남자답게 행동하려고 하거나 자신의 페니스를 손에 넣으려고(바지를 입거나 승마를 하거나 해서) 하는 것은 여자아이에게 있어서는 퇴행에 지나지 않는다.

　　여자아이가 그렇게까지 남자다움을 원하는 것은, 사회적 우위나 권력이 남자다움과 페니스의 유지와 결부되어 있다고 생각하는 사회적 통념 때문이다. 이러한 페니스 선망은 남성지상주의에 대한 소리없는 양보이며, 여자다움에 대한 공포와 여성인 것에 대한 죄책감의 완곡한 표현이기도 하다.

　　여성은 오랜 세월 남성에게 지배당해 온 데 분노하지만, 점차 시간이 지날수록 남성적인 투쟁이 아니라 여성적인 포용력을 익혀 입장을 역전시킴으로써, 남성을 지배하길 원하는 자신에게 공포와 죄책감을 품게 된다. 그렇기 때문에 남자 흉내를 냄으로써 남자가 되고 싶다는 소망을 과장스럽게 표출하는 것이다. 이 소망에 관해서는 사춘기와 성인이 되고 나서 시작되는 이성애적인 연애에 관해 고찰할 때 다시 한 번 언급하기로 하겠다.

　　피아제가 말한 것처럼, 인지 능력이 성숙하고 가정으로부터 벗어나 학교, 친구, 취미, 스포츠 등의 현실 세계로 새롭게 방향이 정해지면, 어린아이는 오이디푸스 콤플렉스에서 벗어나 '잠재기'로 돌입한다.

물론 현대에 이 용어가 적절하다고 말하기는 어렵다. 프로이트가 이 말을 만들어 낸 빅토리아 왕조 시대에 비하면, 현대문화는 자극이 지나치게 강하기 때문이다. 아이들도 옛날보다 성에 대해 민감해졌다. 그럼에도 불구하고 남자아이나 여자아이 모두 전반적으로 현실이나 공상세계에서 부모에게 성욕을 느끼기보다는 보다 커다란 공동체(아동심리학자 로이스 머피가 말하는 "확대된 어린아이의 세계")의 일원으로서 사회화의 기준과 요구에 따라 행동하게 되었다.

학교에 다닐 연령이 되면 사회적·문화적인 요구는 남자아이 혹은 여자아이로서 정해진 역할 분담에 따르게 된다. 이 과정을 로렌스 콜버그가 치밀하게 연구했는데, 이러한 종류의 성별 특성은 억압을 낳는 성적 감정과는 그다지 관계가 없고, 오히려 문화에 의해 규제되는 이른바 '여자다운 여자', '남자다운 남자'의 행동과 깊은 관계가 있다. 그러나 콜버그가 1960년대 후반에 정식화한 이같은 분류 역시 다양한 역사적 변화에 영향을 받고 있으며, 특히 페미니즘이 가져온 육아 방식의 변화에 많은 영향을 받는다.

어쨌든 성의 스테레오타입(일반적인 행동 양식 : 역주)화에 대한 압력과 마찬가지로, 성별에 의한 역할 분담은 문화와 발달의 쌍방으로부터 자극을 받아 정해진다(다만 발달은 독자적인 변화를 이루기 때문에, 각 시대의 이데올로기 영향은 거의 받지 않는다).

여자아이에 비해 남자아이는 '사내아이다움'에 집착하는 경우가 많다. '마마 보이'라는 말을 듣는 게 너무 싫은 나머지, 어머니의 품에서 필사적으로 벗어나려고 한다. 여자아이를 '시시한' 존재라고 생각하기 때문에, 친구로도 끼워 주지 않는다.

남자아이는 자신의 섹슈얼리티를 억압하고, 남자다움을 공격성

219
남성과 여성의 영원한 싸움

으로 정의하려고 한다. '사내아이다운 사내아이'란 '개구쟁이'를 말한다. 남자아이들 사이의 유대감이라는 동성애적인 측면은 일단 의식되지 않으며, 여성에게 접근하는 데 대한 혐오, 아니 오히려 공포감이라 말할 수 있는 것도 무시된다.

여성에게 지나치게 가까워지는 것은, 어머니가 절대적 권력을 갖고 있었던 과거로 퇴행해서, 그 속에 머무르는 것이기도 하다. 여성 혐오를 자처하는 7세에서 11세까지의 남자아이에게는, 여자아이에게 새디스틱하게 행동하는 것이야말로 용기의 증명이며, 자신이 여자아이답지 않다는 것을 선언하는 수단이다.

같은 또래의 여자아이들이 이런 점에서 보면 훨씬 수월하게 대처한다. 남자다움은 필사적이지 않으면 얻을 수 없는 허망한 것이지만, 기본적·본질적인 여자다움은 보다 확실하기 때문이다.

'여자 같은 남자'를 철저히 거부하는 남자아이와는 달리 여자아이는, 앞에서 소개한 '말괄량이 아가씨'의 예처럼, 자유롭게 남성의 역할을 연기한다. 남자아이가 어머니로부터 벗어나려고 하는 데 반해, 여자아이는 여전히 아버지에게 애교를 부리려고 한다. 여성을 섹스의 대상으로 다룰 뿐만 아니라, 여성 스스로도 자신을 섹스의 대상에 지나지 않는다고 믿게 만드는 문화적 영향으로, 여자아이는 남자아이보다 훨씬 수월하게 이성에게 친밀감을 나타내거나 접촉할 수 있다.

여자아이는 같은 또래의 지저분하고 야만적인 소년들은 거들떠보지도 않고, 팝 스타에게 열광하거나 연상의 남성에게 열을 올린다. 남자아이들을 다만 웃음거리로 삼을 뿐이고, 새디스틱한 공격은 주로 동성인 여자아이에게 향해진다. 집단 내에서 서열을 만들거나, 집단 안팎에 있는 경쟁 상대를 비하하기도 하면서 말이다.

왜 자기 자신을 학대하는가

때로는 성인의 이성애적인 관계에서나 찾아볼 수 있을 것 같은 것들을 여자아이들끼리 예행연습하기도 한다. 춤을 추거나 멋을 부리거나 섹스 흉내를 내거나 남자아이를 데리고 놀면서 약올리고 상처입히는 것이다.

여자아이가 이런 행위에 쉽게 전념하게 되는 것은, 이 나이의 여자아이라면 남자아이보다 몸집이 큰 경우가 많음에도, 몸집이 크다고 해서 눈에 거슬리는 상대에게 폭력을 휘두른다는 생각 따위는 하지 않기 때문이다. 육체적으로는 여자가 더 약하다고 여겨지기 때문에, 목적을 달성하는 데도 야만적인 힘에 의존하지 않고 지혜로 승부하는 법을 배울 수밖에 없다.

이 나이에는 남자아이, 여자아이 모두 성적 행위가 아닌 새디스틱한 행위가 자기 방어에 도움이 된다. 이성에게 접근하지 않음으로써 자신의 마음을 인식하지 못한 채 지낼 수 있기 때문이다. 그러다가 사춘기를 맞아 성 충동이 폭발하면, 지금까지의 행동 방식과 그에 따르는 자기 억제를 유지할 수 없게 된다. 사춘기의 소년 소녀들은 새도매저키즘의 방정식 중에서 매저키즘적인 부분을 재발견한다. 지금까지 자신들이 오이디푸스 콤플렉스기(정신분석학자가 말하는 "유아건망증"의 배후에 숨어 있는 유아기 초기)에 억제되어 있던 환영(幻影)에 계속 지배당해 왔음을 깨닫는 것이다.

✎ 최초에 사랑이 있고, 그 다음에 만남이 있다

물론 모든 원인이 어린 시절에 있다는 말은 아니다. 정신분석학자는 성인의 섹슈얼리티를 젖먹이 때의 섹슈얼리티의 원형으로 환원해서 '발생적 오류'라는 표현을 사용한다. 앞에서도 말한 것처럼, 어린아이는 사정(射精)할 수 없고, 성교도 하지 않을 뿐더러 어른처럼 오르가슴을 체험하는 일도 없다. 자기 몸의 성적 기능을 사용하기 위해서는 적어도 사춘기가 되어야 한다. 더구나 어린아이는 공상 외에, 살아 있는 미지의 존재로서의 타인과 관계한 경험도 없으므로 성적 기능을 애당초 이해할 수도 없다.

연애관계를 구축하기 위해서는 우선 어느 정도 기간에 걸쳐 친구로서 이성과 접촉하는 게 필요하다. 욕망을 애정으로 전환하기 위해서는 한 걸음 물러나, 자신과 타인에 대해 생각해 볼 필요가 있다.

즉, 피아제가 말하는 "형식 조작 논리" 혹은 "가설 연역적 추론"의 능력이 필요한 것이다. 시인과 같은 은유 능력이 필요하지만, 이러한 소질과 힘은 유감스럽게도 사춘기에 나타나서 사라져 버린다. 연애를 하기 위해서는 어른으로서의 신체와 생리, 정신과 더불어 일종의 성 정체성이 필수적으로 요구된다. 요컨대 '사춘기'가 필요한 것이다.

에릭슨과 브로스는 사춘기에 관한 이론가로 유명하다(덧붙여 말하면, 이 두 사람은 십대 무렵에 동급생이었다). 그들은 청소년기에서 어른이 되는 발달 과정은 '단속적(斷續的)'이라고 주장한다. 소년과 소녀가 맺어지기 전에 그들은 먼저 숨겨진 동성애를 경험하고, 지성(知性)을 자각하고 실천하며, 자위의 나르시시즘을 겪게 된다. 여기서 사춘기의 발달 과정에 관한 상세한 것은 언급하지 않겠다. 다만 잘난 듯이 큰소리를 치는 남성이 매우 나약한 존재라는 것만을 지적해 두겠다.

예를 들어, 십대 소년이 실제로 여자아이와 섹스를 하는 것보다 자위에 몰두하는 시간이 긴 이유는, 첫째 여성의 몸에서 오르가슴

왜 자기 자신을 학대하는가

을 얻는 게 두렵기 때문이다. 하물며 신비한 바기나 같은 것은 더욱 그러하다. 때문에 그들은 실제로 존재하는 여성과 섹스를 하지 않아도, 자신의 손으로 안전하게(페니스를 잃지도 않고) 기분이 좋아질 수 있다고 스스로를 타이르지 않으면 안 된다.

남성이 여성보다 리비도에 의해 충동받기 쉬운 것은 아니다(여성이 더 이상 자신의 욕망을 억제하지 않고 에로티시즘에 눈을 뜰 때까지 시간이 걸리는 건 사실이지만). 소년은 거세에 대한 불안을 강하게 갖고 있기 때문에, 자신에게 공포감과 나약함을 느끼게 하는 여성에게 욕망과 분노를 함께 느낀다.

더구나 소년의 정체성은 성적인 것에 한정되지 않을 뿐 아니라, 성적인 정도까지 확립되어 있지도 않다. 사랑을 통해 여성과 맺어지는 것은 소년의 입장에서 볼 때 여성과 동일화되는 것과 다를 바 없다. 그러나 실은 어느 틈엔가 여성의 오라(aura, 영적인 기 : 역주)에 머리까지 잠기고, 여자다움이 몸의 구석구석에 배여들고, 게다가 여성의 인생관까지 닮아가게 마련이다.

소년은 자신의 여성다움으로 인해 남성다움을 잃어버리게 될까 봐 두려워한다. 자신들의 도덕적 정의나 고결한 규범이, 캐롤 길리건이 "여성적인 보호 논리"라고 부르는, 보다 관용적인 도덕 — 이것은 소년들의 눈으로 보면, 나약한 것으로 보인다 — 으로 대체되는 데 겁을 먹고 있는 것이다(앞에서도 말했지만, '여성이 더 도덕적이다'라는 이 견해를 일부 페미니스트는 인정하고 있지 않다. 어쨌든 사실이라기보다는 사회적 산물에 가까울 것이다).

이러한 과정을 거쳐 성장하면서 남성은 소년 시절 혹은 성인이 되어서도, 아버지를 본받아 보다 큰 야망을 쫓기 위해 억지로 여성에게서 떠나려고 한다.

223

남성과 여성의 영원한 싸움

대개 사춘기 후반에 들어서면서, 남성성과 여성성은 마침내 다양한 방법으로 화해하게 된다. 정신분석학자 주디스 케스텐버그의 말에 의하면, 대부분의 젊은 여성은 자신의 클리토리스나 음순에 익숙하지만, 젊은 남성의 발기한 페니스가 삽입되면 바기나의 또 다른 면을 발견하게 된다. 성장 과정에 있는 여성들은 자신의 섹슈얼리티를 해방시키기 위해서는 남성의 도움이 필요하다는 것을 (노여움을 느끼면서도) 깨닫는다.

이처럼 젊은 여성은 남성의 뜨거운 눈길뿐만 아니라 관능적인 접촉이나 발기한 페니스의 삽입을 열망함과 동시에, 성적 정열이 여성으로서의 독립성을 상실하게 하고 정체성의 위기를 초래한다는 데 분노한다. 따라서 자신의 육체와 자아가 자기 것이라고 항의하기 위해, 본래는 이성애주의자임에도 불구하고 일시적으로 남성을 멀리하고 자위나 동성애에 몰입하는 경우도 많다.

연애를 하면 따르게 마련인 그런 위기를 여성도 남성도 새디스틱한 방법(대개의 경우는 도덕적이면서도 새디스틱한 방어법)으로 대처하려고 한다. 이렇게 해서 남녀 모두 서로를 거부하거나 회피하는 위협에 노출된다. 이것이야말로 남녀 사이의 싸움인 것이다.

하지만 그러한 심리에는 이성에게 복종하고 싶다는 거역하기 어려운 욕망이 숨어 있다. 결합과 융합의 쾌감은 너무나 감미로워서 도저히 무시할 수가 없다. 도덕의 명령이나 관습의 속박을 거부하고 타락하는 것은 죄책감과 고통을 가져오지만 그만두기는 어렵다. 연인들의 감각 속에는 질투에 대한 고민이나 공포까지도 매저키즘적 매력으로 가득차 있다. 셰익스피어의 소네트는 아니지만, '천국'과 '지옥'은 동일한 셈이다.

모든 연인들은 블루스를 노래한다. 수백 년 동안 쓰여져 내려온

서정시, 아니 지난 몇 년 동안의 대중음악 가사를 보기만 해도 알 수 있다. 이성애적인 정열에도 새도매저키즘적 심리가 숨겨져 있다는 것을 젊은이들은 훨씬 오래 전부터 깨닫고 있었던 것 같다.

그러나 정열적인 사랑은 젊은이의 특권만은 아니다. 사실 여성의 경우, 성적 자유와 오르가슴을 완전히 깨우치는 것은, 부부 행위가 권태기에 접어드는 중년 이후인 경우가 많다. 설령 결혼을 했다고 해도, 참다운 연애에 눈뜨게 되는 것은 남녀 불문하고 40대에 접어들어서다.

다만 이 시기의 연애는 자신의 행복뿐만 아니라 주위 사람들의 생활에도 심각한 위협의 원인이 될 수 있다. 거짓말과 배신, 자신도 타인도 조절할 수 없는 감정, 애인이나 아내를 빼앗긴 남편의 역할이 운명지워질 때 등의 상황에서 나타나는 제약이나 타락은 분명히 새도매저키즘적인 성격을 지니고 있다. 대부분의 정사(情事)에 해피엔드는 찾아오지 않는 법이다.

실제로 대개의 남녀관계는 행복한 결말을 맺기 어렵다. 아주 양호한 결혼관계라도 예외는 아니다. 설사 버림을 받지 않는다 하더라도, 최후에 기다리고 있는 것은 상실과 이별 그리고 죽음이다. 이 점에서는 클라인도 프로이트도 옳았다. 삶이란 죽음을 향해 존재하는 것이므로……

제8장

억압된 마음으로부터의 해방

✎ 고문으로 변하는 심리요법

새도매저키즘은 적지 않은 문제를 해결함과 동시에 대단히 역설적이기 때문에 회피하기 힘든 게 사실이다. 그렇기 때문에 제7장의 마지막 부분에서 지적한 것처럼 이를 극복하기란 매우 어렵다. 일단 여기서 나쁜 영향을 받으면 그것이 언제까지나 지속되며, 증상을 줄이기도 힘들다. 새도매저키즘은 상처를 입히거나 상처를 입으면서 계속 고통을 경험한다.

이와 같이 새도매저키즘으로 인한 피해 때문에 괴로워하는 사람들에게, 치료가 병보다 쓰라리다고는 할 수 없어도 병 자체만큼이나 견디기 어려운 경우가 많다. 새도매저키즘에 의해 의사와 환자의 관계마저 새로운 악순환에 빠지게 되어, 문제에 대처하기 위한 심리요법이 방해받는 일까지 있다.

이 불쾌하고도 골치 아픈 사실을 67세에 깨달은 프로이트는 스물다섯 살 때 세웠던 정신 구조에 관한 이론을 재검토했다. 경우에 따라서는 열성적인 의사와의 협력으로 환자가 병식(病識, 질병임을 자각)을 얻어도 회복되지 않을 뿐더러 악화되는 일조차 있었다.

이처럼 악화되는 이유도 알지 못했을 뿐만 아니라, 그 동기 역시 무의식적이었다. 그후 환자의 꿈, 의사와의 관계, 의사에 대한 감정이나 인식을 연구함으로써, 환자가 이런 상황에서 회복되는데 대해 강한 죄책감을 갖고 있다는 사실이 밝혀졌다. 회복하고 나면 나쁜 짓을 하거나 타인에게 상처를 입히게 될 것이다, 그러니까 그러한 변화에 오랜 시간과 큰돈을 들일 가치가 없다고 환자는 생각한다. 이렇게 해서 그들은 행복을 추구하기는커녕, 오히려 불행을 추구한다. 뿐만 아니라 환자 본인은 자신의 행위를 의식하지 못하는 것 같았다.

프로이트는 이것이 무의식적으로 갖게 된 죄책감의 결과라고 확신했다. 양심의 힘은 일종의 감지 장치로서 의식의 경계선상에 존재하는 것이 아니라 정신의 가장 깊은 곳인 무의식 속에 숨어 있는 것이 아닌가 하고 추론했던 것이다. 그는, 현재 우리들이 '초(超)자아'라고 부르는 것은 어떤 면에서는 의식이고, 또 어떤 면에서는 무의식이라고 추론했다. 쾌락을 추구하는 '이드'와 현실지향적이고 방어적인 '자아'라는 두 종류의 주요 정신 구조에 속하는 여러 기능과 똑같은 것이다.

환자의 비참한 말로를 목격한 프로이트는 우선 첫 번째로, 무의식의 죄책감을 깨닫고, 두 번째로 초자아를 개념화하고, 세 번째로 이른바 정신의 3단계 구조 모델을 구축하기에 이르렀다. 이에 의거하여 이 책의 제7장에서 도덕적 매저키즘이라고 설명했던 현상을 명확히 규정하고, 거기에는 이드 · 자아 · 초자아의 세 가지 힘이 서로 버티고 있다고 생각했다.

업악된 마음으로부터의 해방

이러한 새로운 관점으로 일상생활에서 발생하는 신경증 환자를 분석할 때, 도덕적 매저키즘이 중요한 요인, 특히 장해로 대두되었다. 본능적 충동과 도덕적 명령 사이에서 방황하는 자신을 깨달음과 동시에, 인간은 불합리한 강박 관념이나 자기 혐오에 빠지게 되는 것이다.

이러한 통찰과 도식을 가지고서도, 프로이트 본인은 물론 그의 후계자들조차도 확실한 성과를 올릴 수 없었다. 도덕적 매저키즘은 여전히 심리요법이 성과를 거두기 어렵게 했고, 또 다른 종류의 심리요법도 사용하지 못하게 만들었다. 도덕적 매저키즘이 보편적으로 존재하는 바람에, 치료하기가 어렵고 시간도 걸릴 수밖에 없었다. 이러한 상황은 그때나 지금이나 변함이 없다.

여기서 도덕적 매저키즘이 진료 과정에 미치는 모순된 영향에 관해서 간단히 생각해 보자.

자신을 벌주고 싶다는 환자의 욕구가 집요할수록, 진료 과정에서 역효과가 나타날 가능성이 크다. 임상의는 이것을 '진료에 대한 패배 반응'이라고 부른다. 앞에서도 언급한 무의식적인 죄책감과, 정신치료사가 구세주에서 간수(잔혹한 여왕이나 엄한 주인)로 변해 버리는 경향이 이러한 탈선 및 악화의 원인이다.

너무나 집요해서 대처하기 어려운 도덕적 매저키즘을 치료하는 데는 몇 년이나 걸릴 수도 있다. 비용만 들 뿐, 성과는 미미하거나 전혀 없을 수도 있다. 환자는 시간과 돈과 수많은 기회를 희생하지만, 증상은 전혀 변하지 않거나 자칫하면 악화되기 쉽고, 경우에 따라서는 최악의 결과를 초래할 수도 있다.

환자를 치료하기 위해 아무리 노력하는 정신치료사라 하더라도 노력의 성과를 얻지 못하는 경우가 많아 골치를 앓고, 결국에는

왜 자기 자신을 학대하는가

포기해 버린다. 환자의 고집스럽고 불합리한 양심의 잔혹함 앞에서 당황해하고, 같은 일이 계속 반복되면서 점점 자신감을 잃게 된다. 물론 그중에는 뭔가 변화가 일어나 환자 스스로 회복하려는 의지를 가지기를 기다리는 인내심 있는 의사도 있다.

최근에는 도덕적 매저키즘 덕분에 정신분석의가 악평을 듣는 경우도 있는데, 끊임없이 심도 있게 연구를 계속해 나가고 있는 임상의나 이론가의 노력이 부족하다고만은 할 수 없을 것이다.

그러나 임상의 자신이 심각하게 괴로움을 당하는 것은 아니다. 순수한 도덕적 매저키스트는 실천형의 성적 매저키스트나 양심이 결여된 과격한 새도매저키즘적 인격장해 환자에 비한다면, 훨씬 '세련된' 편이기 때문이다. 도덕적 매저키스트는 도덕을 중요시하는 사려깊고 성숙한 인간이며, 건강하기(적어도 외견상으로는)까지 하다. 그렇기 때문에 임상의는 이런 환자들의 치료 결과가 좋을 거라고 믿었다. 그러나 시간과 경험을 통해 그들의 예상이 잘못되었음을 알게 되었다.

예를 들면, 실천형 새도매저키스트는 고통을 느끼고 싶다거나 학대하고 싶다는 충동적 욕망을 억제하고, 규제된 의식적(儀式的) 행위에 만족할 수도 있다. 하지만 도덕적 매저키스트의 경우에는, 본인 및 그들에게 의존하고 있는 사람들의 생활에 매저키즘적 욕구가 밀접하게 결합되어 있다. 더구나 그들은 그러한 사태를 거의 깨닫지 못한다.

이들은 감수성이 예민하고 통찰력이 있고 굳건하지만, 이상하게도 스스로의 힘으로 회복할 수단을 갖지는 못하다. 치료를 하게 되면 기대는 언제나 허무하게 무너진다. 환자도 분석의도 구속으로부터 도망칠 수 있는 방법이 전혀 없기 때문에, 심리요법은 기

억압된 마음으로부터의 해방

나긴 고문으로 변하게 된다. 그것은 제4장에서 언급한 악순환과 거의 비슷하다.

더구나 이러한 고통 자체를 처벌이라고 해석한다 해도 상황을 뒤집지는 못하며, 환자 스스로가 원하는 감옥과 고행으로부터 그를 해방시키지도 못한다. 제6장에서 제8장까지 계속 말했던 것처럼, 이러한 처벌은 정신적 안정과 사회 현상을 유지하고 있는 마음 안팎의 지배자를 위한 역할을 한다. 환자가 스스로 부과한 고난으로부터 도망치려고 한다면, 이해해야 할 일, 해야 할 일은 엄청나게 많다.

✍ 상식으로부터의 결별

과거의 잘못과 현재의 시련에 직면해 속도 우선주의 사회에서 흔히 행해지는 임시 방편의 해결책을 구한 나머지, 의사와 환자는 장기간에 걸친 '대화 치료'에 완전히 절망하는 경우가 많다. 자기 인식이 효과를 나타내지 않는 데 환멸을 느끼고, 반성은 하지 않고 인식이나 행동 전략, 지원 시스템, 셀프-헬프(self-help) 프로그램을 옹호하는 사람도 나타났다. 효과도 없이 한없이 계속되는 심리요법에 대한 합리적이고도 상식적인 대체품이라는 것이다.

본인이 깨닫지 못하더라도, 이러한 개입은 지금까지 지속적으로 자기 처벌에 의해서만 채워져 왔던 다른 많은 욕망에 응할 수 있기 때문에, 환자는 짧은 기간이긴 해도 효과가 있는 것처럼 느낀다.

제7장에서는 자기 처벌에 의해 생기는 속죄의 기능에 대해서 상세하게 설명했다. 매저키스트는 그렇게 함으로써 자기보다 상위에

있는 권위자에게서 위로를 받고, 애정이라는 한때의 위안에 매달린다. 아픔을 경험함으로써 자아 의식을 높이는 동시에 자신과 타인의 경계선을 애매하게 만들고, 고통에 대하여 쾌감과 친근감을 갖는 것이다.

그 결과 매저키즘은 상하관계를 유지하기 위해서, 개인을 방어적이고 억압적이고 착취적인 공동체에 맞추는 기능을 수행하게 되었다. 매저키즘적인 자세는 현재의 사회 질서를 유지하기 위해 적응하는 과정이기도 하다.

실천적인 것을 지향하며 통찰을 하지 않고 행동을 바꾼다는 이 치료법은 환자가 가진 욕구의 방향을(행동과 교류를 통해) 딴 곳으로 돌려놓는다. 더구나 환자는 자신이 그런 일을 하고 있다는 것을 명확하게 의식하지 못한다. 예를 들어 인지주의적·행동주의적 혹은 자기 특유의 '감정에 호소하는 합리적인' 방법을 사용하면 (그중에는 바로 효과가 나타나는 섹스요법 같은 것도 포함된다), 환자에게 자신의 인생에 책임을 지도록 압력이 가해진다.

그러나 이러한 방법은 냉정함과 자제를 강요하는 한편, 모든 진행이 조언의 형태를 취한다. 이 방법을 사용하는 정신치료사는, "저것을 하라", "이것은 하지 마라" 혹은 "저것을 생각하라", "이것은 생각하지 마라" 하고 환자에게 지시하고, 그 과정에서 정신치료사는 상담자에서 지배적 권위자로 승격된다.

환자는 정신치료사에게 복종하고, 그의 지시나 인생관에 완전히 동화된다. 이렇게 해서 환자는 표면적으로는 강한 의지와 자립을 요구받지만, 현실적으로는 정신치료사에게 자신의 의지를 맡기고, 그가 지시한 프로그램에 대한 자기 결정권을 포기한다. 내면으로부터 충동받는 것이 아니라, 명백한 것을 받아들임으로써 외부로

업악된 마음으로부터의 해방

부터 조작당하는 것이다. 이렇게 해서 환자는 내면에 존재하는 새 도매저키즘을 다시금 외재화(外在化)시키게 된다.

'알코올 의존증자 갱생회(A.A.)', '근친상간 피해자 모임', '의존증 극복을 위한 모임' 등 가족 이외의 지원 제도나, '같은 고민을 하는 사람들의 공동체'와 같은 단체에서도 자멸적인 인간에게 이와 같은 잠재적 조작이 사용된다.

이런 집단요법은 개인 카운셀러가 이루어 냈던 것보다는 확실히 단속적 효과가 있다. 억압적이긴 하지만 내포적(內包的)이고도 안전한 사회적 환경을 지키면서, 괴로워하는 사람들의 요구나 고통을 배려하고 있기 때문이다.

이러한 환경에 어느 정도 적응된 사람은 자신이 완전히 회복되었다고 믿는다. 아니면 항상 취약함을 안고 있기 때문에 아무리 시간이 지나더라도 타인의 보장이나 충고에 의해 얻어지는 안정과 뒷받침 없이는 견딜 수가 없다. 그들은 안도감을 갖고 미래는 좀더 확실할 거라고 믿는다. 이렇게 됨으로써 그들은 생생한 과거와 침묵의 유대를 계속 유지하고, '환자는 어린아이와 동일하다'는 공식 속에 계속 안주하게 된다. 감독과 도움이 필요한 어린아이인 셈이다.

'셀프-헬프'라고 불리는 분야에서도 사정은 마찬가지다. 서점의 선반을 가득 메우고 있고 종종 베스트셀러 자리를 차지하는 '스스로 해결하라(Do it yourself)'는 식의 정신적·감정적 입문서들은, 전문가들에게 치료를 받는 데 들어가는 시간이나 경비 없이도 똑같이 문제를 해결할 수 있다고 말한다.

그러나 충고를 바라는 독자가 본문에서 발견하는 건 지식이 아니라 주문(呪文)이다. 권위자와 직접 대면하고 있진 않더라도, 그가 제시하는 프로그램은 알기 쉽고 외우기 쉬운 격언이나 속담, 표어로 표현되어져 있는 경우가 대다수이다. 이와 같은 상투적인 문구나 진부한 의견을 제시하는 사람은 실제로 눈에 보이지 않기 때문에, 독자의 마음속에서 신과 같은 존재로 자리잡는다. 이처럼 아무 내용도 없는 조언들은 무시되거나 잊혀지거나 또는 새로운 경구로 대치될 수 있지만, 익명의 전문가가 발하는 후광만은 여전히 남아 있게 된다.

일상생활에서 희생자나 패배자는 자신의 의식이 부분적으로 변모되었다고 믿고 기대감에 부푼다. 그리고 마치 광적인 록그룹 팬이나 중독 환자처럼 '셀프-헬프'의 잡지나 책을 차례로 독파해 나간다. 그들은 언제나 몇 가지 선택을 제시하는 말(그게 타인의 말 이외엔 아무것도 아닌데도)을 그대로 따르면 간단하게 다른 인간으로 변할 수 있다는 희망을 가지고 스스로를 위로한다. 이처럼 실천적 '셀프-헬프'란 실은 실용주의를 가장한 신비주의, 그것도 대중적 신비주의의 일종에 지나지 않는다.

정신분석의는 이와 같은 심리요법으로부터 얻을 수 있는 가시적인 성과를 "전이(轉移) 치유"라고 부른다. 이러한 변화는 정신치료사 혹은 전문가(그들은 환자의 인생과 관련을 맺는 데 중요한 타인의 대역을 맡는다)와의 관계에 의한 것이지, 자기 인식이나 그에 따르는 인격 재구성의 결과는 아니다.

이 관계는 오래 지속되지는 않기 때문에(적어도 이런 결과를 낳게 된 것과 같은 형태로는 오래 지속되지 않는다), 결과 자체도 지속되지 않는다. 그렇기는커녕 일단 치료가 완료되어도, 오히려 다시 의존이나 강박관념이 되살아날 가능성이 높다.

그래도 이러한 조언에 의한 치료법(특히 알코올 의존증 환자 갱

업악된 마음으로부터의 해방

생회나 부분적으로 굉장한 효과를 발휘하는 섹스요법)의 일시적 효과는 통찰을 우선으로 하는 심리요법과 비교해 보더라도 간단히 무시할 수 있는 건 아니다. 이러한 실천 사례를 액면 그대로 받아들여 치료에 직접 도입하고, 정신분석적·심리요법적 테크닉을 개선하려는 임상의도 있다.

이러한 시도를 했던 임상의들은 중립적으로 냉정하게 환자의 이야기를 듣던 이전의 분석 형태를 떠나서, 환자에게 충고를 하거나 무언가 제한을 가하는 방향으로 자신들의 정신분석 형태를 바꾸려고 해왔다.

정신분석 훈련의 역사를 돌이켜 보면, 그 전에도 선례가 있었던 게 분명하다. 프로이트는 공포증을 분석하는 데 충분한 통찰이 이루어지면, 환자가 지금까지 피해 왔던 공포에 직접 대면하도록 해야 한다고 시사하고 있다(이 치료법은 나중에 행동요법에 관여하는 의사에 의해서 '탈감각(脫感覺)을 만드는 요법', '내부파괴 요법' 등으로 불리게 되었다).

실제로 '늑대 사나이(늑대에 대한 공포를 나타낸 러시아인 환자: 역주)'를 치료할 때 프로이트는 기일을 정하고, 그날이 되자 치료를 중단했다. 그리고 그때까지의 혼미, 수동, 의존 상태에서 환자를 끌어내려고 했다. 후에 프로이트 문헌보관소의 전(前) 소장이자 프로이트의 정통 후계자로 알려진 쿠르트 아이슬러 역시, 중증 정신장해 환자를 분석하는 데 갖가지 조건(제한이나 원조)을 부과해야 한다고 제창했다.

이런 의도적인 치료는 역효과를 내는 경우도 많았다. 실패하는 데에는 명확한 특징이 있었고, 예측도 가능했다. 반드시 몇 가지 결정된 감정 '전이'의 징후를 수반했으며, 또한 오랜 시간을 필요

왜 자기 자신을 학대하는가

로 했다. 감정의 고양이나 퇴행, 의존을 초래하는 일이 치료 과정에서 발생했기 때문이다.

실제로 프로이트나 아이슐러의 실제적인 치료 결과를 진지하고 공정하게 고찰했다면, 분석의는 결과를 예측할 수 있었을지도 모른다. 예를 들어, 분석의가 포기해 버린 '늑대 사나이'는 평생 동안 정신분석을 필요로 하게 되었다. '늑대 사나이'는 프로이트의 진료소로 돌아왔고, 그뒤 프로이트에게 정신분석을 받은 적이 있으며 제자이기도 한 정신분석의 루스 맥 브란슈바이크에게 맡겨졌다. 그때까지 '늑대 사나이'는 실질적으로 모든 유파의 정신분석 연구의 대상이 되었다.

프로이트의 다른 환자 '도라'와 '한스(외출을 할 수 없는 소년으로, 어린아이로는 처음으로 정신분석 치료를 받았다)'의 경우도 비슷했고, 아이슐러의 운 나쁜 환자도 마찬가지였다.

이렇게 극적인 사례만 있는 것은 아니다. 온건파 분석의에게 치료받은 환자는 의사의 배려와 상식적인 치료의 과정에서 의사에게 이해받고 있다고 느낀 나머지, 그 관계에 그냥 만족해 버리는 경향이 많이 있다. 그들은 치료상의 관계를 현실생활에까지 끌고 들어온다.

이른바 전이 신경증, 특히 의사의 권위와 보호에 대한 환자의 복종은 적절한 조처를 취해도 치유되기는커녕 심화되고, 끝도 없이 언제까지나 지속된다. 이와 같은 전이는 적절히 해석되지도 않고, 알려지지도 않은 채 점차 악화될 수 있다. 환자는 응석받이가 되고 어린아이 취급을 받는 사이에, 정신치료사가 부모가 아니라는 사실, 부모는 '소유'할 수 없다—정복할 수 있는 것도 탐할 수 있는 것도 아니고, 영원히 매달릴 수 있는 것도 아니다—는 사실을 직시하는 것 자체를 거부하게 된다.

애당초 충고한다는 행위 자체는 정신분석 방법에 상반되는 것이다. 이것은 본래 환자가 의사에게서 느끼는 전지전능함을 표면으로 끌어내 의문을 느끼게 하고, 어린아이 같은 생각이나 부모에 대한 기대 속에 숨어 있는 착각의 근원을 분석하기 위해 만들어 낸 방법이다. 이 방법은 환자가 어린 시절에 경험했던 것을 상기시키고, 어린 시절에 그대로 머물러 있는 데 대한 환자 본인의 책임을 명확히 한다.

증상이 호전되고 있더라도, 책임감 있는 임상의라면 혁신적인 수단이나 부분적 성공에서 생겨나는 환상에 현혹당해서는 안 된다. 자신이나 동료들의 잘못, 치료의 실패를 통해 무언가를 배워야만 하는 것이다. 치료 과정을 독자적인 방법으로 분석한 뒤, 자신의 특기 분야나 신념에 구애받지 말고 조작적인 심리요법, 즉 획기적으로 보이지만 지속되지 않는 성과를 냉정하게 관찰해야 한다.

일과성의 전이 치유가 의미하는 것은 도덕적 매저키스트의 자기 처벌 아래에는 좀더 근원적인 의존 욕구가 있다는 점이다. 즉, 타인에게 자신을 내맡김으로써 스스로에게 힘을 부여하고 싶다는, 어린아이 같은 욕구를 말한다. 정신분석의 버트럼 류잉이 말하는, "먹고 싶다, 먹히고 싶다"는 욕구다.

이와 같은 욕구나 소망의 근원은 임상의가 '초기 객체관계의 가장 밑바닥층'이라고 규정하는 것, 즉 어머니의 가슴에 파묻혀 있던 갓난아이 시절의 자취 속에 있다. 주의 깊은 임상의라면, 이러한 욕구와 소망이 사회의 점검·조절 기능 속에서 공명한다는 것을 조작하거나 이용해서는 안 된다. 우선 자유롭게 표출시키고,

그 다음에 해석해야 한다.

한스 레바르트는 분석과 심리요법이 행해지면서 형성되는 원시적인 페르소나(이성적인 본성을 지닌 개별적인 존재자 : 역주)와의 관계를 "전이(轉移)라는, 피를 맛보는 과거의 망령"이라고 표현했다. 이는 성숙한 사고와 대화를 통해 비로소 보통 성인의 정신으로 이해할 수 있는 형태가 된다. 단지 욕구가 충족되고 지속되는 것이 아니라, 발견할 수 있고 말로 표현할 수 있고, 이해할 수 있고, 운이 좋으면 해결할 수도 있다.

여기서 욕구를 해결하고자 하는 의지야말로 중요하다. 그것은 환자가 어른으로서의 자유를 얻기 위해 치러야 할 유일한 대가인 고독과 죽음의 숙명을 받아들임으로써 비로소 가능해진다. 하지만 이것은 결코 쉬운 일이 아니다.

✎한 걸음 더 전진—약물요법의 효과

책임 현대는 결과를 중시한다. 따라서 1950년대부터 1960년대에 걸쳐 실존주의가 모든 결정론에 대해서 행한 비판은 현재 설득력을 잃고 있으며, 정신분석의 세계에서도 언급되는 일이 거의 없다. 그러나 에릭 에릭슨, 한스 레바르트, 로이 셰퍼, 레너드 센골드와 같은 정신분석의들은 그 비판 속에 포함된 지혜—인간은 자유의지에 의해서, 그냥 그대로는 무의미할 수밖에 없는 자신에게 의미를 부여할 수 있다는 생각—를 수긍하였다.

그들은 환자가 마음 깊은 곳에 존재의 불안을 안고 있으며, 인격의 확실성, 책임감, 정체성을 추구하고 있다는 사실을 강조했다. 또 환자의 '라이프 스토리(진료 때 얘기하는 내용)'를 분석해 보면 적극적으로 창작해 낸 것이라는 점을 지적하면서, 환자의 기본적 동기에 대해 본인과 분석의가 각자 행하는 '진실을 구축하는 사이의 주관성'에 주목했다. 그리고 환자의 사고 과정에서 명확한 개성을 찾아볼 수 있다는 점도 중시했다.

이들이 종래의 정신분석과 다른 점은, 이러한 실존적이고 윤리적인 의미를 내포하는 관념을, 어린 시절과 사춘기 발달을 도표로 나타내 해명하고 성인의 적응 노력에 결부시킨 점에 있다. 현대 정신분석의는 개인의 생활에 대한 참다운 자기 통찰이 책임을 자각하게 해준다고 생각한다. 에릭슨의 저서 제목이기도 한 '통찰과 책임'이야말로 정신분석의 목표다.

이와 같은 방향에서 매저키즘적인 갈등을 치료할 때 가장 주목해야 할 것은, 혼자서 긴장과 불안감을 견디어 낼 수 있는 환자의 능력을 정신분석의가 강조하고 있다는 점이다. 치료중인 환자는 계시와 만병통치약을 구한다. 자신이 느끼는 망설임을 간결하게 해결하려 하고, 자신이 존재하고 있다는 자아 의식과 침착함을 요구하지 않는 외부 세계로부터의 변화를 원한다.

그들은 자신의 한계를 분명히 하거나 자발적으로 행동하는 건 원치 않는다. 그들의 희망은 누군가가 '해주는 것'이다. 그러나 발달과 적응이란, 보다 자유로워지기 위해 과거를 묻어 버리고, 좀더 저항이 적은 길로만 가려는 태도를 지양하며, 항상 자신의 의지로 행동해야 한다는 것을 의미한다. 의지의 힘에 의한 행동이 자연스럽고 본능적인 것이 될 때까지, 회복해 가려는 새도매저키즘은 욕구 불만을 견뎌 내고, 인간의 정신 상태에서 무엇이 진실인지를 인지하는 데 따르는 공포를 견뎌내지 않으면 안 된다.

결국 어른은 착각을 통해 위로받을 수 있는 어린아이와는 다른 것이다. 남성도 여성도 혼자다. 그리고 혼자라는 것이 인생을 의미있는 것으로 만들어 준다.

운명의 주인 상당히 심각한 새도매저키즘적 인격 장해에 사용되는 또 하나의 좀더 발전된 치료법이 전혀 다른 방향에서 나타났다. 바로 향정신약(向精神藥)이다. 지난 몇 년 동안 수백만 명에 달하는 사람들이 자신을 괴롭히고 있는 문제의 특효약으로 널리 선전된 프로작과 같은 약에 의존하였다.

이러한 경향은 어느 정도 대중적 열광이라고 간주해도 좋을 것이다. 말하자면 대규모의 유아화(幼兒化)이고 상위 권력에 대한 복종이었으며, 미국을 ─ 어떤 작가가 말했다시피 ─ '프로작 국가'로 만들어 버렸다.

어쨌든 약(그중에서도 항우울제)은 가벼운 정신 장해의 치료에 사용되어 왔다. 정신분석의가 정신 장해를 기분 장해(중요한 우울증과 쌍곡선을 그리는 조울증)와 사고 장해(정신분열병을 포함한 정신병)로 분류하는 것은, 치료를 하는 데 갖가지 약물을 활용하기 위해서다. 그다지 큰 병도 아닌 'DSM 액시스 Ⅱ' 장해(인격 장해)에 대해서도 신중하게 처방해서 복용하면 약이 효과적이다. 좀더 자세히 말하면, 갖가지 항우울제가 발견되어서 심각한 우울증과 무력증이 나아졌을 뿐만 아니라, 분리 불안(광장 공포증, 패닉 발작)을 포함한 다양한 증상에도 효과를 가져다 주었다.

뭔가를 이유없이 잃고 나서 최초의 격앙과 위협이 가라앉은 뒤, 유아가 보이는 기본 반응은 노여움이라고 한다. 영국의 아동심리학자 존 볼비에 의하면, 그 다음으로 이어지는 것은 대부분 공포이고, 또 하나 자주 보여지는 게 무관심이다. '기댈 수 있는' 어

업악된 마음으로부터의 해방

머니를 잃은 유아는 아동심리학자 린 스피츠가 말하는 '의존성 우울증'에 빠진다.

매저키즘적인 태도를 버린다는 것은 환자의 마음 밑바닥에 있는 부모의 이미지에 대한 집착을 그만두던가, 적어도 완화시키는 걸 의미한다. 마찬가지로 이에 따르는 우울증이 나아지거나 완화되면 혼자 있을 수 있는 능력이 길러지며 환자의 상태가 호전된다. 다만 약을 투여하는 정신분석의와 약 자체에 환자가 무조건적으로 의존하게 함으로써, 부모와 같은 존재의 상실을 메꾸려는 것은 안 된다.

위험이 전혀 없는 건 아니지만, 정신분석의와 정신약리학자의 일을 분리시키는 것도 하나의 방법이다. 전자는 물론 전문 교육을 받은 정신과 의사고, 처방전을 쓰거나 환자의 약물요법을 감시할 수 있는 경우다. 그러나 환자를 위해서 올바른 약제, 배합, 적절한 분량을 처방하는 것은 그 자체가 상당히 미묘하고 시간을 필요로 하기 때문에 다른 의사가 하는 게 바람직하다.

약물요법을 행하는 정신과 의사는 보통 내과 의사와 같은 역할을 담당하고, 정신분석의나 정신치료사는 해석자로서의 역할을 유지한다. 정신분석의는 전이(轉移)가 일어나는 외부에서, 이와 같이 두 사람의 의사가 서로 협력해서 치료에 임하는 의미를 환자가 이해할 수 있도록 도와 준다. 다른 의사가 약제를 처방하면, 스스로의 인식이나 노력 없이 몸과 마음에 뭔가 도움을 줄 것이라는 환자의 기대를 정신치료사는 직시하고 해석할 수 있다. 환자가 향정신약의 복용에 응한다면, 정신분석의는 환자가 타인에게 의지하는 증상을 더욱 깊이 파헤쳐야 한다.

환자가, 장기적인 효과와 부작용 여부가 아직 충분히 연구되어

왜 자기 자신을 학대하는가

있지 않은 약을 거부하면, 약을 먹는 것에 대한 감정적인 의미를 분명히 해둘 필요가 있다. 의사 두 사람의 공동 작업이 올바르게 행해지고 작용한다면, 즉 두 사람의 의사가 선과 악으로 나뉘어서 싸우거나 환자를 포함한 삼각관계가 되는 것을 피할 수 있다면, 무기력한 우울 상태에 빠진 새도매저키스트에게 약을 복용시키는 것은 증세를 호전시킬 수 있다. 환자는 심리적 통찰에 귀를 기울이고 이를 이용하게 되며, 언젠가는 약물요법을 그만둘 수 있을 것이다.

그러나 다시 한 번 말하지만, 이러한 약품은 환자의 복잡한 증상과 미묘한 정신역학적 갈등을 정신치료사가 잘 이해하고 있는 경우에만 사용해야 한다. 전문 교육을 받지 않은 의사(초기 치료를 맡는 의사들 대부분이 그러한데, 최근의 새로운 의료체계에서는 이런 의사들에게도 권한이 주어지고 있다)인 경우, 우울증의 성질을 잘못 이해할 수도 있다.

예를 들어, 조울증(쌍극성 우울증)으로 고생하고 있는 환자에게, 프로작 같은 항우울제를 투여하면 본래의 우울증을 더 강하게 일으킬 수도 있다. 또한 이러한 행위는 환자 본인뿐만 아니라 주위에도 위험을 미치는, 심각한 공격적 · 파괴적 발작의 원인이 되기도 한다.

그렇게 극단적이진 않더라도(그리고 약에 의한 것도 아니지만), 자기 자신을 비하할 수밖에 없고, 그 때문에 자포자기에 빠져 있던 환자가 우울 상태에서 빠져 나온 상황을 생각해 보라. 존 볼비에 의하면, 어머니가 없을 때 갓난아이는 무관심과 절망에서 시작해 새로운 불안을 거쳐, 다시금 격노에 이르는 일련의 감정적 반응을 보인다. 그러나 지금 이야기하는 환자의 반응은 그 반대

업악된 마음으로부터의 해방

의 순서를 거친다.

새롭게 출현한 이 새도매저키스트는 이번에는 한층 더 새디즘적이고 나르시시즘적인 자기 방어를 시도한다. 우울 상태에서 회복하면 갑자기 자신감과 원기가 넘쳐나고, 자신의 강함을 과시하며, 주위 사람들에게 복수하기 위해 공격을 개시한다(본인은 자신이 그러하다는 사실을 깨닫지 못하는 경우가 많다). 너무나도 오랫동안 스스로를 벌해 온 그들은, 자신이 범한 고행이라는 죄를 이번에는 타인에게 벌하는 것이다.

골치 아픈 일을 피하고 싶다는 인간의 자연스러운 본능은 깊이 생각하는 것보다는 행동을, 아는 것보다는 행하는 것을, 자기 자신보다는 타인을 보도록 만든다. 따라서 약이 환자에게 초래하는 변화의 의미를 받아들이고 절충하지 않는 한, 약은 역효과를 가져오기 쉽다. 새도매저키즘적인 딜레마에 시달리고 있는 환자도, 셰익스피어가 말한 것처럼 "자기 운명의 주인"이며, "잘못은 별자리가 아니라 자신에게 있는 것"이다.

어찌 보면 생각 없이 행동하는 것은 매력적인 일이다. 그리고 본래 환자가 자신의 인생을 직시하도록 하는 데 도움을 주는 약을 오용할 때, 그 매력은 더욱더 심각해진다.

✎ 치료 과정

개시 단계 아무리 공통되는 유대나 보편적인 문제로 결합되어 있다 하더라도 인간은 모두 각각 다르다. 마찬가지로 일반적이고 보편적인 관심사에 대해서도 인간은 각각 다른 생각이나 반응을 느끼고 행동한다. 누구에게나 공통되는 욕구나 불안, 방어에도 인간은 각각 독특하고 복잡한 방법으로 서열을 매긴다.

환자의 다양성을 감안할 때, 심리요법이나 정신분석은 그 사람에게 딱 들어맞는 치료법은 무엇인지, 그 과정은 어떤 식으로 전개되는지, 어떤 도움을 가져올지, 언제 어떤 식으로 끝날 것인지 등을 단 한 가지도 정확히 예측할 수 없다. 표준적·이상적인 진료 과정을 확립하는 경우에도, 기준이 엇갈리거나 다양화되는 것은 예외가 아니라 일반적인 현상임을 명확히 인식하지 않으면 안 된다.

내가 이를 강조하는 것은, 정신위생에 종사하는 많은 사람들에게 통념으로 자리잡은 이론들에 약간의 이의를 제기하고, 또한 독자들에게 정신에 개입한다는 것(아무리 훈련을 쌓았다 하더라도)이 얼마나 위험한지를 경고하기 위해서다. 되풀이하여 말하지만, 정신이란 우리가 생각하는 것만큼 분명하지도 단순하지도 않다.

위의 사실을 명심하고 일반론으로 넘어 가도록 하자. 우선 초기 단계부터 시작하겠다.

초기 단계 새도매저키즘적인 인격의 소유자 중 매저키스트는 치료를 원하지 않는 경우가 많고, 치료를 받더라도 단속적이기 쉽다(나중에는 치료에 탐닉하는 경우도 있지만). 앞에서 소개한 예처럼, 그들의 경우 주위 사람들로부터 전문가의 도움을 받도록 권유받는 경우가 많다. 진찰을 받고 나서도 그들을 끊임없이 설득하거나, 마지막까지 버틸 수 있도록 격려하거나 해서 진료 과정을 강화할 필요가 있다. 이 과정에 환자가 저항하거나 변덕을 부리는 것은, 첫째 새도매저키즘적인 소유자가 고통에 대한 집착이나 이러한 집착을 단념하는 것에 대한 양면적인 감정을 가진 데서 유래한다.

억압된 마음으로부터의 해방

다시 말해 이러한 환자들은 치료를 받기 시작하면서 정신치료사에게, 생활 패턴이나 그 배후에 있는 동기를 분류 또는 해석하는 것이 아니라, 무엇을 해야 하는가를 똑똑히 지시해 달라고 요구한다. 매저키즘적인 환자는 치료를 도중에 포기하겠다고 협박함으로써 구속당하고 명령받는 것을 무의식적으로 요구한다. 정신치료사를 권력자 또는 부모의 대리인으로 격상시키고, 자신이 선택해야만 하는 책임을 전가시키고자 한다.

정신치료사는 일시적으로 그 책임을 받아들이게 되는데, 일단 받아들이고 나면 환자의 의식을 넓혀서 자주성을 심어 주어야 할 정신치료사가 어느새 권위자, 압제자, 교도관, 고문관으로서의 역할을 떠넘겨 받게 된다.

주디 굴드의 경우

심리요법과 함께 분석 상담을 받게 된 주디 굴드는 '환자는 종종 실제 지닌 병보다도 그 병의 치료를 악화시키려고 한다'는 역설을 보여 주었다. 빌과 마침내 헤어진 주디는 평소 친하게 지내던 사촌 샐리가 아이를 출산하고 나서야, 겨우 친구들의 충고를 받아들여 정신치료사를 찾아갔다. 상실감과 마음의 상처, 그리고 '인생에 홀로 남겨진 것 같은' 감정 때문에 발생한 주디의 우울증은 정말로 진료가 필요한 상태였다.

밤에는 불면증에 시달리고 식욕도 없고 취미생활에도 흥미가 없으며 자기 혐오에 시달리고 자살 충동이 더 이상 견딜 수 없을 정도로 강해져 있었다. 주디는 그런 상태에서 조금이라도 벗어나기 위해 '인생과 사랑을 영원히 치료해 줄 약'을 구하기 시작했다.

에이미는 친구가 도움을 받고 있는 여성 정신치료사를 소개하려고 했다. 여자끼리면 정신치료사도 주디의 곤경에 감정이입을 하기 쉽고, 주디도 정신치료사의 행복과 성공에 자신을 동일화하기 쉬울 거라고 생각했기 때문이다.

하지만 주디는 '여자인 것을 견딜 수 없는' 상태였기 때문에, 남성이 아니면 안 된다고 대답했다. 치료의 힘을 '갖고 있는' 것은 남성뿐이라고 주디는 막연하게 생각하고 있었다. 이후의 분석에서 밝혀진 바로는, 이것은 본뜻을 숨긴 비유적인 말이었다. 주디는 전문적·지적 권력을 남근에 결부시키고 있었던 모양이다. 또한 주디는 자신이 안고 있는 문제가 남성과 결부된 것이므로, 남성과 함께 해결하지 않으면 안 된다고 덧붙였다.

이렇게 해서 주디는 에이미의 새로운 정신분석의인 캐시 웰슈가 추천해 준 프레드 코엔과 만나게 되었다. 주디는 코엔 의사가 믿을 만한 인물인지 스스로 확인해 보려는 생각은 하지도 않았다. 그러나 다행히 에이미가 웰슈 의사를 선택할 때 이미 충분한 시간을 들여서 확인한 상태였다.

웰슈 의사는 뉴욕 정신분석연구소 출신으로, 코넬뉴욕병원에서 보수를 받지 않고 조교수로 일하고 있었는데, 프레드 코엔은 그곳에 상근하는 정신의학 교수였다. 그는 우울증의 권위자이자 향정신약을 사용한 치료로도 유명했다. 또한 콜롬비아 의료센터에서 수석 의사와 주임 분석의를 겸임하고 있었다. 결국 '내가 책임지지 않은 방기' 때문에 다행히 주디는 '이번에야말로 혐오스러운 녀석이 아닌 유능한 인간의 손'에 자신을 맡길 수 있었다.

두 차례의 오랜 진찰 끝에 코엔 의사는 우선 하루에 20밀리그램, 나중에 하루 40밀리그램의 '프로작(항우울제)'을 복용시키기로 했다. 일주일에 한 번씩 진찰을 계속 받는 동안 우울한 증상은

억압된 마음으로부터의 해방

완화되어 갔다. 하지만 이것은 치료의 초기 단계에 불과하고, 대인관계나 감정적 갈등은 약으로 고칠 수 없다고 의사는 말했다. 이야기하는 것, 자기자신을 충분히 엄격한 눈으로 직시하는 것이 주디에게는 필요했다.

주디는 저항하고 빠른 말로 지껄여대고 울기까지 했다. 우울증이 심했던 초기에는 오랫동안 흐느껴 울었는데, 지금 흘리는 눈물은 옛날에 흘리며 느꼈던 쓰라림에 대한 회상이었다. 눈물은 뺨을 타고 흘러 내려와 자기 만족에 찬 쓰디쓴 미소를 띄고 있는 입술 가장자리로 떨어졌다.

마침내 주디는 마음을 열었다. "네, 좀더 자주 이야기하러 오겠습니다" 하고 주디는 말했다. 코엔 의사는 치료를 처음 시작할 때부터 다음에는 이야기를 듣지 않겠다고 미리 말해 왔다. 그리고 그는 누군가 다른 사람에게 말하는 게 좋겠다고 권유했다. 그렇게 해야 계속 치료를 받을 수 있을 거라고 하면서 말이다.

주디는 의사의 말을 가로막았다. "너무해요, 이번에는 선생님께서 나를 버리시는군요. 다른 의사들과 똑같아요."

그런 것이 아니라고 코엔 의사는 대답했다. "앞으로도 당신은 나와 함께 치료를 계속할 수 있습니다. 약물요법이 필요할 때까지는 계속 진료를 할 겁니다. 하지만 당신의 마음은 누군가 젊고 재능있는 분석의가 판단하는 게 낫습니다. 게다가 당신은 항상 나의 치료비가 비싸다고 불평을 했지 않습니까? 진료가 주당 2회, 4회가 되면 지불이 어렵지 않을까요?"

"주 4회라구요?" 주디는 깜짝 놀랐다.

의사는 고개를 끄덕였다. "당신에게 정말로 필요한 건 당신의 정신 상태에 대한 분석입니다."

"분석이라뇨. 프로이트파의 정신분석 말입니까? 그것은 고문이에요!"

하지만 주디는 코엔 의사의 말을 따르기로 했다.

코엔 의사는 정신분석연구소에서 갓 나온 사무엘 리처드슨을 주디에게 소개했다. 리처드슨은 주디의 정신분석을 담당하기로 했다. 그리고 대화에 의한 상담을 세 번 하고 나자, 주디는 그를 완전히 신뢰하여 카우치(긴 의자 : 역주)에 눕는 데 동의했다.

월요일 아침이 되었다. 진료실에 들어선 주디는 안쪽 벽에 놓여있는 검은 카우치를 겁에 질린 표정으로 바라보며, 그쪽으로 걸어가다가 발을 멈췄다.

"꼭 해야만 하나요? 서로 대화를 나누는 걸로는 안 될까요?"

"이미 대화는 끝났습니다."

"잘은 모르겠지만, 굉장히 어리석은 일처럼 생각돼요. 왠지 무방비 상태에 빠지는 것 같아요."

"내가 명령을 내렸으면 좋겠습니까?"

"아니에요, 하겠어요. 해도 좋아요. 선생님이 분석 같은 걸 하지 않겠다고 말씀하신다면요."

주디는 카우치에 누웠다. 몇 분도 채 안 돼, 주디는 전날 밤에 꾸었던 치과에 가는 꿈을 이야기하기 시작했다. 꿈속에서 치과 의사는 주디에게 웃음을 자아내는 다량의 가스를 마시게 하고는 의자에 묶어 놓고, 미리 뽑기로 약속했던 이빨에는 손도 대지 않은 채 사랑니만 전부 뽑아 버렸다. 꿈속의 고문 요금은 1만 달러였다.

"그게 뭘 의미하는지는 전혀 알 수가 없어요. 다만 옛날에 어디로 가는지도 모른 채 아버지에게 이끌려 치과에 간 적이 있어요. 여섯 살 때였어요. 좀처럼 빠지지 않는 이빨을 뽑는데…… 너무

247
억압된 마음으로부터의 해방

나 무서웠어요. 정말 아팠어요. 나를 속이다니 너무했어요. 무슨 일이 일어나는지 미리 알려 주지도 않다니요. 하지만 그런 옛날 이야기가 지금 와서 무슨 의미가 있겠어요?"

리처드슨 의사는 그 꿈에 대해서는 당분간 언급하지 않기로 했다. 그렇지만 첫날의 대화와 그 전날의 꿈을 통해 그는 어느 정도 분석의 방향을 예상할 수 있었다. 주디는 어른이 되어서 언젠가는 사랑니를 뽑아 버릴 거라고 생각하고 있다. 그러나 그렇게 생각하면서도 그 책임에서 도망치려 하고, 또 한편으로는 자신의 의지와는 상관없이, 아니 오히려 의지에 반해 사랑니를 누군가에게 뽑히고 싶어한다. 치과 의사에게 치료비를 지불하는 것을, 살인청부업자에게 돈을 지불하는 것과 비슷하게 생각했을 것이다.

정신분석의는 이빨을 뽑듯이 그녀의 정신의 내면을 치료해 주기 위해, 환자의 완고함과 긴장감을 극복하는 데 필사적으로 노력했다. 하지만 주디는 나중에는 불쾌감을 느끼고, 심지어 그가 화가 나서 자신에게 복수하려고 할지도 모른다고 생각했다.

분석의는 침입자, 고문자, 착취자, 배신자의 역할을 부여받고 있었다. 본인을 위해서라곤 하지만 분석 자체는 주디에게 강간과 같이 느껴졌던 것이리라.

치료의 목적이 아버지와의 무의식적 유대를 단절시키려는 데 있었음에도 불구하고, 주디는 이러한 새도매저키즘적인 성적 요소가 포함되어 있던 아버지와의 관계, 현실이기도 하고 공상이기도 한 그 관계를 되살려 내고 있었다.

분석을 하는 도중에 리처드슨은 꿈에 등장하는 음모자가 한 사람이 아니라 두 사람이라는 느낌을 받았다. 그림자와 같은 어머니의 존재를 인식하게 된 것이다. 주디는 예전부터 어머니에게 복종해 왔고, 지금은 또 다른 형태로 계속 복종하고 있는 것 같았다. 리처드슨이 상담하고 있는 다른 여성 환자의 말을 빌리면, "어머니라는 죄"에 대한 복종이었다.

환자와 의사의 관계 속에서 그러한 복종이 재현되고 있다는 것을 체험하고 이해하며, 전이신경증을 완화시키는 것이 이 분석의 중심 과제가 될 것이다.

유감스럽게도 주치의에 대해 환자가 가지는 여러 가지 감정이 명백하게 표면화되어 해석할 수 있게 되고, 그러한 감정이 의식과 이성에 의해 소멸되기까지는 다소 시간이 걸린다. 지금 말한 것과 같은 비교적 짧은 예비 단계에 이어서, 주디는 다른 환자와 마찬가지로 좀더 긴 초기 단계와 중간 단계의 치료를 받고, 그 다음에 마지막 단계(이 자체가 단속적이고 복잡한 과정이다)로 옮겨 가게 된다. 이 과정을 너무 황급히 끝내려고 하거나 초조해하며 서둘러 진행시키려고 하면, 대개 실패로 끝나게 마련이다.

예를 들면, 정신분석의 및 분석의로 상징되는 사람들의 심층(深層)적인 갈등에 귀를 기울일 마음가짐이 되어 있는 환자는 한 사람도 없다(적어도 건전한 정신의 소유자에게는 없다는 말이다). 경솔하게도 자기 혼자만의 생각을 오만스럽게 강요하여, 환자의 공포심을 자극해 반발을 불러일으키고 치료를 아예 망쳐 버리는 일도 있다.

정신분석의가 말하는 것을 어리석다고 무시하거나 완전히 회피하는 게 아닌 이상, 환자는 자기도 모르게 충고를 받아들이게 된다. 그렇게 되면 이성적 사고에서 생겨난 자기 방어가 이른바 의사(擬似) 분석이라고 할 수 있는 것을 지배하게 된다. 이때 당사자는 양쪽 모두 참다운 의미에서는 관여하지 못하는 것이며, 상대의 과거를 다시 체험하지 못한다. 이와 같은 진료 형식은 아무런 변화도 가져오지 못한다.

올바른 훈련을 받은 정신분석의라면, 무의식 속으로 들어가는 대신에 얼마 동안 세심하게 주의하면서 오로지 환자에게 귀를 기울일 뿐이다. 그리고 환자의 감정적 경험에 주목하고, 그것을 자신이나 다른 환자의 생활 혹은 인간의 발달이나 정신 역학에 대한 지식과 은밀히 대조하여, 환자의 생활 속에 나타나는 이미지나 이야기를 구성하려고 한다. 그리고 나서 그 이야기를 독자적인 생생한 이미지나 정경으로 환기시킨다. 또한 모르는 것은 보류하고, 진실이 아닐 수도 있는 결론에 따라 함부로 행하지 않도록 노력한다.

자신의 무지를 알고 있는 사려깊은 정신분석의는 진부한 이야기로 들리더라도 그 속에서 적극적으로 두 가지의 숨어 있는 뜻을 찾아 내려고 노력하고, 의도하지 않았던 뜻밖의 전개를 환영한다. 낭만주의 시인 존 키츠는 이러한 정신을 "수동의 능력"이라고 표현했다.

결론적으로 정신분석의나 정신치료사는 환자가 실제로 입에 담은 것에 관해서, 환자 스스로가 그 순간 진료실 안에서 자신의 감정을 정의할 수 있도록 도와 준다. 자유롭게 이야기하게 함으로써, 환자들 대부분이 안고 있는 억압적인 불안, 수치심, 죄책감을 떠올리게 한다. 환자가 이야기하는 것을 일단 멈추게 한 다음, 왜 멈추게 했는지에 대해 생각하도록 유도한다. 자유연상요법으로 치료하는 도중에, 환자가 스스로 의사에게 이야기하려고 결심했는데 왜 멈추게 하는지를 숙고하게 만드는 것이다. 의사는 다시

왜 자기 자신을 학대하는가

바로 그 순간에 환자를 겁먹게 하고 있는 것이 무엇인지를 물어 본다.

이처럼 정신분석의는 정신분석의 유일한 황금률—모든 걸 이야 기할 것, 솔직해질 것—을 되풀이하면서 환자 자신이 미묘한 형 태로 위반하고 있다는 걸 자각시킨다. 그리고 아무런 이유도 없는 의식의 억압이나 지식의 부정, 억압, 부인, 합리화와 같은 무의식 적 자기 방어가 존재하고 있다는 걸 지적한다. 이와 같이 성실함 이나 반성으로부터 새로운 이상이나 가치를 발견하게 함으로써 갈 등하고 있는 정신작용을 보여 주는 것이 분석의 과정이다.

의사와 환자의 관계가 깊어감에 따라 환자는 현재의 시련, 더 나아가 과거의 고뇌에 관해, 친절하게 대해 주는 의사에게 모든 걸 털어놓게 된다. 이 치료의 초기 단계에서는 좋고 나쁘고를 떠 나 스스럼없이 마음을 터놓는 분위기이기 때문에, 잊혀져 있던 어 린 시절이 모습을 드러내고, 그에 따라 안전과 연속성이라는 두 가지 감각이 두드러진다.

이때 처음 계획만 제대로 진행되면, 대부분의 분석과 심리요법 (전부는 아니라 하더라도)이 진행되는 일 년 가량은 비교적 행복한 밀월 기간이라고 해도 무방하다. 의사와 환자 사이에는 자녀가 어 머니에게 가지는 기본적 신뢰에 입각한 치료 및 작업상의 유대, 쾌적하고 안전한 협력관계가 이루어진다.

딕 나이트의 경우

딕 나이트는 십대인 딸, 수 앤이 골치 아픈 사건에 말려들고 나 서야(다니고 있던 여학교 근처의 길거리에서 마리화나를 피우고 있었 다는 혐의를 받은 것이다) 겨우 도움을 청하게 되었다. 딕은 죄책감을 느꼈다. 자신과 에세르의 문제가 딸이 타락해 가는 원인으로 작용했다는 생각에 견딜 수가 없었다. 자식이 잘되길 바라는 부모의 마음을 가지고 있었음에도 불구하고, 수 앤이 지금의 상황에 불만이 있어서 스스로 잘못된 행동을 한다고 생각되었다.

수 앤의 정신치료사가 예일 대학의 심리학 교수이자 정신분석학자인 밀드레드 스미스를 소개해 주었다. 얼마 뒤, 딕은 일주일에 나흘 정도 카우치에 누워 있게 되었다. 딕이 예상했던 것처럼 '자못 프로이트적인' 것과는 상황이 많이 달랐고, 신문이나 풍자, 만화에서 조롱하는 것과도 달랐다.

스미스 의사는, 프로이트의 사진이나 저서가 빽빽이 꽂혀 있는 곰팡내 나는 사무실에서 몸을 뒤로 젖히고 파이프를 물고 있는, 오스트리아 빈 풍의 분석의와는 전혀 달랐다. 건전하고 양식적인 미국 여성으로, 딕과 공통되는 문화적 배경을 지니고 있었다. 게다가 처음 몇 개월 정도는 따뜻한 태도로 딕의 감정을 신중히 배려하였고, 자신의 주장을 강요하는 따위의 일은 일체 하지 않았다 ('꼭 어머니 같군' 하고 딕은 생각했다). 얼마 되지 않아 딕의 본심, 즉 지금까지 억압되어 있던 자신의 내면이 '마음속으로부터 흘러나오게' 되었다.

마스터베이션, 동성애의 공상, 결혼해서 25년이나 되는데도 에세르의 클리토리스 위치를 잘 모르는 것, 얇은 잠옷 너머로 검게 보이는 어머니의 젖꼭지에 흥분했던 일, 어머니가 '그 지저분한 술주정뱅이(아버지)'의 옷을 벗겨 주고 차가운 물을 끼얹을 때 본, 샤워를 할 때의 아버지의 페니스 등, 무릇 인간이 생각할 수 있는 모든 것, 남에게 말할 수 없는 일조차 남김없이 뛰쳐나왔던 것이다.

딕이 모든 것을 형인 아서에게 털어놓은 것은 형이 죽음을 앞에 두고 침상에 누워 있을 때였다. 형의 죽음도 '스미스 선생의 마법 덕분에' 견뎌 낼 수 있었다. 아무래도 모두에게 좋은 일이 일어날 것만 같았다. 수 앤을 이전보다 다루기 쉬워졌을 뿐만 아니라, 이 '얌전한 불량 아가씨'는 어느 틈엔가 프린스턴 대학의 진학을 결심하고 있었다.

중기 단계 치료 과정에서 초기 단계를 단순한 시작이 아닌 좀더 중요하고 궁극적인 것으로 보는 임상의도 있다. 예를 들면, 하인츠 코프트로 대표되는, '자기'에 주목하는 심리학자는 정신분석 요법과 칼 로저스의 환자 본위의 심리요법을 융화시켰다. 그럼으로써 정신분석 과정에서 감정 이입과 치료자의 적극적인 평가가 환자에게 자신감을 불러넣는다는 데서 생긴 자기 평가와 건전한 나르시시즘을 중시한다.

이 견해에 따르면, 환자의 문제는 부모가 감정 이입에 실패하고 나약한 자녀의 자기 평가에 상처를 입히는 데서 생겨난다. 그 결과 이른바 자기 대상, 즉 감정 이입을 해주는 이상적인 부모와 일치 또는 동조할 수 없게 되면, 중요한 사실을 간과할 뿐만 아니라, 최악의 경우에는 실제로 그 아이를 부당하게 다루고 상처입히고 버려 두게 된다. 이와 같은 발달의 장해를 벌충하기 위해서 환자는 병적으로 비대해진 '자아'에게 집착한다. 치료 과정에서 분석의는 환자에게 그의 이상화된 자기의 거울, 혹은 제2의 자아 역할을 주어 환자의 욕구와 감정에 맞춰 가면서 잘못된 것을 수정함으로써 집착을 제거한다.

이런 바람직한 환경 속에서 성인 환자와 의사는 미묘한 학대와 그에 따르는 자기 체계화의 왜곡된 역사를 재구축해 간다. 그리고 심연에 숨겨져 있던 자기 중심적인 자신감으로 가득찬 어린아이의 모습이 서서히 나타난다. 그 결과, 새도매저키즘은 그 숨겨진 의도와 함께 건전한 나르시시즘으로 변화된다.

미묘한 감정 이입과 무조건적인 지지는 어느 쪽이나 모두 매우 효과적이다. 또한 어떠한 치료라도, 처음부터 환자의 말을 모두 그대로 받아들이는 게 필요하다. 환자에 따라서는 자신의 깊은 곳을 똑바로 응시하지 못하는 경우도 있다. 문제는 일상적 새도매저키스트들 대부분에게 이런 다정함과 애정(프로이트가 말하는 '전이〔轉移〕 연애')이 오래 지속되지 않는다는 점이다. 생활, 특히 갈등으로 가득찬 정신 생활은 너무나도 복잡하다.

공격성과 자학은 집요하게 나타난다. 물론 정신치료사는 환자의 노여움과 고통이 심해지기 전에 이를 해석하고 분해시킴으로써 환자의 격한 분노와 절망의 근원을 아예 처음부터 없애 버릴 수 있다. 그렇게 해서 분석의는 소설에나 나오는 착한 사람의 위치를 계속 유지하면서, 환자가 한 번도 겪어 보지 못한 완벽한 부모 역할을 암암리에 연기한다. 그 결과, 양자의 관계는 일단 표면상으로는 원만해진다.

하지만 애정과 친절을 지나치게 강요하면 환자는 내면으로부터 끓어오르는 감정을 표현하거나 탐구할 기회를 빼앗겨 버릴 뿐만 아니라, 그런 감정이 부적절하고 불필요한 것이라고 생각하게 된다. 심지어는 위험하다고까지 믿게 된다.

이런 유형의 환자들은 치료상의 관계에서 생겨난 애정이 파괴되는 것을 두려워하고, 무의식중에 죄책감을 느끼며, 이유 없는 패배감에 빠져, 의심이나 오해를 의식적으로 억제하게 된다. 마음의 평안을 유지하기 위해서 정신치료사가 동의해 줄 만한 것에만 동

왜 자기 자신을 학대하는가

의를 구한다.

　이러한 2인극을 통해, 환자는 새롭게 발견한 자기 대상과 일체화되었다는 것을 자각한다. 자신이 호전되어 가고 있다고 느끼지만, 그 이유를 충분히 알고 있지 못하다. 그래도 얼마 동안은 호전될 가능성이 있다. 그러나 치료가 끝나면 문제는 다시 나타난다. 프로이트가 말한 것처럼, 억압된 마음은 '회귀하는' 것이다.

　이 시점에서 남성은 남자아이로부터, 여성은 여자아이로부터 분리된다. 어른이 어린아이로부터 분리되는 것이다. 그것은 갓난아이가 성장하면서 치아가 나기 시작하고 아픔을 경험하고 젖을 떼기(이유) 시작할 때와 비슷하다. 이 단계에 이르렀을 때에야 진정한 정신분석이 시작된다. 노련한 분석의는 환자를 비난하거나 고치려고 애쓰지도 않으며, 쓸데없는 신경을 쓰거나 현실이나 체면에 사로잡혀 치료를 빨리 끝내야 한다는 조급함 등에도 구애받지 않고, 환자에게 좋은 것이든 나쁜 것이든 상관없이 마음껏 공상을 펼치게 한다. 이때서야 가까스로 무의식의 내면, 마음의 어둠 속으로 무섭고도 숭고한 여행이 시작되는 것이다.

　이 단계에서 환자와 정신치료사는 고독을 어느 정도 각오해야만 한다. 말하자면 따로따로 내부의 어둠과 대면하게 되는 것이다. 환자는 아직까지 깨닫고 있지 못하지만, 현재 의사와의 관계는 애당초 환자 스스로가 치료를 받게 된 원인이 되는 증상, 인격 장해, 생활양식을 대신하기 시작한다.

　환자는 주의깊게 귀를 기울이는 사람을 향해 자신의 과거와 마음 속에 담고 있던 이야기를 토로함으로써 그것을 다시 체험하기 시작한다. 치료는 노여움과 공포에 가로막혀, 치료를 받게 된 원인인 생활상의 문제나 과거의 갈등과 같이 쓰라리고 곤란한 것이 된다.

억압된 마음으로부터의 해방

중기 단계에서는 전이 신경증이 분명하게 나타나지만, 그것은 모르는 사이에 시작된다. 우선 환자는 의사에게 과민해진다. 경멸 당하고 있는게 아닐까 하고 불안해하거나, 자신이 뜻하는 의미와 해석을 약간 분명히 한 결과, 이전에는 무시하였던 의사의 비판에 귀를 기울이고 신경을 쓰고 있는 자신을 발견한다. 환자는 의사에게 호기심을 느낀다. 이전에는 전문가, 보이지 않는 권위자, 상담자, 육체가 없는 의사의 목소리에 속마음을 털어놓으며 치료만 받는 관계였지만, 이제는 의사의 사생활에 관심을 갖는다.

환자의 호기심이 강해지면, 생각이나 꿈에 분석의가 빈번히 등장한다. 이러한 사고나 꿈은 대개 성적인 성격을 띠고 있기 때문에, 고상한 환자는 뇌리에 떠오르는 음탕한 꿈에 당혹스러워한다. 자기 뜻과는 반대로 자신이 '개인적이 되었다'는 걸 깨닫는다.

환자는 또한 질투심을 느낀다. 우선 다른 환자에게, 그리고 얼굴도 모르는 의사의 가족, 즉 의사의 자녀나 배우자나 연인에게 미묘한 질투를 한다. 노여움도 느낀다. 이러한 노여움은 의사의 생활에 다른 사람이 존재하며, 그 사람이 자기보다 훨씬 소중하고 사랑받고 있다는 사실과 관련되어 있다. 환자는 의사가 자기보다 분명히 멋진 생활을 한다고 생각하고, 자기는 그 의사의 생활과 동떨어져 있다고 느끼면서 부러워한다. 이 가공의 생활로부터 소외된 환자는 의사에게 집착하지만, 치료가 순조롭게 진행된다면, 그 집착의 본질, 원인, 영향에 대해서 생각할 수 있게 된다.

딕 나이트의 경우

치료를 시작한 지 8개월 반이 지난 어느 날 밤, 딕 나이트는 스미스 의사의 꿈을 꾸고 자리에서 벌떡 일어났다. 그 뒤 세 차례에 걸쳐 면담을 받는 동안, 딕은 이 '계면쩍고 바보스러운 꿈'에 관해서 얘기할까 말까를 계속 고민했다. 이 여의사는 자기에게 힘이 되어 주고 있으며 공손하고 예의가 바르므로, 자신의 '타락한' 마음을 털어놓으면 화를 낼 것만 같았다. 그러나 솔직하게 모든 걸 털어놓을 것을 약속했고 딕은 약속을 지키는 성격이었기 때문에, 고백할 것을 다짐했다.

꿈속에서 선생님은 개를 산책시키고 있었어요. 하필이면 개는 몸통이 길고 다리가 짧은 못생긴 바세트하운드 종이었는데, 선생님은 그 녀석 때문에 짜증을 내고 있었어요. 개가 똥을 싸자 선생님은 우산으로 그놈을 때리기 시작했지요. 그런데 그것으로는 모자라다는 듯이 우산이……, 저어……, 페니스로 변하지 뭡니까. 커다란 페니스로요. 선생님의 페니스였어요. 개는 가죽끈에 묶인 채 뛰어 돌아다니고……. 또 똥을 쌌나 봐요. 선생님은 그 녀석을 계속 때려댔죠. 페니스로……. 네, 선생님의 페니스로요. 몇 번이고 몇 번이고 때렸어요. 그랬더니 이번에는 희한하게도 복서 종의 개가 나타나서 바세트하운드 위에 올라탔습니다. 개는 선생님을 향해서 으르렁거리고 짖어댔죠. 고맙게도 거기서 잠이 깼어요. 내가 어떻게 된 게 아닐까요?

당신은 이상해진 게 아니다, 그것보다 훨씬 기묘한 꿈은 얼마든지 있다고 스미스 의사는 생각했지만 말하지 않았다. 다만 심각해하는 환자에게 자신에 관해 어떤 꿈을 꾸어도 상관없다고 말하고, 정신분석 용어에서 말하는 '현재(顯在)적인 꿈(꿈을 꾼 사람이 기억하고 있어서 얘기할 수 있는 꿈)' 속의 이미지나 사건에 대해서

업악된 마음으로부터의 해방

자유연상을 해보라고 환자에게 지시했다.

그럭저럭하는 사이에 딕 나이트는 다시금 깜짝 놀랄 만한 일을 생각해 냈다. 아버지의 미들 네임(딕이 아니라 형인 아서가 물려받았다)이 '바세트'였던 것이다. 아버지인 헨리 바세트 나이트는 대학 시절(결혼해서 모든 것이 엉망진창이 되고 술로 인해 타락하기 전이다)에 권투 선수였다.

나이트 가(家)의 장남인 행크는 동생인 아트나 딕과는 달리 스포츠맨으로, 역시 권투를 하고 있었다. 아마추어 미들급 챔피언 직전까지 갔을 정도였지만, 그 뒤 장학금을 받고 있던 프레프 대학(외할아버지와 증조할아버지 모두 이곳 출신이었다)에서 성적 불량으로 퇴학당했다. 그리고 행크는 자취를 감추었으나, 2년 후 성경에 등장하는 방탕한 아들이라기보다 《세일즈맨의 죽음》에 나오는 비프처럼 영락(零落)한 모습으로 불쑥 집으로 돌아왔다. 행크가 없는 사이에 어머니에게 총애를 받고 있던 딕이 상속자 자리를 물려받았다.

이 꿈의 심연에는 어머니가 나이트 가의 남자들─아서, 행크, 아트, 딕 본인─에게, 돌아가신 할아버지 이름을 들먹이면서 심한 학대(라고 딕은 믿고 있었다)를 한 데 대한 분노와 공포가 존재했다. 분석하면, 딕은 이 분노와 공포를 아무런 관계가 없는 의사인 스미스에게 전가한 셈이다. 이 무렵 딕은 스미스로부터 비난을 받고 있다고 느꼈으며, 또 자기를 꾸짖어 주고 때려 주기를 바랐다. 스미스는 딕에게 어머니를 대신했을 뿐만 아니라, 어떤 때는 죽은 아버지나 형을 상징하기도 했다.

어머니에게 남성으로서의 가치를 빼앗기고 사내다움을 공격당하고 거세당하고, 게다가 자기 거세적인 행동을 취했음에도 불구하

왜 자기 자신을 학대하는가

고, 아버지와 형의 사내다움은 살아 남아 있었다.

그러나 이 잃어버린 사내다움을 되찾으려면, 남성다움으로 상징되는 힘에 복종하지 않으면 안 된다고 딕은 느끼고 있었다. 지금까지 의식적으로 멀리했던 동성애에 대한 욕구와 사념(가족이 아서의 존재를 의식적으로 멀리했던 것과 비슷하다)을, 여성 분석의와 함께 체험하지 않으면 안 되었다(하지만 전이는 분석의의 실제 성별과 관계없이 일어나는 일도 많다. 어떤 의미에서 분석의는 중성적 존재며, 카우치 뒤에 있는 존재와 목소리는 여러 가지로 해석할 수 있기 때문이다).

이렇게 해서 의사와 환자의 밀월 시대는 끝났다. 아니, 새도매저키즘적 형태로의 밀월이 시작되었다. 스미스라는 동정심이 많은 청중을 발견한 딕 같은 환자는, 이제는 단순히 자신의 문제와 과거를 얘기하는 것만으로는 만족하지 못하고, 치료를 책임진 인물과 함께 재체험을 하게 된다.

10여 년 전부터, 정신분석 환자는 프라이멀 스크림(제1의 공포 : 역주) 요법이 가져다 주는 상태(일상생활에서 스스로에게 물으면서 진행되는 건설적인 사고가 불가능한 정신 상태)로 퇴행하는 일 없이, 새로운 감정을 체험한다. 아무것도 하지 않으면 무섭기만 했던 걸 충분히 감지할 수 있다. 왜냐하면 진찰실이라는 '포위 환경'이라고도 할 수 있는 공간 속에서, 그는 의지가 되었던 참다운 자기 방어를 차츰 풀어낼 수 있게 되기 때문이다.

이 중간 단계에서 나타나는 새로운 감정의 체험은 생소한 것이 아니다. 그것은 말하자면 '감각의 기억'이고, 잊혀진 어린 시절의 사건이나 공상에 뿌리를 두고 있다. 어린 시절의 사건이나 공상은 환자의 무의식 ─조명을 비추기 시작한 내면 세계─에 존재하는

억압된 마음으로부터의 해방

정신적 현실에 영향을 미친다.

이 세계 역시, 그곳에 포함되는 인생 이야기도, 집중해서 검토하고 성인의 시선으로 바라보기 시작하면 처음에 예상했던 것보다 훨씬 그 깊이와 명료함이 더해진다. 아마도 가장 놀랍고 당혹감을 안겨 주는 것은 환자가 성장과정에서 무엇을 원했는지, 그 밖에 성인이 되어서 계속 추구하고 있는 것이 무엇이었는지 깨닫는 일이다.

분석을 받은 환자는 자신이 단순한 희생자가 아니라는 사실을 이해하게 된다. 이걸 해라, 저걸 해라, 하고 잔소리하던 부모를 비롯한 어른들을 비난함으로써 자신을 정당화하는 대신, 옛날에 겪었던 아픔이나 실망을 순수한 전이의 대상인 분석의와 함께 느끼면서 상처받고, 자신이 얼마나 비난을 피하려 했는지, 그리고 지금도 그것을 얼마나 원하고 있는지를 이해하게 된다.

그 원인을 모두 어린 시절로 돌린다면 진실은 절반뿐일 것이다. 환자가 진정으로 배워야 할 것은, 그 사실을 자각하지 않으면 여전히 자신을 조절할 수 없는 미덥지 못한 어린아이로 남아 있으려고 필사적일 것이라는 사실이다. 어린 시절이 비참할지는 모르지만, 어린아이는 책임을 추궁당하지 않는다. 분석을 받고 있는 전형적인 신경증 환자는 과거에 감정적 학대를 받고 속박당하고 상처를 받은 경험이 많지만, 일상적인 새도매저키스트의 경우에는 단순히 그것만이 아니다. 그들은 학대가 좋아서 미칠 지경이었고, 그것은 지금도 마찬가지다. 그들의 정신세계가 일그러져 있는 것은 순전히 그들 자신 탓이다.

난 어머니에게 맞고 싶었어요. 아버지가 나와 같이 잠자리에 들고, 어머니로부터 벗어나게 해주길 바랐어요. 그 레이스가 달린 네글리제와 어머니의 낡은 가족 앨범에 오줌을 갈기고 싶었어요. 어머니가 소녀 시절부터 줄곧 소중히 간직해 온 그 앨범에 말이에요. 아아, 그리고 에세르한테 얻어맞고 싶어요(딕은 한 번이 아니라, 몇 번씩이나 이 고백을 계속 되풀이하게 될 것이다).

— 딕 나이트의 고백

아버지가 나랑 섹스해 주기를 얼마나 바랐는지……. 나를 엉망진창으로 만들어 주기를 바랐어요. 위스키 냄새가 풀풀 나는 숨결로 나의 온몸을 핥아 주고, 길거리에 내던져 주기를 바랐지요. 그리고 빌이, 전세계의 빌과 같은 모든 남자가 나를 버려 주었으면 하고 계속 생각했어요. 빌을 만나기 전부터 다른 여자에게 빼앗기고 싶다고 수없이 많이 생각했어요. 영원히 어머니의 딸로 남고 싶었어요. 보비트라는 여자처럼 되고 싶어요. 강간을 당하고 모두가 보는 앞에서 사내의 고환을 잘라내 버리고 싶어요. 난 정말로 새디즘적인 여자죠.

— 주디 굴드의 고백

에드에게 욕을 얻어먹고 싶어요. 나를 마구 때려 주었으면 좋겠어요. 아빠처럼, 내가 제일 좋아하는 아빠처럼……. 《용서받지 못할 자》의 '죽음의 공작' 처럼 말이에요. 하지만 아빠에게 나의 그곳을 보여 주고 싶었어요. 아아, 정말 믿기질 않네요. 내가 이런 말을 하다니…….

— 에이미 잭슨의 고백

에이미가 날 죽여 줬으면 좋겠어요. 그 잔인한 말을 내뱉는 입과

업악된 마음으로부터의 해방

바기나에 산 채로 잡아먹히고 싶습니다. 하지만 그건 너무 무서워요. 그냥 악만 질러댔으면 좋겠어요. 고집을 부리고, 바보 같은 짓을 하면서 에이미의 화를 돋구는 게 다 그런 이유죠. '현관 홀 섹스'는 안전한 섹스긴 하지만 어리석은 짓이죠.

— 에드 잭슨의 고백

최종 단계 "로마는 하루아침에 이루어지지 않는다." 해체해서 다시 세우려고 한다면, 하루로는 아예 엄두도 내지 못할 것이다. 로마에 비하면 인간은 얼마나 보잘 것 없는 존재인가. 수백 년 동안 타인에게 영향을 미치는 건 아니지만, 인간의 성격은 매우 복잡하고 변화가 없으며, 여러 해에 걸쳐서 서서히 발달해 간다.

개인의 자기결정권을 보호해 가면서 현실적인 방법으로 성격을 바꾸는 것은, 각자의 방어벽이 워낙 단단하기 때문에 굉장히 어려울 수밖에 없다. 환자는 물론이고 제대로 훈련을 받은 분석의조차 성격을 바꾸는 데 얼마나 많은 시간이 걸릴지 예상할 수 없다.

제3장에서 언급한 것처럼, 처음으로 정신분석적 요법이 완성되었을 때, '가장 유망한 환자(외래 치료만으로 치료할 가능성이 가장 높아 보이는 환자)'는 이른바 '증상(症狀) 신경증' 환자였다. 빅토리아 왕조 시대 전후의 우아한 억압 풍조 속에서, 대다수의 사람들은 무의식적인 성적·공격적 욕망에서 생기는 갈등을 간접적이고 상징적인 방법으로 표현했다.

현대인이라면 우울 상태, 불안, 자신감 상실, 출근 거부, 불행한 관계의 반복 등에 대해서 치료를 받겠지만, 당시의 환자는 파라스테시아나 아나스테시아(몸의 한 군데 또는 몇 군데에 발생하는 부분적 내지 완전한 감각의 상실 : 역주), 마비, 시각 소실, 현기증,

왜 자기 자신을 학대하는가

신경쇠약(만성피로 증후군의 일종), 상상 임신, 성기능 부전, 배회증(徘徊症), 몽유병, 강박 의식, 불쾌한 상념과 같은 히스테리 및 강박관념에 시달리고 있었다. 이와 같은 고통으로 가득찬 호소를 하나하나 파헤쳐 보면, 그 속에는 금지된 공상이나 갈등이 존재한다는 게 밝혀졌다.

빅토리아 왕조 시대에서 일상적 새도매저키즘은 '귀신이 씌운' 이상한 재앙으로 받아들여졌다. 그러던 것이 정신의학적 대화를 통해서 해독되기 시작하자, 대개의 증상 신경증은 나중에 '전이'라고 불리는 증상(이 증상은 분석할 때 형성되는 관계에서 가장 현저하게 나타난다)으로 대체되었다.

이 증상이 충분히 자각되고 해석이 이루어지며, 억압이 의식적인 인식과 판단으로 서서히 변함에 따라, 분석 및 의사라는 미지의 존재가 가져다 주는 새로운 증상도 이해가 되고 어느 정도 해명되어 갔다. 억압당한 사람들은 치료 과정에서 새로운 자유와 자기 허용을 너그럽게 받아들이기 때문에, 괴로움이나 괴로움의 원인을 더 이상 외면할 필요가 없어졌다.

프로이트 이래로 사람들의 의식과 관용의 범위가 확대되긴 했지만, 아이러니하게도 현대에는 사태의 혼미 정도가 점점 더해 가고 있다. 패닉 장해는 문제삼지 않더라도, 옛날부터 내려온 증상 신경증은 그다지 찾아볼 수 없게 되었으며, 있다 하더라도 다양한 물리 요법으로 쉽게 치료할 수 있었다.

그렇긴 하지만 평생 계속되는 억울(抑鬱, 억눌려 마음이 답답함 : 역주), 살아가면서 겪는 어려움, 자학과 같은 현대의 일상적 새도매저키즘은 그렇게 간단히 사람들을 해방시켜 주지 않는다. 환자의 감정이 더욱 복잡해졌을 뿐만 아니라, 임상의가 인간의 성질을 이해하기 위해서 연구를 거듭하고 좀더 높은 목표를 설정하게 된 것도 원인이긴 하다.

어쨌든 현대에 들어와서 분석 작업은 점점 더 깊어지고 폭넓어졌으며, 많은 시간이 필요하게 되었다. 치료에서는 확실하게 전이 신경증이라고 판단할 수 없는 다양한 전이의 사례가 발견되기 때문에, 그것을 표현하고 해석하고 해결책을 모색해야 한다.

현재는 의사도 환자도 병상(病狀)이 가벼워지는 것은 시작에 지나지 않는다는 사실을 인정하고 있다. 실제로 병상의 소멸은 착각에 지나지 않는다. 근본적인 변화가 없다는 사실을 은폐할 뿐이며, '억압된 마음'은 언젠가 되돌아오게 된다. 치료를 받음으로써 변하는 것은 인간의 인격이지만, 이 인격이라는 것을 철저하게 분석하여 변화시키기는 대단히 어렵다. 환자의 마음속에 뿌리깊게 남아 있는 자기 기만, 자멸 충동, 자기 인식의 양식 전체를 바꾸는 데는 여러 해가 걸린다. 이 세월은 자기 인식을 유지하면서 살아가는 시련의 연속이 될 것이며, 후진과 전진을 반복하는 노력의 나날일 것이다.

그렇긴 하지만, 제대로 분석을 받은 환자의 인생은 더 나아지게 되고, 치료 과정도 한층 더 원만하게 진행되어, 환자는 일찍이 자신의 최대 비밀이었던 불안에 대해 비교적 편안하게 이야기할 수 있게 된다. 그러나 역설적이게도 저항이 약해짐에 따라 환자는 치료가 영원히 계속되리라고 생각한다. 이전에는 거의 이야기를 하지 않으려 했던 환자도 지금은 무한한 무의식의 어둠을 탐색할 수 있고, 분석이 한없이 계속될 것이라고 기대한다.

그러나 시간과 비용과 감정적 에너지에는 한계가 있으며, 상식, 적어도 의사와 환자의 특수한 관계에서 이루어지는 분석은 적절한 시기가 되면 슬슬 마쳐야 한다. 그러는 사이에 분석의와 마지막으로 헤어지는 시련이야말로 행복을 향한 중요한 한 걸음이라는 사실이 환자의 머리에, 대개는 노여움이라는 감정과 함께 서서히 스며들어간다.

처음에는 도움을 받기 위해 찾아왔던 환자가 드디어 자신을 스스로 구하는 기술을 몸에 익힌 것이다. 이제 분석 치료는 줄여 나가고, 향상된 자기 분석 능력을 활용하도록 해야 한다. 더 이상 치료를 고집하는 것은 애당초 문제의 원인인 자기 기만에 계속 속아 넘어가는 걸 의미하기 때문이다.

이렇게 해서 환자와 의사는 치료를 끝내는 것(전문용어로 말하면 '종결')에 대해 이야기하기 시작한다. 환자는 특히 분석이 고통스러워지기 시작하면, 빨리 치료를 끝내 달라고 계속 졸라댄다. 다소 귀찮은 이런 협박은 자신을 아는 것을 완강하게 거부하는 데서 생겨난다. 그러나 정신치료사가 설사 반대하지 않더라도, 치료를 끝내는 데 대한 대화는 좀 다른 의미를 가진다. 즉, 이번에야말로 마지막이라고 느껴지는 것이다. 그 느낌은 환자를 안심시키기보다는 오히려 협박한다. 정신치료사에게 매달리고 싶은 마음만으로 환자는 다시 한 번 '몸이 나빠지고 싶다'는 기분을 느낀다. 여기서 다시금 '종결'을 예상함으로써 남성은 남자아이로부터, 여성은 여자아이로부터 분리된다.

일단 치료의 종결이 정해지면, 분석과 심리요법을 통해 이미 분명해진 것에 대해 새로운 압력을 가한다. 환자는 해야 할 일은 많은데 거의 시간이 없다는 걸 다소나마 의식하기 시작한다. 이때 이전의 문제와 전이를 다시 체험하지만, 여기에 한층 더 진지하게 대처하려고 한다. 곧 치료가 끝난다는 생각에 사로잡혀 있는 동안

억압된 마음으로부터의 해방

새로운 문제가 몇 개씩이나 생겨나는데, 그것에 대해서는 목적 의식을 분명히 갖고 해석에 한층 더 노력을 기울이는 게 필요하다.

게다가 현실 생활은 예측할 수 없는 사건의 연속이다. 이 마지막 몇 개월 동안에 바깥 세계에서는 죽음, 상실, 병, 불운과 같은 새로운 위기가 너무나 아무렇지도 않게 닥쳐온다. 오랫동안 직업적·감정적인 유대로 맺어진 정신치료사와 환자는 이별을 지연시키고 싶은 유혹과 싸우지 않으면 안 된다. 종결을 단념하고 치료를 계속해야 하는 경우도 있지만, 대부분의 환자는 유혹을 물리쳐야만 한다. 자신에 대해서, 완벽함에 대해서, 언제까지나 도움을 받겠다는 환상에 대해서, 그리고 한없이 분석을 해야 하는 방심할 수 없는 새도매저키즘에 대해서 '노(No)'라고 단호히 말해야 한다.

주디의 대단원

7년 간에 걸친 분석을 끝낸다는 건, 주디 굴드에게는 보통 일이 아니었다. 아버지와의 성적인 접촉으로 인해 숨겨졌긴 했지만 자신이 얼마나 어머니에게―감정적으로는 험악한 관계였음에도 불구하고―애착을 느끼고 있었는지를 깨달은 순간이, 그녀에게는 가장 중요한 계기였다.

아버지인 짐이 없는 어둡고 쓸쓸한 밤, 어머니는 언제나 어린 주디 옆에서 잠을 자곤 했다. 주디도 분석의도 지금은 그것을 알고 있다. 그리고 주디는 자신이 아버지와의 접촉을 싫어했다는 것도 알게 되었다. 그 때문에 죄책감을 느끼게 되고, 어머니를 떠나는 대신에 두고두고 아버지에게 구애받게 된 것이다.

어른이 되고 나서도 사랑하는 남성이 또 다른 애인을 만나고 있기를 무의식적으로 요구하게 되었다. 이 끊어지지 않는 유대를 이해함으로써 주디는 그 속박으로부터 도망칠 수 있었고, 인간관계를 서서히 개선시킬 수 있었다.

성실함과 헌신을 중시하여 남자들을 거절하고, 월터라는 남자와 서서히 오랫동안 지속될 수 있는 관계를 만들어 갔다. 월터는 믿을 수 있는 남자여서, 그와 함께라면 감정이 상하는 일 없이 에로틱한 상상 속의 쾌락을 만끽할 수 있을 것 같았다. 두 사람은 약혼을 하고, 결혼하고, 아이를 가질 생각을 하고 있다. 주디와 리처드슨 의사는 치료를 마칠 날짜를 정했다. 그러나 배워야 할 것이 아직도 남아 있었다.

주디는 치료가 끝나면 아이를 가질 생각을 하고 있었는데, 그때 어머니인 사라가 병에 걸리고 말았다. 난처하게도(주디에게는 그렇게 생각되었다) 유방암이었다. 사라 굴드의 생명을 위협하고 있는 병은 여자다움과 모성을 빼앗는 것이며, 딸이 겨우 찾아낸 여자로서의 행복감을 훼손시키는 것이었다. 그러나 주디는 치료를 1개월 앞당겨 끝내고, 침착함과 불굴의 의지라는 아직 익숙하지 않은 감각에 의지하여, 인생이 무엇을 가져다 주든 전진해 보기로 결심했다.

그대로 몇 개월인가 흘러 치료 마지막 날이 다가왔으나 아이는 아직 생기지 않았다. 그때 주디는 '눈에서 비늘이 떨어져 나가는 것 같은' 꿈을 꾸었다. 어머니로부터 성적인 유혹을 당하는, 바로 핵심을 뚫는 명백한 욕망을 나타낸 꿈이었다. 그러나 이 결정적인 사건 덕분에 어머니와 딸이 금지된 욕망을 공유하고 있었다는, 숨겨져 있던 사실이 밝혀졌다.

아버지인 짐이 아니라 어머니 사라가 몇 차례인가 딸의 몸에 장

267
업악된 마음으로부터의 해방

난을 쳤던 것이다. 관장, 직장에 체온계 삽입, 변의 관찰, 성기에 대한 애무 등을 주디는 차례로 기억해 냈다. 주디가 15세라는 좀 늦은 나이에 초경을 맞이할 때까지 장난은 계속되었다.

그 무렵에 짐은 모녀만 남겨 놓고 세상을 뜬 상태였다. 주디가 초경을 맞이했다는 사실을 알게 된 사라는 여동생인 베키에게 전화를 걸어, "주디가 드디어 여자가 되었단다" 하고 말했다. 그리고 성인으로서의 여자가 지녀야 할 마음가짐에 관해서 딸에게 이것저것 가르치면서, 거실 한가운데서 커튼을 열어 놓은 채 딸의 몸 안에 탐폰을 삽입했다.

그러나 주디는 마지막으로 치료를 받는 몇 개월 동안에 깨달은 사실이 있었다. 가장 충격적인 것은, 어머니가 성장하고 있는 딸의 순진한 몸을 꿰뚫고 싶다는 욕망을 갖고 있었다는 사실이 아니었다. 주디 자신도 그것을 좋아하고 있었고, 어머니를 사랑하고 있었다는 사실이었다. 주디는 그런 식으로 어머니가 자기 몸을 애무하고, 어머니의 눈에 몸이 노출되는 것에 희열을 느꼈다. 어머니에게 열중하고 있었고, 어머니를 소유하고 싶었던 것이다.

지금 산부인과 여의사에게 진료를 받으면서, 왠지 불안한 기분이 드는 것은 어쩌면 그 탓일지도 모른다. 주디는 여성에게 흥분을 느끼는 것이다. 리처드슨이 다른 환자의 말을 인용하여 '어머니라는 죄'를 말했을 때 납득할 수 있었던 것은 그러한 이유 때문인 게 분명했다.

사라 굴드는 유선종류(乳腺腫瘤) 적출 수술을 받고, 주디는 임신했다. 2개월 뒤, 주디는 리처드슨 의사에게 작별을 고했다. "선생님은 제게 아버지인 동시에 어머니와도 같은 존재였어요. 악인 동시에 선인 것처럼 말이에요" 하고 주디는 의사에게 말했다.

왜 자기 자신을 학대하는가

정신 위생에 관한 자유주의적이고 인도적이고 약간 부르주아적인 사고방식은 최근에 와서 젠더나 다문화주의(多文化主義)에 의해 얼마간 영향을 받았다. 그러나 훨씬 이전부터 정신치료사와 환자는 사랑과 직업에 있어서 무엇이 바람직한가에 대하여 명확한 생각을 갖고 있었다. 이미 예상하는 것처럼, 환자의 인생 목표 가운데는 결혼이나 자녀, 남성의 경우에는 자랑스런 직업 같은 것이 포함된다.

다만 옛날보다 많이 관대해진 현대의 분석의가 중시하는 것은, 인생의 목적 자체보다 정신의 긴장 상태, 특히 마음속에 잠재하는 정직한 감정을 노출시켜 일상생활에 활용하는 능력이다. 일상생활에서 발생하는, 타인과의 관계나 자기에 관한 끊임없는 물음 속에서 어떠한 진실에 도달하는 것, 그리고 운이 좋으면 어떤 형태로라도 자기 표현을 달성하는 것, 자기도 모르게 자신을 괴롭히고 피폐하게 만들고 감각과 지각을 마비시키는 죄책감과 좌절감에 종지부를 찍는 것, 환자와 의사는 그런 것들을 원하고 있다.

이와 같은 변화와 전진은 극적이지 않더라도 상관없다. 중요한 것은 그것이 환자의 자발적인 변화여야 하며, 의사나 더 나아가 사회로부터의 기대에 의한 것이어서는 안 된다는 사실이다.

딕의 해방

딸이 대학 1학년을 마쳤을 때, 딕은 에세르와 헤어졌다. 독신이 되자 병에 걸리지 않도록 세심한 주의를 기울였고, 장난삼아 남자와도 두세 번 자 보았다. 하지만 게이의 섹스와 그것이 가져다 주는 고독감은 자신이 원하는 게 아니라는 결론을 내렸다.

이윽고 딕은 채권 거래를 하는 33세의 사만사와 약혼을 했다.

사만사는 스쿠버 다이빙의 기초를 가르쳐 주었고, 스키장에 초대하기도 했다. 그녀는 딕과 대등한 동료와 같았다. 딕은 57세에 사만사와의 아이를 낳으려고 생각하고 있었다. "소년 같은 귀여운 여성의 마법에 걸려들고 말았지요" 하고 딕은 계면쩍어 하며 말했다.

에드와 에이미의 화해

에드와 에이미 두 사람은 지금도 함께 살고 있다. 아이를 또 한 명 가졌으며, 두 사람 모두 4년 간에 걸친 심리요법을 끝냈다. 그리고 이젠 싸움을 하지 않게 되었다. 일 년에 한 번 휴가를 가고, 주말이면 온천에 가서 푹 쉬면서 긴장을 푼다. 치료를 마치기 전 해 여름에는 온 가족이 함께 그리스의 팔로스 섬에서 휴가를 보냈다. 에이미는 우선 브래지어를 벗은 다음 팬티를 벗으며 남편(과 몇 명의 구경꾼)에게 눈요기를 시켜 주었다. 그다지 즐겁지 않은 유혹은 철저하게 거부했다. 현관 홀 섹스는 해변의 섹스가 되었다. 진짜 섹스로……

또 한 가지 덧붙이도록 하겠다. 주디, 딕, 에드, 에이미, 그리고 그 밖의 환자들도 치료를 받음으로써 자립해서 살아가는 능력을 몸에 익힐 수 있었다는 사실이다.

제10장

당신은 무엇을 할 수 있는가

∽우리들의 세기말

대중문화의 권위자에 의하면, 현대는 환멸과 아이러니의 시대라고 한다. 워터게이트 사건, 이란 콘트라 사건, 베트남 전쟁 등 갖가지 사건 탓에, 정치가의 숭고한 목적이라는 것도 지지하기 어려운 비상식적인 것이라는 사실을 사람들은 알게 되었다.

게다가 현대는 정보가 범람하는 시대다. 매스컴이 유명인의 사생활을 마구 침범하여, 지금까지 굳게 닫혀져 있던 침실의 문(케네디 가, 킹 가, 클린턴 가의 문)까지 활짝 열리고 그 내부가 폭로되는 판국이다.

여성이 평등한 시민으로 해방된 한편, 맞벌이가 필요한 경제적 현실이나 성 혁명의 미래는 아직도 잘 보이지 않는다. 이혼율의 상승, 결손 가정의 급증, 라이프 스타일이나 육아 방법의 다양화 등도 그 속에 포함된다. 현실 세계에서나 공상 세계에서나 이러한 유행이나 선택의 다양화는 핵가족의 구조를 뒤집어엎고, 아버지 및 가부장적 권위를 실추시키고, 가족의 가치(선거구민에게 영합하는 냉소적인 정치꾼은 이 말을 자주 입에 담지만)를 계속 하락시키고 있다.

기술과 과학이 지배하는 이 세계는 복잡하게 세분화되어서, 전체 모습을 파악하는 일이 생각만큼 쉽지 않다. 이런 세계에서, 과거의 경험을 통합하고 현재의 진실을 직시하고 미래의 이미지를 투영하는 능력에 따라 정해지는 인생의 의미는 붕괴되어 가고 있다. 대부분의 인간은, 서로 공통점도 없고 패러독스에 휩싸여 있다는 사실에 압도되어서, 이제는 자신의 몸에 재난이 덮치는 것조차 이해하지 못하게 되었다. 모든 것이 앞뒤가 맞지 않고, 당혹과 환멸을 가져다 줄 뿐이다. 우리들은 '궁극적인 목적'도 갖고 있지 못하고, 신념도 의도도 없이 살아가고 있는 것 같다.

지금의 시대적 상황은 19세기 후반이나 20세기 전반과는 크게 달라졌다. 이전 시대에는 정확하게 정리된 정보원(情報源)에서 진실을 끌어내고, 통합하고, 공동체와 전통 속에서 개인을 이끌어 주는 윤리적인 지혜를 찾아낼 수 있었다. 그러나 지금은 휴머니즘과 모더니즘이 한편에서는 인간에 대한 기계론적인 도식으로, 다른 편에서는 보편적인 것에 대한 포스트모더니즘적인 회의로 대체되어, 이성이나 이상은 좀처럼 찾아보기 힘들다.

그 결과 발생한 목적의 상실과 아이러니한 집합체 속에서 도덕이나 이와 비슷한 말들은 이상스런 것이 되고 말았다. 이런 상황에서 인간이란 존재는 도덕과는 반대되는 것만을 믿고 싶어한다. 그렇기 때문에 제3장에서 언급한 현대 영화의 '악당'이나 안티(Anti) 히어로로, 팜므 파탈이 두드러진다. 아무런 의욕도 없는 관객은 옛날 같으면 어리둥절해할 배신 행위나 잔학 행위를 즐긴다. 사람들은 악의를 추구하고, 지도자나 역할 원형의 타락을 기

왜 자기 자신을 학대하는가

대한다.

최근에 정신분석학자 레오 란젤이 워터게이트 사건과 이란 콘트라 사건에 대해 보도된 자료를 조사하고, 미국의 선거민들은 더 이상 고결하고 품위있는 것을 지지하지 않게 되었다고 말했다. 그들은 자신의 결점을 잘 알고 있고, 옛날의 지도자가 행한 배신, 탐욕스러움, 냉혹함에도 익숙해져서, 이상의 상실은 물론 이상 자체를 갖지 않으려고 한다. 타인이 자신보다 선량할 것을 기대하지도 않고, 실망하거나 놀라는 것도 원치 않는다. 그들이 구하고 있는 것은 초자아 같은 것이 없는 세계이며, 자신을 이끌어 주는 '살인 자격증'과 악당들이다.

1995년에 이런 텔레비전 프로그램이 방영되었다. 마이클 무어가 중죄를 지은 범인인 루이스 브루노에게, "너는 대통령이 되는 데 필요한 두 가지 조건(미국 태생이고 35세 이상)을 갖추고 있으니까 대통령이 되라"고 설득한다. 브루노는 로버트 돌 의원에 맞서서 뉴햄프셔를 돌아다니며 유세하면서 유권자들에게 이렇게 호소했다.

"나는 루이스 브루노다. 이번에 떳떳하게 대통령에 입후보했다. 지금까지는 도망만 다니는 인생이었지만 말이다. 당신들은 틀림없이 정치가들과 한 패가 되어서 나를 '저 놈은 악당이 아닌가?' 하고 생각하고 있을 것이다. 고민할 필요없다. 정정당당히 선언하겠다. 나는 루이스 브루노다. 어엿한 악당이다!"

영웅과 이상, 신념을 잃어버린 현대인들은 자신들이 필요하다고 생각하는 것을 자기 나름의 미덕으로 만들어 낸다. 남자도 여자도 모두 이기적이고 사랑이 없는 괴물이라고 몰아 세우고, 진실하게 보이는 것이야말로 선이라고 주장한다.

"악이라도 선이 될 수 있다. 이상을 구하며 몸부림치는 것은 불합리하고 위선적이다. 제약을 가하는 것은 거짓말을 하고 자신을 배신하는 일이다. 단지 행동하라. 충동에 따르라. 인간은 잔혹하고 제멋대로다."

1950년대(사물의 판단 기준이 붕괴하기 전, 청교도적인 모습으로 가장했지만 사실은 불성실한 시대였던)에는 상상조차 할 수 없었던 하드록이나 헤비메탈, 펑크, 네오브레히트 풍의 랩을 부르며 그런 인간을 찬양하는 것이 역설적이게도 가장 숭고한 행위로 간주된다.

우리들은 미국의 조그만 도시에는 어울리지 않는, 문자 그대로의 새도매저키즘을 묘사한 데이비드 린치 감독의 영화〈블루 벨벳〉이나 텔레비전 시리즈〈트윈 픽스〉의 허구적인 세계에서 살고 있다. 데이비드 린치는 자신을 속이지 않고 정면으로 응시해야 한다고 하면서 새도매저키즘을 적극적으로 찬양하기까지 한다.〈웨스트사이드 스토리〉의 리처드 베이머나 래스 텀브린도 자신이 어떤 인간이 되었는가를, 즉 의지가 굳건한 소년이 아니라 고지식한 어른이 되었다는 걸 털어놓지 않으면 안 된다.

지금과 같은 세기말에는, 자신의 참된 욕망을 숨겨야 했던 억압이 많은 시대에 비해 정신분석이 가장 번창하고 있다고 생각하는 사람이 있을지도 모른다. 그러나 사실은 그 반대다. 정신분석 과정은 본래 이상주의적인 것이고, 그렇기 때문에 지나치게 고상해서 현재와는 합치되지 않는 점이 많다. 정신분석에서는 통찰을 통해 의식을 확대하고, 책임을 떠맡는 것이 매우 중요하다. 행동하는 능력보다는 생각하고, 경험하고, 이야기하는 능력이 중시된다. 냉정함, 의식적 선택, 자제, 자립 또한 중요하다.

왜 자기 자신을 학대하는가

분석 자체는 명상의 한 형태다. 눈앞의 목적 때문에 반성을 못하게 되어서는 안 되며, 분석의도 환자도 결과를 가지고 장난을 치면 안 된다. 그래도 긴 안목으로 보면, 목표가 달성되는 건 틀림없다. 목표의 달성이 의미하는 것은, 인간은 선량해질 수 있고, 자신의 진실을 계속 추구함으로써 최선의 '나'가 될 수 있다는 암묵적인 동의에 있다.

계몽주의와 낭만주의의 부산물인 정신분석은 신념 체계인 동시에 치료이기도 하다. 정신분석에서는 진실이 무엇보다도 우선시된다. 정신분석은 현재 쇠퇴의 위기에 있는 휴머니즘에서 태어나 휴머니즘을 지탱하고 있다. 단편적인 정보와 플래시라이트(섬광)와 임시 방편이 전부인 좁은 시야의 현대에서, 자신을 습관과 충동의 동물이 아닌 마음과 목적 의식을 지닌 존재로 여기는 사람은 없어져 버린 듯하다. 그 때문에 현대인을 한순간이나마 멈춰 서서 숙고하게 만드는 데는 상당한 노력이 필요하고, 특히 대화요법의 경우에는 더욱 그러하다. 그러나 일상생활의 새도매저키즘에 관한 한, 그것이 유일한 선택일지도 모른다.

여기서 우리는 어려운 질문에 직면한다. 우리들은 지금 일상생활의 새도매저키즘에 어떻게 대처해야 하는 걸까? 최소한 무엇을 하려고 생각해야 하는 걸까? 그리고 현재 무엇을 기대할 수 있을까? 무엇을 할 수 있을까? 인간은 눈앞의 행위에만 사로잡혀 있고, 알 수 없는 미묘한 불쾌감에 시달리고, 기준도 가치관도 잃어버렸으며, 자신의 인생을 측정할 잣대(설사 환상에 지나지 않더라도)를 갖고 있지 않기 때문에, 자신이 안고 있는 문제를 끝까지 규명하지 못하고 고생하고 있다. 따라서 우선 인생과 자기 자신에게 무엇을 기대할 수 있는가를 생각해 보기로 하자.

당신은 무엇을 할 수 있는가

✎ 어린 시절의 도덕관을 어른의 윤리로

설령 상처를 입고 배신당하고 실망하는 일이 있어도, 많은 것을 원해서는 안 된다는 논리적 이유는 없다. 충성, 사랑, 다정함, 정열, 이상, 아름다움, 관능과 같은 것은 원하기만 하면 손에 들어온다. 적어도 상상 속에서는 말이다. 그리고 언젠가는 현실에서도……. 약간의 행운과 친구의 도움만 있다면, 시간은 들겠지만 함께 성장해 나가는 것도 좋다. 친구가 없으면 없는 대로 고독과 자기 충족을 누릴 수도 있다.

여러분이 직업을 갖고 있다면 직업은 의미있는 것이 될 수 있고, 또 그래야만 한다. 일이 재미없고 싫증나는 적도 있을 테지만, 그럴 때 이 일이야말로 중요한 일이라고 믿고 느긋하게 대처해야 한다. 자신이 매일 하고 있는 일을 확신할 수 있는 편이 낫다. 자기 자신을 나타내 보이는 행동은 지나치지 않도록 자제할 필요가 있긴 하지만, 단순한 자기 방어가 아닌 명확한 목적을 가지고 이루어져야 한다. 일만 하고 휴식을 취하지 않으면 의미가 없을 뿐만 아니라, 일이 잘될 리도 없다. 그렇다. 인생에서 성공하려면 노력과 현실주의적 사고가 필요하다.

그렇긴 하지만, 결국 최선의 일이란 어느 틈엔가 어린아이의 놀이로 되돌아가 버린다. 일이란 애당초 어린아이의 놀이에서 생겨난 것이다. 어려운 일이 오히려 즐겁게 생각될 때가 있는데, 이것은 전혀 이상하지 않다. 일은 놀이여야 한다. 어떤 사람에게는 일이란 타인을 풍요롭게 하고 공동체에 봉사하는 것을 의미할 것이다. 자신의 이익에는 한계가 있다. 그것은 자기에게 한계가 있기 때문이다.

크리스토퍼 래시는 현대는 '미 제너레이션(Me Generation, '나'

왜 자기 자신을 학대하는가

를 강조하는 세대)'이 낳은 '나르시시즘의 시대'라고 말했지만, 그 현대라는 시대인 지금도 나르시시즘은 막혀 있는 상태이다.

단지 팔짱 끼고 방관만 하고 있어서는 타인도 세계도 결코 좋아질 수 없으며, 생각대로 상황이 변화되는 것도 아니다. 자기 쪽에서 적극적이지 않는 한, 주위에서는 아무것도 해주지 않는다. 이 책에서 설명한 것과 같은 갈등이나 자기 방어 탓에, 인간은 자기 자신의 비참함에 사로잡혀서 웬만한 일에는 흔들리지도 않는 고정된 성격에 오랫동안 갇혀 있게 되었다. 비틀스가 노래한 것처럼, 자신이 남에게 베푸는 사랑의 분량만큼만이 자신에게 돌아올 수 있다(1960년대 초기에 청년기를 보낸 비틀스는 이 사실을 잘 알고 있었다).

변화에 대한 책임은 어디까지나 자신에게 있다. 어떤 의미에서 타인의 생각이나 감정은 아무도 바꿀 수 없다. 비난해 봤자 아무 소용이 없는 것이다. 그렇기 때문에 화가 나거나 실망하거나 곤혹스럽거나 부끄럽거나 불만이 생겨도 불평을 하면 안 된다. 어쨌든 불평만을 늘어놓아서는 안 된다. 화를 내도 좋고 울어도 좋지만, 우선 행동하기 바란다. "행복하게 사는 것이야말로 최고의 복수다"라는 격언을 마음에 깊이 새겨 두도록 하자.

다만 행동하기 전에 그 행동의 동기가 무엇인가, 그 결과 어떤 일이 일어날 것인가를 미리 파악해 두지 않으면 안 된다. 우선 먼저 생각하라. 이것이 가장 어려운 문제다.

멈춰 서서 동기에 관해 숙고하는 동안에 긴장하거나 정신분석학자가 말하는 '불쾌함'을 느낄지도 모른다(이 상태는 한참 동안 계속되는 경우도 있다). 방어적 행동과 거기에서 파생되는 행위(임상의가 말하는 '행동화')는 불안과 불쾌함을 의식하지 않기 위한 것이다. 자기 인식을 깊이 하면 할수록, 필연적으로 패배의 감정이나 자기 처벌의 충동도 느끼게 된다. 그러한 감정 및 경향은 평소에는 다른 모습으로 은신처에 숨어 있다가 은밀하게 위험한 형태로 나타나게 된다. 내가 환자들에게 자주 하는 말이 있다.

"이따금 불쾌한 기분이 들어도 그런 기분 때문에 죽는 사람은 없습니다. 오히려 그런 감정을 맛보지 않으려고 방어하는 게 더 위험하죠."

자신을 억제하려고 할 때 가장 나타나기 쉬운 감정은 무엇인가? 죄책감, 그것도 여러 가지 형태의 죄책감이다. 자신이 행복을 추구하고, 사랑을 하고, 일도 잘 풀려 나갈 때, 인간은 '불합리한 죄책감'을 갖는다. 자신의 마음을 들여다보고 최저·최악의 욕망—에로틱한 공상이나 폭력적인 공상—을 발견해 내고, 그것에 대해 죄책감과 열등감을 갖는다. 가장 나쁜 건, 인생을 되돌아보며 자신과 타인을 위해 어떤 판단을 내렸는가를 생각하다가 그 판단의 책임이 자신에게 있다고 생각되면 죄책감을—'합리적인 죄책감'을—갖는 것이다.

물론 이런 죄책감에도 한계는 있다. 인간은 전지전능하지 않다. 그 밖에도 책임을 져야 할 사람이 있다. 특히 여러분이 어리고 무지해서 자기 힘으로는 살아갈 수 없었던 시절, 자신에게 선택권이 없었던 시절에 키워 준 부모에게 책임이 있다. 여러분에게도 불합리하고 원시적인 의식은 있겠지만, 의지는 실제 행위와는 다른 것이며, 마음속의 죄(어디까지나 마음속의 죄라서 현실생활과는 관계가 없다)는 여전히 남아 있게 된다.

어떤 시점에서는 자신이 안고 있는 불안과 잠재적인 죄책감이 오이디푸스 콤플렉스—프로이트의 말을 빌리면, '자연이 가져다

왜 자기 자신을 학대하는가

준' 것이긴 하지만 '도덕적으로는 혐오스러운' 욕망—로부터 생
겨난다는 것을 인식해야만 한다. 인간이라는 것 (이것이야말로 비극
적 상황의 본질이다)은 죄책감, 고통—《성서》에서는 '원죄'라고
부른다—과 함께 살아가는 존재이다. 이 역설적인 논리는 경우에
따라 불행한 결과를 초래하지만, 다이내믹하고 창조적인 가능성을
내재한 기본적인 긴장감을 가져다 준다.

오이디푸스 콤플렉스는 인간을 행동하게 하는 원동력이다. 그
덕분에 어떤 사람은 사랑이나 일에서 성공을 거두기도 하고, 또
어떤 사람은 세대 교체 속에서 자신의 위치를 획득하기도 한다.

가장 끔찍한 공상이 인간에게 자극을 주고, 성장해서 연인이 되
고 부모가 되고 공동체에서 그 미래의 기수, 시혜자(施惠者)가 되
도록 인간을 몰아세운다. 이러한 공상이 우리들을 있는 그대로의
모습으로 해방시키고, 최고의 자신이 되도록 만들어 준다.

그 밖의 다른 고통이 수반되는 감정도 자제와 반성을 통해 계속
해서 변화하는데, 이것은 인간이란 존재가 기본적으로 고독하다는
인식에서 생겨난다. 죄책감도 그렇지만, 우리들은 강렬한 고독감
과 그것이 불러일으키는 불안과 우울함을 견뎌 내고, 다시 그것을
받아들이지 않으면 안 된다. 죄책감도 마찬가지다. 죄책감의 본질
과 성질은 매우 복잡하며, 이 책 전체를 통해 자세히 기술했다.

여기서 되풀이해서 말하고 싶은 것은, 타인에 대한 사랑과 책임
에도 한계가 있다는 것이다. 아무리 부모라고 해도 자녀와 마찬가
지로 결점이 있으며 고집을 부리기도 한다. 스스로 일을 처리하지
못한다고 해서, 어른이 되어서도 다른 사람이 대신 뒷바라지를 해
주는 것은 아니다. 자신의 순진한 양심을 외부 세계에 대한 보호
자 및 권위자로 여기고 의지하려고 해도, 그것은 환상을 믿고 있

는 것에 불과하다.

여러분이 살고 있는 광대한 세계는 틀에 박힌 선이나 악에 적합한 보상을 해주는 곳이 아니다. 자신이 받아들이기로 한 가치관은 자신의 것말고는 아무것도 아니며, 단지 하나의 가치관에 불과하다.

정체성을 확립한 한 사람의 완전한 인간이 되는 것, 무엇인가를 받기만 하는 '나(me)'가 아니라 스스로 무엇인가를 하는 '나(I)'가 되는 것은, 자신을 타인으로부터 분리시킴과 동시에 자신으로부터도 분리되는 것을 의미한다. 자신을 타인의 육체로부터 분리시키는 것은 물론, '스스로의 충동, 기호, 명령으로부터도 분리시키는' 것이다.

한 걸음 물러서서 인생 전체를 바라보고, 스스로 선택하고, 그 결과를 받아들이며 살아 나가지 않으면 안 된다. 응석부리던 행동에 종지부를 찍고, 올바른 일을 행하고, 누구에게도 의지하지 말고, 그러면서도 남의 행위를 받아들이는 것이다. 또다시 에릭 에릭슨의 말을 빌린다면, "자기충족을 이루고, 그럼으로써 고립된 성인이 되기 위해서는, 어린 시절의 도덕관을 어른의 윤리로 대체하는 게 필요하다."

최고가 되어야 한다

그러나 여기에도 또한 한계가 있고, 모순이 있고, 반대 요소가 있다. 모든 일을 자기 혼자 할 수 있는 건 아니다. 자기 혼자서 모든 걸 해결할 수는 없다. 도움이 필요한 것이다. 이미 설명한 자학적 행동양식이나 악순환, 반복 강박, 실망만이 되풀이되는 관계는 무의식에 의해 더욱 촉진된다. 그 때문에 자신에게 정신적인 문제가 있다는 사실을 아무리 자각하고 있어도, 자기 반성(눈에 보이지 않는 문제의 근원을 이해하려는 시도)이 나아가는 데는 한계가 있다.

본인이 무의식에 대한 경험과 이해가 충분해서 자기 기만을 알아차리고 맹점을 깨달을 수 있지 않는 한, 외부의 관찰자나 해석자가 필요하다. 관찰자는 상대의 갈등이나 불안에 사로잡혀 있지 않은 상태여야 하고, 본인이 그 뒤를 이을 수 있을 정도까지만 분석해 주면 된다. 감정이나 자기 방어, 기본적 공포를 확인할 수만 있다면, 환자는 자기가 정말로 원하는 것이 무엇인지를 깨닫고, 원하는 것을 알아내는 데 왜 그토록 신중했는지를 알 수 있다.

심리요법이나 정신분석을 받으려고 할 때에는 누구에게 진료를 받을 것인지 신중히 선택할 필요가 있다. 친구의 추천이라고 해서 무조건 믿으면 안 된다. 제아무리 의사거나 전문 치료사라 하더라도, 정신의학이나 임상심리학을 배우지 않은 사람이 환자를 치료할 수는 없다. 운이 좋아서 효과적인 치료를 베푸는 유능한 카운셀러와 만날 수도 있지만, 능력이 부족한 아마추어 같은 정신치료사를 만나서 부적절한 교육을 받은 탓으로 한층 더 심각한 상황에 빠질 수도 있다.

수준 높은 교육을 받으면서 훈련을 쌓은 분석의와는 달리, 아마추어 정신치료사는 전이(轉移)와 연기(演技)와 같은 복잡한 성질의 것을 이해할 수가 없다. 환자도 정신치료사에게 화를 내고 분노를 터뜨릴 권리가 있다는 것, 옛날의 아픔과 노여움을 감정적으로 이해하고 해석할 수 있을 때까지 다시 체험할 필요가 있다는 것, 정신치료사가 환자의 진료보다도 자기 자신을 안심시키고 자

당신은 무엇을 할 수 있는가

기 평가를 지키기 위해 연약한 태도를 보이면 환자가 구제불능이 되어 버린다는 사실 등을 모르는 것이다. 그렇게 되면 구원과 충고와 존경의 대상을 구하려는 환자는 아무것도 나아지지 않으며, 오히려 비참한 결과를 초래할 수도 있는 결단을 내리게 될지도 모른다.

최근에는 의사의 실습 기간이나 심리학 석사 과정에서 정신분석 훈련이 극히 미비하게 행해진다. 때문에, 정식 자격을 갖고 있는 정신분석의나 정신과 의사, 인정받는 심리학자나 사회적응 훈련사를 신중하게 선택해서 치료받아야 한다. 이 치료는 반드시 철저한 분석은 아닐지도 모르지만, 치료임에는 틀림이 없다. 물론 신용이나 지식, 신뢰성을 불과 몇 장의 종이 쪽지로 알 수 있는 건 아니지만, 어쨌든 그것은 능력을 증명하는 것이며, 우리가 확인할 수 있는 최고의 증거다.

경제력이 부족하면 협회의 진료소나 협회에 가입되어 있는 병원을 소개받을 수 있고, 진료비를 할인해 주는 학생 진료사도 소개받을 수 있다. 비록 학생이지만, 협회가 소개해 주는 학생이라면 임상심리, 정신의학, 사회적응 훈련사의 석사 학위나 박사 학위를 가진, 경험이 풍부한 임상가다. 경제력에 좀더 여유가 있다면, 보다 경험을 쌓은 분석의를 소개받으면 된다. 가장 좋은 것은 분석의를 양성하고 감독하는 지도 의사를 소개받는 것이다. 지도 의사는 학생의 정신분석에 임하거나, 학생이 담당한 환자의 치료를 감독한다. 훈련과 자격 인정서를 확인하고, 현재 대학 강단에 서고 있는지를 확인하는 게 좋다. 조사와 확인을 게을리 하지 말고, 훌륭한 의사를 찾는 것이 가장 중요하다.

자신에게 가장 적절한 방법이나 분석의, 또는 자신에게 어떤 약이 효과가 좋을지를 어떻게 판단하는 게 좋을까? 우선 치료의 초기 단계부터 자신은 정신치료사에게 이해받고 있다고 느끼는 게 중요하다.

정신치료사는 적절한 '틀'을 지켜야만 한다. 환자와의 접촉은 상담하는 동안으로만 한정하고, 환자 본인은 물론이고 환자의 가족이나 친구와 교제를 해서는 안 된다. 또 자신의 의견이나 사생활을 이야기해서 환자를 번거롭게 해서는 안 되고, 진료비는 적절하게 받는 것이 좋다. 또한 정신치료사는 환자에게 거창한 약속을 해선 안 된다. 환자에게는 전문가로서의 태도를 유지하면서 따뜻하게 대해야 한다. 전문가라는 구실 아래 오만하거나 냉담한 태도를 취해서는 안 되는 것이다. 또 자신의 진료 기술이나 인품을 환자가 관찰하거나 비난한다고 해서 방어적인 자세를 취해선 안 된다. 정신분석 치료의 중요한 수단은 행동이 아니라 말이다.

그렇다고 해서 정신치료사가 말이 많은 건 좋지 않다. 환자는 아무리 받아들이기 어렵더라도 정신치료사의 이야기를 이해해야만 하기 때문에, 정신치료사의 조언은 환자가 기억할 수 있도록 간략하고 요령이 있어야 한다. 환자는 스스로, 나를 이해해 주겠지, 뭔가 내게 씌워 있는 것을 몰아내 주겠지, 하고 기대하면서 불쾌한 감정의 기복을 체험한다. 때문에 정신치료사와 함께 있을 때는 환자가 편안한 기분이 될 수 있도록 배려해야만 한다. 또 환자가 이미 알고 있는 것이나 듣고 싶어하는 것을 정신치료사가 이야기해 줘서 환자를 기쁘게 해서는 안 된다. 환자는 항상 자신이 시험당하고 있다고 느껴야 한다.

처음에는 정신치료사의 성별이나 나이 등이 마음에 걸릴지도 모르지만, 그런 것은 긴 안목으로 보면 하찮은 일이다. 인간성이나 능력이 훨씬 중요하다. 환자는 성급함을 억제해야 한다. 심리요법이나 정신분석은 최소한 5년 정도 걸리는 게 보통이다. 몇 번인가 좌절을 겪게 되리라는 것을 각오해 두는 것이 좋다. 화를 내거나 실망할 가능성이 생길 수도 있음을 명심해야 할 것이다. 그러나 오해를 받고 있다거나 정말로 학대당하고 있다는 기분을 갖게 해서는 안 된다. 치료 도중에도 어느 정도의 성과는 기대할 수 있지만, 시간이 흐를수록 성과는 커지게 마련이다. 환자의 상태가 좋아지지 않거나 악화되는 것 같으면, 다른 임상의(가능하면 지금까지 상담받은 의사보다 연상인 사람)에게 진찰을 받아도 상관없다.

심리요법이나 분석을 행하면서 문제가 생겼을 때는, 이것이 치료상 필요한 일시적 퇴행인가(대개의 경우는 급격하게 일어난 전이이다), 돌이킬 수 없는 실패인가를 환자 본인보다는 상담역인 의사가 먼저 판단해야 한다. 다만 후자의 경우라도 심리요법을 완전히 중단하지는 않는 것이 좋다. 정신치료사를 바꾸면 되는 것이다. 어떠한 상황이었는가, 정신치료사의 어떤 면이 잘못되었는가를 미리 파악해 두는 게 중요하다.

그러나 마지막에는 이 모든 것들을 잊어버려도 상관없다. 언젠가는 치료를 끝내지 않으면 안 된다. 병적인 반성과 끝없는 고백도 언젠가는 끝이 있어야 한다. 아무리 우수한 분석의라도 합리성이나 지나치게 높은 목표, 완벽을 추구한 나머지 과오를 범하고, 분석이 완전히 끝날 때까지 환자를 놓아 주지 않으려는 경우가 있다. 그러나 완전한 분석이란 이상에 지나지 않으며 탁상공론에 불과하다. 그 나머지는 환자가 자기 힘으로 행해야 한다.

환자는 자신이 하고 있는 행위를 깨닫지 못하는 경우도 있으며, 대부분의 분석은 잊어버릴 것이다. 치료가 끝나고 나서도 때때로

분석의 절차를 근거삼아, 증상이 재발하지 않았는지 혹은 새로운 증상이 나타나지 않았는지를 늘 관찰하고, 옛날의 관계 유형을 확인해야 한다. 그리고 뭔가 문제가 있다는 기미를 눈치챌 경우에는 경계하려는 노력을 기울여야만 할 것이다. 때로는 스트레스를 받은 기억을 '일깨우는 것'도 중요하며, 그럴 경우 몇 차례의 상담이 필요하기도 하다(이게 실패의 증거는 아니다). 그러나 무엇보다도 환자는 있는 그대로의 자신을 받아들여야 한다.

여러분은 최고가 되어야 한다. 자신으로부터 최고의 것을 이끌어 내고, 최고의 것을 원해야 한다.

자기 자신을 학대하는 마음의 병을 진단한다

이 책은 '나도 새도매저키스트일지도 모른다'고 느끼고 있는
사람뿐만 아니라, 갖가지 알력이나 고민을 안고서 살아가는
모든 독자들에게 중요한 정보를 제공하게 될 것이다.

류 지 호(柳志鎬)

✍인간은 고통을 원한다

아주 오래전부터 인간은 음란하고 참혹한 것에 매료되어 왔고,
태연하게 타인에게 상처를 입혀 왔다. 인간이라는 존재는 잠재적
으로 새도매저키스트적인 경향을 가지고 있기 때문에 누구든지 고
통을 가하거나 받는 행동을 취하게 된다.

새도매저키즘이란 문자 그대로 새디즘과 매저키즘이 결합된 성
격을 가리키는데, 인간은 누구나 때와 경우에 따라서 반드시 새도
매저키즘적인 성향을 나타낸다. 물론 적당한 자제와 자기 자신의
비판을 포함한 처벌은 성인으로서 사회의 일원이 되기 위한 필수
조건이다. 하지만 타인에게 상처를 입히고 짓밟고 싶다는 악의에
대항하여 자기도 모르는 사이에 생긴 자제, 조절, 비판, 처벌의
정신은 어느 틈엔가 탈바꿈하여 스스로를 희생물로 삼아 버리게
되는 것이다.

새도매저키즘, 그 신비한 메커니즘 분석

현재 미국 코넬 대학 의학부 교수로 재직중인 저자, 존 먼더 로스는 전문적이고도 난해한 인간 정신세계를 알기 쉽게 분석한다는 평가를 받고 있다. 애인에게 버림을 받아도 또다시 같은 유형의 남성에게 끌리는 여성, 직장 상사의 횡포에도 그저 순종하는 부하 직원, 갖은 잔소리와 구박에 시달리면서도 아내와 이혼하지 않는 남편, 돌아서면 험담을 하는 친구임을 알면서도 사귀는 친구 등 자진해서 괴로운 입장에 서고 스스로 학대하게 되는 인간 내면을 파헤침으로써 현대인들의 새도매저키즘을 예리하게 진단하고 있다.

또한 〈007―닥터 노〉, 〈캣 피플〉, 〈브레이브 하트〉와 같은 낯익은 영화 작품을 통해 매체 속에 투영된 새도매저키즘을 분석하고 프로이트, 에릭슨, 멜라니 클라인을 비롯한 수많은 정신분석학자의 이론을 응용, 새도매저키즘의 본질을 분석해 나간다.

존 먼더 로스의 이러한 새도매저키즘에 관한 상세한 분석은 우리가 가정이나 직장의 인간 관계에 어떤 영향을 미치고 있는지 밝혀 내고 거기에 올바르게 대처할 수 있는 방법을 제시하고 있다. 즉《왜 자기 자신을 학대하는가》는 현대를 사는 우리에게 새도매저키즘의 정신병리의 원인과 치료법을 제시하는 동시에, 정신분석 전반에 걸쳐 흥미롭고 알기 쉽게 설명하며, 또한 현대 사회의 문제점을 부각시키고 있다.

과연 삶과 죽음이라는 상반된 힘이 융합한 신비적인 메커니즘인 새도매저키즘은 인간 정신에 대한 하나의 수수께끼로 존재하는 것일까. 이 책은 '나도 새도매저키스트일지도 모른다'고 느끼고 있는 사람뿐만 아니라, 갖가지 알력이나 고민을 안고서 살아가는 모든 독자들에게 중요한 정보를 제공하게 될 것이다.

옮긴이의 말

◆ 옮긴이: 류지호(柳志鎬)

　　　　전 예멘 대사
　　　　한국일보 기자, 서울신문 논설위원, 관훈클럽 총무
　　　　외무부 대변인, 주 LA 한국문화원 초대 원장
　　　　서베를린 총영사 등 역임
　　　　현 선문대학 객원교수
　　　　저서:《예멘의 남북통일》역서:《리콴유 자서전》

왜 자기 자신을 학대하는가

초판　1쇄 ── 2000년　3월 31일
초판　4쇄 ── 2004년　2월 25일

지은이 ── 존 먼더 로스
옮긴이 ── 류　지　호
펴낸이 ── 전　성　은
펴낸곳 ── (주)문학사상사
주　소 ── 서울특별시 송파구 오금동 91번지(138-858)
등　록 ── 1973년 3월 21일 제 1-137호

편집부 ── 3401-8543～4
영업부 ── 3401-8540～2
팩시밀리 ── 3401-8741～2
지로계좌 ── 3006111
홈페이지 ── www.munsa.co.kr
한글도메인 ── 문학사상
E·메일 ── munsa@munsa.co.kr

잘못 만들어진 책은 구입하신 서점이나
본사에서 바꾸어 드립니다.

값은 표지 뒷면에 표시되어 있습니다.

ISBN　89-7012-348-2 03180